내 인생의 주인공

착한개별생각

말랑말랑학교
인생수업

말랑말랑학교
인생수업

매일 조금씩 더 멋져지는 49가지 지혜

초판 1쇄 발행 2022년 3월 14일

지은이 착한재벌샘정
편집인 옥기종
발행인 송현옥
펴낸곳 도서출판 더블:엔
출판등록 2011년 3월 16일 제2011-000014호

주소 서울시 강서구 마곡서1로 132, 301-901
전화 070_4306_9802
팩스 0505_137_7474
이메일 double_en@naver.com

ISBN 979-11-91382-11-2 (03320)

※ 이 책은 저작권법에 따라 보호받는 저작물이므로 무단전재와 무단복제를 금지하며, 이 책 내용의 전부 또는 일부를 이용하려면 반드시 저작권자와 더블:엔의 서면동의를 받아야 합니다.

※ 잘못된 책은 바꾸어 드립니다.
※ 책값은 뒤표지에 있습니다.

말랑말랑학교
인생수업

매일 조금씩 더 멋져지는 49가지 지혜

착한재벌샘정 지음

더블:엔

편집자 ____ 노트

처음부터 끝까지 좋은 책이 있습니다.
읽을 때마다 새로운 감동을 주는 책도 있지요.
이 책입니다. 《말랑말랑학교 인생수업》.
세상에, 이 책을 제가 만들게 되어서
얼마나 행복하고 벅찬지 모릅니다.
〈말랑말랑학교〉 담임쌤 샘정을 알게 되어서,
말랑말랑학교 동창생이 될 수 있어서,
게다가 학교 설립에 작은 힘을 보탤 수 있어서
저의 자존감 뿜뿜 + 가문의 영광입니다.

제목은 말랑말랑~ 인데, 책은 두툼~하지요.
어쩔 수 없습니다. 원고에서 뺄 내용이 없었거든요.
책으로 문을 열어, 언제 어디서나 입학할 수 있는
〈말랑말랑학교〉는 '내 마음을 듣는 것'에서 시작하여
'내 마음을 찾고' '변화'하고 '성장'합니다.
어느 페이지를 펼쳐 먼저 읽어도 되지만, 가능하면
'나'에서 먼저 출발하여 변화하고 성장하면 좋겠습니다.

수업이 꼭 사계절을 닮았죠. 겨울에서 봄 여름 가을까지.
그뿐인가요? 이 학교는 먹는 것에 진심인 담임쌤이
직접 만든 급식맛집인 걸요!
간식타임도 있고 소풍도 갑니다.

책과 함께, 그리고 담임쌤 샘정과 함께
우리, '말랑말랑' 하게 잘 살아보기로 해요.
책을 읽은 당신이 저처럼 진한 감동과 여운을 느끼며
한 뼘씩 즐겁게 멋있어졌으면 정말 좋겠습니다.
말랑말랑학교 인생수업의 목표는
'매일 조금씩 더 멋져지기'니까요.
현직 과학쌤, 오드리 될뻔 착한재벌샘정의
《말랑말랑학교 인생수업》모르는 사람 없도록,
널리 알려주세요. 기대하셔도 좋습니다.
늘 기대 이상의 샘정이거든요.

- 샘정을 닮고 싶은 말랑이 편집자 올림

차___례

 마음의 소리를 들어봐

오리엔테이션 1 ♥ 12
오리엔테이션 2 ♥ 18
오리엔테이션 3 ♥ 25
오리엔테이션 4 ♥ 31

나만 힘든 거 같아 ♥ 39
그땐 정말 왜 그랬을까? 너무 후회가 돼 ♥ 44
그래도 부러운 걸 어쩌라고 ♥ 50
남들 말은 다 맞는 거 같아, 팔랑 귀 한심해 ♥ 55
너무 억울하고 분해 ♥ 62
실패, 하나도 괜찮지 않아 ♥ 71
다 내가 못난 탓이야 ♥ 76
아무도 날 챙겨주지 않아 ♥ 82

급식시간 ♥ 87

뮈가 문제고?

오리엔테이션 1 ♥ 90
오리엔테이션 2 ♥ 96

옷장은 미어터지는데 입을 옷이 없어 ♥ 103
뭘 해야 할지 모르겠어 ♥ 107
나는 사랑 받을 자격이 없어 ♥ 115
정말 이해할 수가 없어 ♥ 119
지나가는 말이라지만 가슴에 와 박히는 걸 ♥ 126
왜 쟤만 사랑 받는 걸까? ♥ 132
속물근성 티 날까 두려워 ♥ 137
나는 크게 욕심도 없는데 ♥ 142
내가 입은 옷이 나라고? ♥ 147

급식시간 ♥ 152

필요한 건 '연습'

오리엔테이션 1 ♥ 156
오리엔테이션 2 ♥ 158

변화가 말처럼 쉽나 ♥ 165
습관이 얼마나 무서운 건데 ♥ 170
나의 진짜 욕구는 뭘까? ♥ 177
치킨은 살 안 쪄요, 살은 내가 쪄요 ♥ 180

매일이 생일이에요 ♥ 187
성형했어요, 그것도 아주 많이 ♥ 192
진짜 탈코르셋은? 나는 늘 예쁩니다 ♥ 197
마음 운전사 ♥ 207
니가 실망하세요 ♥ 216
까칠렐라를 아시나요? ♥ 225
빈자리를 느낄 여유를 주겠어 ♥ 232
마법의 몸짓, 끄덕끄덕 ♥ 237
고마움을 모르는 사람들 때문에 서운한가요? ♥ 239
말이 통하지 않는다? 상대의 언어로 이야기하기 ♥ 245
혼자 48시간을 사는 건 아니죠? ♥ 252

급식시간 ♥ 257

변화를 즐겨봐

오리엔테이션 1 ♥ 260
오리엔테이션 2 ♥ 262

기준~~~~ ♥ 269
찬물? 더운물? ♥ 275
구름 위를 나는 방법 ♥ 282
백마 탄 왕자를 만나는 꿈을 이루게 하소서 ♥ 287
삐딱하게 ♪♪♪♪ ♥ 294
포기도 선택이고 용기다 ♥ 297
젊어 보여요 말고 멋져 보여요 ♥ 301
니트가 어울리는 여자 ♥ 304

왕관을 쓰려는 자, 그 무게를 견뎌라 ♥ 309
인생 뜻대로 안 되네. 그렇지만 괜찮아 ♥ 313
샘정을 싫어하는 사람은 엄청 싫어하겠어요 ♥ 317
선생님은 미움받아도 괜찮아요? ♥ 321
플라스틱 프리 챌린지, 좋은 일인데 거절? ♥ 327
내가 나를 잘 돌보는 방법 ♥ 331
빈티지 달팽이가 되어보아요 ♥ 334

급식시간 ♥ 343

선택하는 멋진 삶

좌우명이 뭐예요? ♥ 348
파티를 즐기는 삶이기를 ♥ 351

쪽지편지 : 동창생들이 말하는 말랑말랑학교는… ♥ 364
마치는 글 ♥ 370

겨울

Listening

마음의 소리를
들어봐

말랑말랑학교 인생수업

오리엔테이션 1

 반가워요. 새 학기 첫 시간에 가장 궁금한 건 뭐?
바로 담임이 어떤 사람인가 하는 거겠죠?

나를 소개할게요. 나는 샘정이라고 해요. 선생님이라는 말을 붙이지 않기를 바라요. 말랑말랑학교는 장유유서나 예의범절보다는 수평의 관계를 더 중요하게 생각하거든요. 그냥 샘정~~~ 하고 부르면 되어요. 소리 내어 한번 연습해볼까요? 샘정~~~.

쉽지 않죠? 무엇인가를 새롭게 한다는 거, 그동안 하지 않던 것을 한다는 건 결코 쉽지 않아요. 하지만 여긴 어디? 변화를 위한 말랑말랑학교잖아요. 큰 변화를 위해서는 작고 소소한 것에서부터 변화를 시도하고 성공해보는, 작은 성취가 중요하답니다. 다시 한 번 해볼까요? 샘정~~~.

나를 담은 그림이에요.

왕관 쓴 담임은 처음이죠?

내가 좋아하는 것들이에요. 민소매 원피스, 크고 화려한 장신구, 선글라스, 꽃, 가방, 구두. 무슨 색을 좋아하는지는 보이죠? 빨간색을 무척 좋아하고 손톱에 네일아트도 화려해요. 평생 책 한 줄 읽을 것 같지 않은 모습인가요?

전근한 학교에 첫 출근을 할 때, 선글라스를 끼고 교문을 통과하면 등교 지도하는 동료가 깜짝 놀라기도 한답니다. 필수품이거든요.

진짜 학교 교사라면서 이런 모습으로 아이들을 어떻게 가르친다는 걸까? 이런 생각이 드나요?

솔직히 35년간 교사 생활을 하면서 정말 많이 들은 말이거든요. 이런 표현까지.

"저런 꼬라지로 애들을 가르친다 말이가? 애들이 도대체 뭘 배우겠어?"

교사는 어떤 모습이어야 할까요?

스스로 생각하고 있는 교사의 모습에 대해 적어보세요.

....
....
....
....
....

벌써부터 뭘 적으라는 걸 보니 이 학교 힘든 학교네… 라는 생각이 드나요?

경험을 통해서 얻은 건데, 생각해보라고 하면 다음 글을 읽기 위해 생각하지 않고 그냥 넘어가버리지만, 적어보라고 하고 뭔가 써야 하는 공간이 있으면 잠시 읽기를 멈추고 생각을 해보게 되더군요.

생각해보고 생각한 것을 글로 써보면 가장 좋겠지만 꼭 쓰지 않아도 생각은 해보기를 바라요.

많은 사람들이 샘정에게서 놀라는 것 중 하나가, '따뜻한 사람은 수수하고 소박하다'의 공식에 어긋난다는 것이라고 해요. 이 공식의 근거가 어디인지 모르지만요. 역으로 하면 '화려한 사람은 따뜻하지 않다'가 되는데, 맞는 것도 같습니다. 나는 정말로 따뜻한 사람은 아니었거든요.

'사람이 변하는 게 쉽나?'

'사람 안 변한다.'

사람의 변화에 대한 부정적인 말들을 많이 하지요. 하지만 노력과 연습은 나의 삶을 변화시켜 주었답니다. 비록 본성은 변하지 않을지라도 '태도'는 변할 수 있다는 것을 알게 되었거든요. 35년이라는 시간 동안 수많은 아이들과 함께한 시간을 통해 변화는 결코 쉽지 않다는 것을, 하지만 변화는 분명히 가능하다는 믿음을 가지게 되었어요. 그 누구보다 바로 내가 그 증거이고 증인이거든요.

하나를 얻기 위해 꼭 무엇인가를 버리거나 포기하지 않아도 된다고 생각해요. 관점을 바꾸고 다양한 방법들을 찾으며 가는 과정이라 생각합니다. 변화를 위해서는 선택이 가장 중요해요.

책을 읽고 사색을 하기 위해 다른 것을 포기하거나 버릴 필요는 없다고 생각해요. 향수를 뿌리고, 선글라스를 끼고, 좋아하는 가방에 넣은 책을 읽으면서 끊임없는 자기 탐색을 하며 삶의 방향을 선택하면서 가면 될 테니까요.

《십대, 지금 이 순간도 삶이다》를 출간하고 고등학교에 저자 특강을 갔을 때의 일이 생각났어요. 한 아이가 그러더군요.

"그 책 사기 아니에요?"

무슨 말인가 싶어 물었더니,

"책에서 만났던 선생님의 이미지와 너무 달라요. 거기에 있는 선생님은 뭐랄까… 푸근하고… 하여튼 선생님하고는 너무 달라요. 그 책 진짜 쓴 거 맞아요?"

첫 번째는 너무 기뻤어요. 저자 특강을 초청받아 갔을 때 그 책을 직접 읽은 아이를 만나는 것은 정말 기분 좋은 일이거든요. 책으로 먼저 나를 만난 아이는 자신이 생각하고 있던 사람과 너무 다른(?) 느낌을 주는 나로 인해 책 내용까지 의심스러울 정도로 혼란스러웠다고 해요.

이런 일도 있었어요. 교사 연수 특강을 위해 나를 마중 나온 한 선생님은 그러더군요.

"솔직히 제가 생각하고 있던 이미지와는 너무 달라서… 이런 말씀 실례되겠지만 저는… 생활한복 느낌? 뭐 그런 분일 거라 상상하고 있었어요. 연배도 있으시다고 하고 이런저런 활동도 열심히 하신다고 하고 특히 자원봉사쪽도 관심이 많다고 해서…."

그 책 사기 아니냐던 아이도 생활한복을 입은 나를 기다리고 있었다던 선생님도 강의를 들으면서 처음 느낌에서 받았던 혼란스러움을 극복(?)할 수 있었다고 하더군요.

담임 이름이 '착한'으로 시작하는 이유가 뭘까요? 나는 착한 사람이 아니라는 것을 알고 난 뒤 착한 사람, 좋은 사람이 되려고 노력하면서 왔고 현재진행형인 사람이에요. 노력하며 가고 있는 국민담임과 손 잡고 따뜻한 동행을 하길 바라는 마음이에요.

갑자기 '이 담임 뭐지?' 하는 생각이 들죠? 나와 함께 해보면 뭔가 재밌을 것 같고, 이번에는 뭔가가 될 것 같은 생각이 퐁퐁 샘솟지 않나요?

오리엔테이션 2

 말랑말랑학교에 온 그대 L을 환영합니다.
내가 누군 줄 알고 L이라고 하나 어리둥절한가요?
우리 이제부터 '날사랑학기' 동안 함께해야 하는데 서로를 부르는 이름이 있어야 하잖아요. 그래서 그대를 L이라고 부르려 해요.

말랑말랑학교에 발을 들여놓는 순간 모든 사람들의 이름 앞에는 '러블리'가 붙게 되거든요. 학생들과 과학 수업을 할 때 이렇게 시작해요. "사랑하는 7반 반가워요"라고. 스무 명 아이들에게 한꺼번에 하는 인사라 '사랑하는'이라고 말했지만 말랑말랑학교는 이 책을 통해 1:1로 만나는 것이니 그대를 '러블리 누구'라고 부르려고요.

그대 이름이 지연이라면 러블리 지연, 윤호라면 러블리 윤호, 숙희라면 러블리 숙희, 정수라면 러블리 정수. 이렇게요.

'사랑스러운'이라고 하면 되지 꼭 영어로 해야 하나 싶고, 오글거리거나 유치해서 싫다는 사람도 있을 수 있지만, 사랑이라는 단어가 포함되는 순간 좀 오글거리고 유치하고 그렇잖아요?

아이들도 종종 물어요. "선생님이 왜 우리를 사랑해요?" 라고. 그럼 나는, "여러분들을 왜 사랑하느냐고요? 나는 교사로서의 삶을 무지 좋아해요. 그런데 교사는 혼자서 할 수 없거든요. 학생이 있어야 비로소 존재할 수 있는 것이 교사예요. 그래서 선생님은 여러분들을 사랑합니다! 나를 교사로 살아갈 수 있도록 해주는, 존재 자체만으로도 고마운 여러분이니까요. 어찌 사랑하지 않을 수 있겠어요? 사랑해요." 라고 대답하지요.

말랑말랑학교에 온 것만으로도, 여러분 모두에게 러블리를 붙여주고 싶은 내 마음, 이해하겠죠?

그럼 러블리지~ 왜 L?

모두를 함께 부를 이름일 뿐만 아니라, 우리를 하나로 묶어줄 아주 간단하지만 큰 힘을 가진, 살짝 신비로운 느낌도 있었으면 하는 그런 이름이 필요하기 때문이에요.

그대 A, 그대 B, 그대 C, 그대 E, 그대 Q, 그대 S, 그대 T… 보다는 그대 L이 근사하지 않나요?

이름은 정말 중요하다 생각해요. 이제는 역사 속으로 사라진

야간 여상에서 있었던 일이에요. 솔직히 그 당시 야간 여상에 오는 학생들은 초등학교, 중학교에서부터 공부에 대한 흥미와 의욕을 잃어버린 아이들, 공부 상처를 비롯해 여러 가지 이유들로 인해 학교에 오는 것조차 힘든 아이들이 많았답니다. 공부와는 담을 쌓고 거친 욕을 입에 달고 사는 아이들도 적지 않았어요. 그 아이들과 함께 지낼 1년을 계획하면서 많은 시간 아이들을 부를 이름을 고민했고 선택한 이름이 '우아한 엘리트'였어요.

"여러분들을 우아한 엘리트라고 부를 거예요. 우아한 엘리트 지민양, 우아한 엘리트 서현양, 우아한 엘리트 희수양! 이렇게요."

아이들의 반응은 예상보다 격하더군요. 몇 명은 나를 포함한 모두에게 들릴 정도로 심한 욕설을 섞어가면서 불만을 표시하기도 했어요.

"알아요. 솔직히 여러분들이 우아하지 않다는 거. 나도 알고 여러분도 알고 있죠. 엘리트가 아니라는 것 역시 나도 알고 여러분도 알고요. 그래서 어쩌면 여러분들을 비웃는 거라 생각할 수도 있어요. 하지만 이건 진심이에요. 지금은 비록 우아하지도 않고 엘리트도 아니지만 그렇게 될 수 있도록 돕겠다는 약속입니다. 4월, 7월, 12월 시간이 지날수록 조금씩 우아해지고 엘리트가 되도록 잘 도와주고 싶어요. 그리고 나를 훌륭한 선생님이라 불러주어요. 물론 훌륭하지는 않습니다. 하지만 훌륭하고 싶습니다. 여러분과의 1년을 잘 보낼 수 있을지 솔직히 말해서 자신 없고 두렵기까지 합니다. 하지만 여러분이 나를 훌륭한 선생님이라 불러준다면 포기하지 않고 열심히 최선을 다해 노력해보겠습니다. 우리는 서로를 우아한 엘리트와 훌륭한 선생님으로 불러주면서 서로가 그렇게 되도록 격려하고 응원해주는 거지요."

아이들은 나를 부르지 않더군요. 선생님이라고 부르면 들은 척도 하지 않으니 훌륭한 선생님이라 불러야 하는데 그러러니 차마 입이 떨어지지 않아 아예 부르지 않는 거죠. 하지만 나는 꿋꿋하게 우아한 엘리트 지영양이라 불렀고 학부모님에게 문자를 보낼 때도,

"우아한 엘리트 지영양 어머니 안녕하십니까? 우아한 지영양의 담임 훌륭한 선생님입니다. 우아한 엘리트 지영양이 연락이 닿지 않아 문자 남깁니다. 연락 부탁드립니다." 라고 했어요.

학부모님이 얼마나 황당했을까 상상이 가죠?

어색한 시간이 지나면서 아이들은 차츰차츰 무조건 자신들의 이름 앞에 붙은 우아한 엘리트에 익숙해져 갔고, 하나둘씩 나를 훌륭한 선생님이라 부르기 시작했어요. 물론 필요하니 어쩔 수 없이.

"훌륭한 선생님, 내일 알바 면접이 있어서 조금 늦을 수도 있

어요."

심지어 학부모님들께서도 이렇게 문자를 보내기 시작했어요.
"훌륭한 선생님, 우아한 엘리트 보미양 엄마입니다. 우리 우아한 엘리트 보미양이 아파서 병원에 들렀다가 학교에 가야 해서 좀 늦을 것 같습니다."

우리는 우아한 엘리트와 훌륭한 선생님이라 부르며 서로를 '응원'하고 '격려'했던 거죠.

말이라는 것은 참 신기해요. 일단 입 밖으로 나오면 생명력을 가지고 움직이는 힘을 가지니 말이에요. 목표를 이룰 때도 말로 하고 글로 적으면 한 발 더 가까이 다가간 것 같지 않나요? 이처럼 처음엔 터무니없게 느껴진다 하더라도, 꾸준히 자신에게 긍정적인 이미지를 부여한다면 원하는 자신의 모습에 한 걸음 더 다가갈 수 있다고 생각해요.

러블리가 마음에 들지 않는다면 이런 건 어때요?

삶의 주인공이 되고 싶다면 Life 지연

좋아하는 것이 많다면 Like 준석

등불 같은 존재가 되고 싶다면 Lamp 화정

큰 인물이 되고 싶다면 Large 영석

지도자가 되고 싶다면 Leader 지혜

많은 것을 배우고 싶다면 Learn 민준

자유로움을 추구한다면 Liberty 보영

책을 좋아한다면 Library 형석

행운의 존재라면 Lucky 민정

빛이 되고 싶다면 Light 재경

누군가의 말을 잘 들어준다면 Listen 선희

늘 깨어 있는 삶을 살고 싶다면 Live 현수

고급스러움을 좋아한다면 Luxury 다혜

깔깔깔 소리 내어 잘 웃는다면 Laugh 정태

동물의 왕 사자 Lion 영주

    수많은 L이 가능하겠지요! 그러니 그대를 L이라 부르는 거 어때요? 괜찮죠?

    그대는 어떤 L일지 궁금하네요. 사자 Lion의 L이라고요? 표범 Leopard의 L이 더 마음에 든다고요? 어떤 L이든 날사랑학기가 끝났을 때는 모두가 러블리가 되어 있을 거라 생각해요. 말랑말랑학교, '날사랑학기'의 목표가 '나를 사랑'하는 것이니, 당연히 우리 모두 '러블리'하게 될 테니까요.

    아이들과 하루를 마치고 헤어질 때 이렇게 말하곤 합니다. "여러분들, 조금 더 예뻐져서 오세요~!" 라고. 그대 L에게도 이렇게 인사할게요. 다음 시간에 더 멋진 모습으로 만나요.

이쯤에서 담임 목소리 궁금하죠? QR코드를 넣었으니 확인해 보아요. 평소에도 지금처럼 이렇게 오글거리는 말투인지 목소리는 어떤지 꼭 확인하고 다음 시간에 만나요.

'그건 뭐 하러?'

'그렇게까지 해야 해?'

라고 생각하지 말고 뭐든 해보기로 해요.

'나중에 시간이 나면…' 하면서 미루지 말고 지금 바로 하는 연습도 해보기로 해요.

변화를 위해 온 말랑말랑학교잖아요. 변화는 지금까지와는 다른 것을 선택할 때 가능해지고, 큰 변화는 작은 변화들을 통해서 이루어지고요. 작고 소소한 행동을 실천에 옮기는 것에서부터 시작해보기로 해요.

담임 목소리를 듣고 나면 앞으로 말랑말랑학교의 모든 시간들이 음성지원이 되는 신기한 경험을 하게 될 거예요.

오리엔테이션 3

 샘정의 목소리 들어보니 어땠어요?
　　지금 갑자기 내 목소리가 들리는 거 같죠? 오디오 북인가, 싶죠? 아직 들어보지 않았다면 일단 듣고 시작하기로 해요. 담임이 다 계획이 있어서 이러는 거니 꼭 들어주어요.
　그대 L, 오늘 하루 어땠나요?
　잠시 손을 들어 반대편 어깨에 대고 토닥토닥 두드려주며 말해주세요.
　"수고했어!"
　손을 들어 어깨를 가볍게 토닥거리라는 말에 멈칫하고 망설여지나요? 목소리 내어 내게 말하는 것이 어색하고 꼭 말로 해야 하나, 싶은가요?

생각보다 자신에게 인색한 사람들이 많아요.

늘 하는 일인데, 별로 한 것도 없는데, 특별히 뭘 잘한 것도 없구만… 수고는 무슨. 그리고 수고했다고 해서 그걸 꼭 표현해야 하나? 등등의 이유를 대면서 자신에게 인색한 건 아닌가요?

내 어깨를 토닥여주고 수고했다 말 한마디 해주는 것은 돈이 드는 것도, 시간이 많이 걸리는 것도, 많은 훈련을 해야 되는 일도 아닌데 자신에게 너무 야박한 건 아닐까요?

아무도 나한테 수고했다는 말을 하지 않아, 하면서 서운했던 적 있을 거예요. '아무도'에 자신이 포함되어 있다는 생각 해보았나요? 그 이야기를 듣지 못한 건 자신이 그 말을 하지 않았기 때문이기도 하답니다.

산다는 거, 살아간다는 거, 가끔은 살아내야 한다는 거.

결코 쉽지 않은 일임을 누구보다 잘 아는 우리잖아요. 그걸 해내는 자신을 토닥여주고 수고했다 표현해주기로 해요.

어깨를 토닥여준 손을 조금 내려 팔을 가볍게 잡고 손바닥으로 전해져오는 자신의 온기를 느껴보세요. 세상에서 따뜻하게 내 팔을 잡아줄 수 있는 첫 번째 사람이 누구일까요? 바로 자신이라는 것을 느껴보기 바라요.

내가 어떤 사람인가 생각하지 말고, 내가 무엇을 잘하는지 내가 얼마나 부족한 사람인지 그런 생각은 더 이상 하지 말고, 그냥 팔에 닿은 손바닥의 감각에만 집중해보세요. 부드럽고 따스한 그 느낌에만.

그대 L은 그런 사람이에요. 부드럽고 따뜻한 사람.

자신에게 말해주어요.

"난 부드럽고 따뜻한 사람이야."

그리고 이 말도요.

"난 참 소중한 사람이야."

사랑을 속삭일 때의 목소리, 바로 그 목소리로.

한마디 더 해주세요.

"난 참 멋진 사람이야."

책을 읽고, 생각을 하고, 행동까지 하는 그대 L. 와우~ 멋짐 폭발입니다.

지금 주변을 한번 살펴보세요. 이 책을 읽고 있는 시간을 같이 할 물건들이 혹시 있나요? 밑줄을 그을 펜이나 다시 읽고 싶은 부분에 붙여둘 포스트잇 같은 것이 옆에 있나요? 아니아니, 없어도 상관없어요. 자신에게 물어보아요.

나는 어떤 사람인가?

지금 이 상황을 통해 한번 생각해보기로 해요.

책은 오로지 눈으로만 읽고 펜 자국이 남는 것은 싫어하는지, 시험 공부하는 교과서처럼 밑줄 좍좍 긋고 간혹 별표까지 해가면서 읽는지, 다시 보고 싶은 페이지의 귀퉁이를 살짝 접어두는 것이 왠지 모르게 설레는지, 책의 귀퉁이가 접히는 것이 마치 내가 구겨지는 것 같아 싫은지 등등….

지금 그냥 책을 덮어도 좋아요! 조금 이따가 생각나면 언제든 다시 내 맘대로 돌아올 수 있으니까요. 또 영원히 돌아오지 않아도 되죠. 내 맘대로 해도 되는 말랑말랑학교니까요.

일단 한번 해볼까요?

책을 덮고 학교를 박차고 나가는 겁니다. 아주 당당하게. 갈등하지 않고 눈치 보지 않고 내 맘대로.

"학교가 너무 힘들고 싫으면 학교를 그만둘 수 있는 용기도 필요합니다. 그건 자신을 위한 권리랍니다. 학교는 무조건, 억지로 다녀야 하는 곳이 결코 아니에요. 학교와 담임은 여러분들을 위해, 도움을 주기 위해 존재하지만 여기에서의 시간들이 너무 힘들고 불행하다면 굳이 다니지 않아도 된다고 생각해요."

학교를 힘들어하는 아이들에게 실제로 했던 이야기입니다. 선생이 무슨 수를 써서라도 아이가 학교에 다닐 수 있도록 해야지, 어떻게 그만두어도 된다고 말하냐며 화를 내는 학부모도 있었지만, 나는 그 말을 주워 담지는 않았어요.

"학교는 선택이라고 생각해요. 아이들의 성장 과정에 필요하고 아이에게 도움이 될 거라는 생각으로 학교를 보내지만, 그것이 아이를 너무 힘들게 한다면 다른 길도 있다는 것을 말씀

드리는 거예요. 아이가 무엇을 힘들어하는지를 제대로 알고 도움을 주는 것이 어른들의 일이라고 생각해요. 아이에게 학교를 그만둘 수도 있다고 이야기한 것은 한편으로 아이 스스로가 학교를 선택할 수도 있다는 것을 말해주는 것이기도 하답니다."

"학교 다니기 싫어요!" 라는 아이에게 "그래, 그럼 그만 다녀도 돼. 네가 다니기 싫으면 그만이지 뭐" 라고 무작정 말하라는 의미는 절대 아니에요. 아이가 학교에 다녀야 할 이유, 다니고 싶은 이유를 함께 찾을 수 있도록 도움을 주어야 한다는 것이지요. 정말 그 어떤 이유도 찾지 못한다면 그만두는 것도 하나의 방법이라고 생각하고요. 인생을 살아가는 길이 오로지 남들이 가는 길 하나만 있는 게 아니니까요.

이왕 시작한 것, 우리 제대로 일탈 한번 해봅시다! 책 확~ 덮어버리고 말랑말랑학교 그만두어 봅시다.

행동하는 멋진 그대 L! 망설이지 말고 일단 한번 '질러' 봅시다. 그거 뭐 어려운 일이라고. 책만 덮어버리면 되는 것을!

말랑말랑학교는 변화와 성장을 위한 곳이에요. 지금보다 나를 더 잘 알고, 제대로 더 많이 사랑해주는 사람이 되는 것이 목표지요. 그러기 위해서 이 책을 잘 활용해주었으면 해요. 학창 시절 교과서를 생각해보아요. 교과서에는 밑줄도 긋고, 메모도 하고, 보충해야 할 내용이 있으면 메모지에 적어 붙여 놓기도 하고, 책에 나온 질문에 답도 하잖아요. 내가 쓴 것이 정답이 아닌 것 같으면 지우개나 수정테이프를 이용해 지우거나 죽 죽 줄을 그어버리고 다시 쓰기도 하고요. 가끔은 만화 캐릭터로 낙서를 하기도 하고, 진짜 공부하기 싫다며 친구를 떠올리며 편지를 쓰기도 하고, 주말에 놀러갈 일을 생각하며 신이 나서 하트로 책에 도배를 하기도 하잖아요. 이 책의 가장 좋은 활용법은 자신만의 책으로 만드는 것이에요. 눈으로 읽고 마음으로 위로받는 것에 그치는 책이 아니라 그대 L이 함께 만들어가고, 그래서 말랑말랑학교 날사랑학기가 끝났을 때는 세상에 단 한 권, 그대 L만의 책을 만드는 것이지요. 교과서를 가지고 오지 않아 옆 반 친구의 책을 빌렸을 때의 기억을 떠올려보아요. 나와는 다른 교과서 사용법에서 느꼈던 낯섦이 있지 않았나요? 이 책은 그대 L만을 위한 말랑말랑학교의 인생 교과서입니다. 그러니 그대 L만의 기록들이 담기게 되겠지요. 그건 오로지 그대 L만이 할 수 있는 일이에요.

오리엔테이션 4

 말랑말랑학교 소개도 해야겠죠?

등교 시간도 없는 학교, 마음에 들지 않으면 지금 당장 그만두어도 되는 내맘대로 학교가 있다면 신나지 않을까요? 나를 말랑말랑하게 해주고, 삶의 힘을 가지게 해주는 학교라면 다녀보고 싶지 않나요? 현직교사로서 너무도 간절했던 "학교가 조금만 더 말랑말랑했으면 좋겠어"에서 따온 학교 이름, 2018년에 책으로 세워진 '말랑말랑학교'는 3년 동안 많은 동창생들이 생겼답니다.

담임이 말하는 학교보다는 말랑말랑학교를 먼저 경험해본 동창들이 하는 이야기를 들어보기로 해요. 참여해준 내용 하나 하나가 너무도 소중한 의미들을 담고 있어 폭풍 감동이었답니다.

나에게 말랑말랑학교는

☐☐☐☐☐☐☐☐☐☐ 다.

나에게 말랑말랑학교는 최고의 학벌 이다.
중학교밖에 나오지 않은 내가 60이 넘어 입학해 다니고 있는 학교, 나의 최고 학벌이 되어준 학교이기 때문이다.

나에게 말랑말랑학교는 밥맛 이다.
처음에는 학교? 국민담임? 뭐 이런 게 다 있지. 진짜 밥맛이야, 라고 생각했는데 읽고 읽고 또 읽으면서 씹고 또 씹으면서 느껴지는 고소한 밥맛처럼, 없으면 안 되는 밥처럼 소중한 것이 되어버렸기 때문이다.

나에게 말랑말랑학교는 이혼 법정이자 판결문 이다.
22년 동안 가정 폭력까지 참아가며 '남들 눈에 비친 나' 라는 감옥에 가두었던 나를 스스로 해방시킬 수 있게 해주었기 때문이다.

나에게 말랑말랑학교는 　대나무숲　이다.
세상 누구에게도 하지 못한 이야기들을 술술 다 말하게 되기 때문이다.

나에게 말랑말랑학교는 　연어의 힘　이다.
강물을 거슬러 올라가는 것처럼 힘든 변화, 포기하지 않도록 해주는 힘을 주었기 때문이다.

나에게 말랑말랑학교는 　물　이다.
내 마음에 단단한 딱지가 되어 붙어 있는 크고 아픈 상처들을 푹 불려 조금씩조금씩 떨어져나가게 해주고 있기 때문이다.

나에게 말랑말랑학교는 　내 10대의 나침반　이다.
이 책을 만나지 않았다면 길을 잃고 많은 방황을 했을 테니까.

나에게 말랑말랑학교는 　여전히 물음표　이다.
테이블 강연도 무료, 줌 강연도 무료, 개인 상담도 무료. 모두가 작은 콘텐츠로도 돈을 벌려고 하는 세상에 왜 저런 학교를 만들었을까? 가슴으로는 이해가 되는데 머리로는 안 되는, 그래서 여전히 물음표다.

나에게 말랑말랑학교는 대장간 이다.
눈물 콧물 빼게 만드는 단근질과 뒷통수를 후려치는 것 같은 망치질로 나를 바꾸어주고 있기 때문이다.

나에게 말랑말랑학교는 세상에서 가장 크고 든든한 빽 이다.
지치고 힘들 때, 답을 얻지 못할 때, 뒤돌아보면 늘 거기에 있는 내 편이기 때문이다.

동창생들에게 말랑말랑학교의 의미를 이야기해달라고 했는데 63명의 동창생들이 블로그, 인스타 DM, 카톡 문자를 통해 참여해주었어요. 나는 어떤 반응이었을까요?
'말랑말랑학교 동창생이 얼만데… 생각보다 적네.'
'우와~~~ 생각보다 너무 많은 동창생들이 참여해준 걸.'
그 어떤 것도 아니었어요. 왜냐하면 결과에 대해 생각하지 않았기 때문이에요. 그 어떤 결과도 내 몫이 아니기 때문이지요. 내 몫이 아닌 것은 내가 어쩌지 못하는 것이니 결과가 나오면 그때 가서….
말랑말랑학교 국민담임인 샘정이 살아가는 방법 중 하나거든요. 덕분에 담담하고 느긋하고 감사하게 살게 되더군요.
그리고 이 일을 통해 알게 된 것이 하나 있는데, 현재 나의 가장 큰 소통 창구는 카톡 문자구나… 하는 것이었답니다. 아하, 역시 나는 구식 사람이구나, 하는 것을 한 번 더 알게 되었고, 꼰대짓을 조금 더 조심하고 경계해야겠다는 생각도 했고요.

동창생들의 더 많은 이야기는 뒤에서 또 할게요.

오리엔테이션이 좀 길었죠?
잠시 쉬어갈까요?
우리 차 한잔 해요.
달달하고 부드러운 라떼와
겉은 바삭하고 안은 **촉촉한**,
버터 향기 가득한 크루아상을 준비했어요.
말랑말랑카페에 온 거 같죠?

지친 그대 힘들다 말해도 돼요.
너무 애쓰지 말고
– 《손잡아줄게요》 중에서

나만 힘든 거 같아

 그대 L, 오늘 하루는 어땠나요? 힘든 날이었나요? 혹시 남들은 다 잘 살고 있는 것 같은데 나만 힘들다는 생각을 하지는 않았나요?

'작가와의 만남'을 통해 마주했던 인문계 고등학교 아이들 중 한 아이가 이런 말을 했어요.

"9등급으로 나누어진 현실에서 가장 불쌍한 아이들이 1.5등급의 아이들이라고 합니다. 죽을 만큼 노력하지만 절대 1등급으로 올라갈 수는 없고, 그럼에도 끝내 자신도 부모도 포기하지 못하고 '조금만 더'에 매달려 피가 마르는 아이들이 바로 1.5등급의 아이들이라고. 선생님의 생각은 어떤지 궁금합니다."

내가 대답할 틈도 없이 바로 한 아이가 말했어요.

"9등급 중에서 불안하지 않고 피를 말리지 않는 아이들이 어디 있겠어? 4등급인 나는 편할 거 같아? 엄마는 늘 닦달하지. 1등급은 고사하고 2등급까지도 바라지 않는다고. 딱 한 등급만 올려보자고, 3등급은 되어야 하지 않겠냐고. 어정쩡하기 짝이 없는 이 등급으로는 아무것도 안 된다고. 한 등급만이라도 올리고 싶은 마음, 아니 내 마음보다는 엄마의 바람…. 나도 매일매일이 피가 마르는 날이라고."

말끝을 흐리는 아이의 눈에는 눈물이 가득 고였어요. 그런 아이를 곁눈으로 힐끔힐끔 쳐다보며 한 아이가 어렵게 말을 시작했어요.

"전 솔직히 가장 바닥이에요, 9등급. 선생님들도 등급이 어느 정도는 되는, 적어도 6,7등급은 되는 아이들에게만 성적 이야기를 하는 것 같아요. 친구들은 저보고 쉽게 말해요. 넌 좋겠다고. 어차피 포기했으니 마음은 편하지 않냐고. 사람들 눈에는 그렇게 보일지도 몰라요. 하지만 저도 매일매일 눈치 보고 스스로 구박하면서 절망감을 느껴요. 하루에 9시간씩 하는 수업을 저는 하나도 알아듣지 못하면서 그냥 앉아 있어요. 그 어떤 선생님도 저에게는 기대의 눈빛 한 번 주지 않고요. 저는 그냥 투명인간이에요. 제가 가장 두려운 건, 나조차도 나에게 기대를 할 수 없다는 거예요. 나중에 어른이 되어서도 여전히 9등급의 맨 밑바닥 인생을 사는 게 아닐까 너무 무섭고 두려워요."

그렇게 아이들은 자신들의 이야기를 쏟아내기 시작했고, 마지막까지 듣고만 있던 한 아이가 조심스레 자신의 손등을 보여 주면서 이야기를 시작했어요. 아이의 손등에는 자해의 흔적이, 채 아물지 않은 상처가 선명했습니다.

"저도 모르게 칼로 제 손등을 긋고 있었어요. 전 아무 감각도 없었는데 짝이 소리를 지르며 울고 그 소리에 반 아이들이 고함지르고 난리를 치는 통에 퍼뜩 정신을 차리니 손등에서 피가…. 저는 이 학교 전교 1등입니다. 아직까지는 한 번도 1등을 놓쳐본 적이 없어요. 하지만 전 늘 불안에 시달려요. 매일 5층 우리 반 교실에서 1층 교실로 떨어지는 꿈을 꿔요. 제가 앉은 자리만 구멍이 뻥 뚫리면서 저 혼자 1층으로 떨어지는데 그 공포는 말로 표현하기 어려워요. 사람들이 넌 뭐가 걱정이냐고 하지만 언제 2등이 되고 5등이 되고 10등 밖으로 밀려날지 모른다는 그 불안감 때문에 봤던 책을 보고 또 봐요. 책을 덮으면 불안해서 교과서를 책상 위에 쭉 펼쳐두고 자는 버릇도 생겼어요. 지금은 침대의 절반이 책이에요. 자다가 눈 떠서 바로 볼 수 있게 침대에 책을 펴두어야만 잠들 수 있거든요."

아이들은 자신들에게 가장 절실하고 간절한 것이 무엇인지 아느냐고 내게 다시 물었고 대답 역시 자신들이 하더군요. 스마트폰을 마음대로 하는 거? 인터넷, 게임 실컷 하는 거? 그들이 가장 원하는 것은 "내 마음을 좀 알아주세요"였습니다.

"한다고 했는데 성적이…" 라고 힘들게 말할 때,
"한다고 한 성적이 겨우 이 모양이야? 어쩌려고 이러니? 이런 성적으로 도대체 뭘 할 수 있다는 거야?"
"그걸 공부했다고 하면 안 되지. 고만큼 해서 성적이 오를 거라 생각한 거니? 너 공부하는 거 보면서 뻔할 거라고 생각했었어. 그러면 그렇지."
라는 말 대신,
"그랬구나. 한다고 했는데 결과가 기대에 미치지 못해 많이 속상하고 서운하겠구나."
라며 자신들의 마음을 좀 알아달라고. 그러면서 입 모아 말하더군요.
"나만 힘든 줄 알았어요. 다른 아이들은 다 잘하고 있는데, 나만 죽을 만큼 힘들다고 생각했는데."
힘들지만 그렇지 않은 척, 자기는 잘 해내고 있는 척, 괜찮은 척 하면서 가면을 쓰고 살고 있었다고. 힘든 티를 내면 그 또한 지는 거라 생각하며 참고 살았다고. 그런데 오늘 자신뿐만 아니라 바로 옆의 친구도, 그 옆의 친구도 고통과 상처를 안고 살고 있다는 것을 알게 되었다고. 그러면서 이럽니다.
"우리가 어쩌다가 이런 마음속 이야기를 다 하게 되었지?"
"다 털어놓고 나니 제대로 숨이 쉬어지는 것 같아."
"이렇게까지 솔직하게 내 마음을 이야기해본 건 처음이야."

힘들다고 표현하는 것조차 '지는 것'이라 생각하며 살고 있는, 힘든 마음을 있는 그대로 털어놓을 곳이 없어 외롭게 혼자 안으로 안으로 곪아가고 있는 아이들의 이야기를 들으면서 많은 생각을 하게 되더군요.

그대 L, 나에게 물어봐 줄래요? 목소리 내어 말해주어요.

"지금 힘든가요?" 라고.

그러면 샘정이 대답할게요. "네" 라고.

나도 힘든 일이 많거든요. 그대 L이 또 말해줄래요? 목소리 내어 내게 들리게 말해주어요.

"그렇군요. 샘정도 힘들군요. 나만 힘든 게 아니군요." 라고.

지금 그대 L을 가장 힘들게 하는 이야기를 샘정에게 들려줄래요? 내가 들어줄게요. 글로 적어보아도 좋고요.

지금 그대 L을 힘들게 하고 있는 3가지를,
우선순위를 정해서 이야기해보세요.

....

....

....

....

그땐 정말 왜 그랬을까? 너무 후회가 돼

그대 L은 찾아가고 싶은, 혹은 가끔 찾아가는 학창 시절 선생님이 있나요? 내가 재벌인 이유 중 하나는 35년 교직 생활 동안 함께했던 학생들 덕분이에요. 제자가 많은 샘정은 사람 재벌이거든요. 샘정은 원래 착한 사람이 아닌데 직업이 준 또 하나의 선물이 바로 '착한'이라는 단어랍니다.

"선생님은 착한 사람은 아닌데 착한 선생님 코스프레를 하려니 솔직히 힘듭니다."

종종 이렇게 말하곤 했어요. 하지만 긴 세월, 착한 선생님 코스프레를 하다 보니 조금씩 체득이 되어 착해지는 것 같더군요. 물론 여전히 착함이 부족하기 때문에 이름에 소망을 담아서 '착한'이라는 말을 넣었지만요.

제자들이 찾아와 자주 하는 말이 있어요.

"선생님, 고등학교 시절로 다시 돌아갈 수만 있다면, 그때는 공부 열심히 해보고 싶어요. 절대 농땡이 치지 않고 공부만 죽어라고 할 거예요. 왜 그때는 그렇게 공부가 하기 싫었는지. 그 시절로 돌아갈 수만 있다면 원 없이 후회 없이 공부할 것 같아요."

"무엇을 위해서?"

"네?"

"무엇을 위해서 고등학교 시절로 돌아가면 그렇게 원 없이 후회 없이 공부를 해보고 싶어?"

"그때 안 그랬으니까. 못 해 봤으니까. 후회되니까."

많은 사람들이 시간을 되돌리고 싶다는 생각을 할 때가 있을 거라 생각해요. 그대 L은 시간을 되돌린다면 몇 살, 어느 순간으로 돌아가고 싶은가요? 얼마 전 찾아온 제자 역시 학창 시절로 돌아가고 싶다고 하기에 이런 이야기를 해주었어요.

"요즘 들어 소설, 영화, 드라마 할 것 없이 과거로 돌아가거나 미래로 가는, 시간 여행에 관한 것들이 많아. 그만큼 지금 현실이 만족스럽지 못하다는 반증이 아닐까 싶기도 해. 그런데 말이야, 한 사람의 시간이 오로지 그 사람만의 시간일 수 있을까? 지금 우리가 마주 앉아 있는 이 시간은 어떨까? 네가 돌아가고 난 뒤 나는 너와의 시간이 좋은 추억이 되어 행복한데, 너는 괜히 찾아갔다고, 다 지난 옛날 선생과의 만남은 시간 낭비였다 생각하고 나를 만나러 출발하던 순간으로 돌아가 약속을 취소하고 친구를 만나러 가는 선택을 했다면? 네가 과거로 돌아가 다른 선택을 하는 순간 나에게는 어떤 일이 일어날까? 너와의 약속, 설레는 기다림, 함께한 행복한 추억들도 전부 사라져버리겠지. 시간은 오로지 나만의 것이 아닌 수많은 사람들과 얽혀 있어. 시간은 되돌릴 수 없는 것 아닐까? 아니 되돌리면 안 되지 않을까? 만약 시간을 되돌릴 수 있다면, 한 사람의 그 되돌림으로 인해 많은 사람들의 시간들이 함께 뒤엉켜버릴 테니까. 만약, 나는 그 시간이 되돌리고 싶은 순간인데 누군가에게는 절대 되돌리고 싶지 않은 소중하고 행복한 순간이라면? 한 순간에 대한 의미와 기억은 모두 다를 수밖에 없잖아. 시간을 되돌릴 수 없기에 그나마 사람들은 조금 덜 후회하는 삶을 살아가려 노력하는 거라 생각해. 지금 네가 고등학교 시절로 돌아가 열심히 공부해보고 싶다는 이야기를 하는 것은, 그 시간이 아쉽고 후회되기 때문일 거야. 하지만 그런 생각을 하게 된 것 역시, 공부하지 않은 시간을 지나와 보았기 때문에 알 수 있는 것이 아닐까. 누구에게나 되돌리고 싶은 순간들이 많을 거야. 중요한 것은 되돌릴 수 없다는 사실이지. 단 5분 전으로도 되돌릴 수 없다는 거. 그게 가장 중요하고 우리가 잊으면 안 되는 거라 생각해. 지금 할 수 있는 것은 이 순간이 되돌리고 싶은 순간이 되지 않도록 살고자 하는 것, 그것이 전부가 아닐까?"

《나는 대한민국의 행복한 교사다》에서도 비슷한 이야기를 했었어요. 그러면서 이렇게 썼지요.

'나는 나의 직장인으로서의 시작 즈음을 지금 많이 후회한다.'

홍상수 감독의 영화 중 〈지금은 맞고 그때는 틀리다〉가 있는데 나는 이렇게 이야기하고 싶어요. '지금도 맞고, 그때도 맞았다'고. 그래서 지금의 나는 '나의 직장인으로서의 시작 즈음을 후회하지는 않는다' 라고 다시 쓰고 싶어요. 과거는 절대 변하지 않는데, 과거로 돌아가서 제대로 돌려놓고 온 것도 아니면서 이제 와서 무슨 딴소리를 하느냐고 할지 모르지만 그렇게 말하고 싶어요. 지금 그 시절을 후회하는 것은 그동안 그런 시행착오의 시간들을 통해 생각이 넓고 깊어져 그때 잘못했었다고 판단할 수 있게 되었기 때문이라고. 잘못하지 않았다는 것이 아니라 그때는 그게 최선이라고 생각했었다는 것을 말하고 싶은 거랍니다. 그 시절의 나는 그것이 잘못되었다는 것을 알면서도 선택했을까요? 일부러 타인에게 상처를 주고 일을 그르치려고 했던 것일까요? 그렇지는 않다는 거죠. 그때의 나로서는, 내 능력으로서는 그것이 최선이라고 생각했기 때문에, 잘하는 것이라 믿고 선택했을 겁니다. 하지만 시간이 지나 '그때 그러지 말걸, 다른 방법도 있었는데' 라는 생각을 할 수 있게 된 것은 변화하고 성장하여 더 좋은 다른 방법을 알게 되었기 때문이라고 생각해요.

그래서 과거를 지금의 잣대로 되돌아보면서 '틀렸다, 잘못했다'며 '그땐 정말 왜 그랬을까, 이렇게 했었어야 하는데' 라며 후회하지 않았으면 해요. 물론 '이미 지나간 것이고 되돌릴 수도 없으니 무조건 맞다, 어쩔 수 없잖아' 라며 덮어야만 한다는 건 아니에요. 과거에 대해서는 감정적인 후회 대신 냉철하고 이성적인 평가가 있었으면 해요. 그래야 그 시간들이 지금과 미래에 대한 준비가 되어줄 수 있을 테니까요. 지금의 우리는 거의 매 순간 선택을 하고 있지요. 우리는 지금 어떤 선택을 할까요? 지금 우리가 할 수 있는 최선의 선택을 하고 있을 겁니다. 지금 하고 있는 이 최선의 선택들이 미래에 또 다른 '그때 왜 그랬을까'를 말하게 할지는 아무도 모르는 일이지만, 우리는 지금의 선택이 최선이라고 믿고 나아갈 수밖에 없지요.

그대 L, 돌아보며 후회하지 말기로 해요. 우리는 늘 순간마다 최선의 선택을 하며 살아왔잖아요. 비록 그것들이 지금의 나에게는 만족스럽지 않아 보여도, 우린 우리의 과거를 있는 그대로 인정하기로 해요.

"나는 지금까지 충분히 잘 해왔다. 그리고 앞으로 조금씩조금씩 더 잘하며 살아갈 것이다." 라고.

나의 과거를 있는 그대로 인정할 수 있게 되면서 가장 크게 얻은 것이 또 있어요. 나를 아프게 했던 부모님을 용서할 수 있었답니다. 그때도 이해되지 않았고 그 후 오랜 시간 동안 도대체 나에게 왜 그러셨을까? 부모가 되어 어떻게 그럴 수 있지, 라며 이해할 수 없어 상처로 남아 있던 것들. 그런데 그분들도 일부러 나를 아프고 힘들게 하려고 했던 것이 아니라, 그분들에게도 그때는 그 선택이 최선이었을 거라는 것을 깨닫게 되었답니다.

내가 자주 하는 말이 있어요.

"살아보니 인생이라는 건 무조건 남는 장사더라."

어떤 것에서도 배울 것이 있고, 얻을 것을 찾을 수 있다면, 인생은 남는 장사임이 분명합니다.

오늘 한 일 중 가장 좋았던 일은 무엇인가요?
그 일이 후회되는 날은 절대 오지 않을까요?

....
....
....
....
....
....

그래도 부러운 걸 어쩌라고

"많은 책에서 행복해지는 가장 쉬운 길은 타인과의 비교를 그만두는 거라는데, 그게 정말 안 돼요. 말로는 쉽죠. 남과 비교 안 하면 된다. 그런데 안 되는 걸요. 순간순간 나도 모르게 끊임없이 비교하고 있고. 그래서 또 속상하고. 비교해서 남들이 나보다 나은 것 같아 속상한 것도 있지만 왜 자꾸만 비교하게 되는지. 그렇게 하지 않으려고 수없이 다짐하면서도 자꾸만 비교하게 되는 나 자신 때문에 더 속상해요."

중3 담임을 할 때입니다. 우리 반 아이들이 영어 말하기 시험에서 27명 중 26명이 100점을 받고 1명이 80점을 받았어요. 평가 목표 관점에서 보면 80점을 받은 아이는 반에서 꼴찌입니다. 다른 반에는 0점도 몇 명 있고 보통 50~60점 받는 아이들도 많은데

80점을 받고도 우리 반 꼴찌가 되어버린 거지요. 더구나 아이는 곧 학교를 자퇴하겠다며 책도 몽땅 휴지통에 버리고 수업에 거의 참여하지 않고 있던 상황이었어요. 그런데 이 일로 아이는 자퇴 생각을 바꾸었고 누구보다 열심히 학교생활을 해 무사히 졸업해 자신의 꿈을 찾아 조리학과에 진학했답니다.

아이가 반 친구들과 자신을 비교하였다면, 그래서 자기는 반의 꼴찌라는 생각을 했었다면 결과는 완전히 다른 곳으로 흘러갔을지도 모를 일이에요. 다행히 아이는 반 친구들과 비교하여 꼴찌라는 등수가 아닌, 80점이라는 자신의 학습 성취에 초점을 맞추었기에 용기를 낼 수 있었다고 생각해요.

아이들에게 시험을 칠 때마다 '이번에 몇 등 해야지'가 아닌 '이 과목은 몇 점을 받고 싶어'가 되어야 한다고 부탁한답니다. 누구 '보다' 잘하는 것이 아닌, 자기 '스스로'의 배움이 커지고 깊어지는 성장을 해야 한다고.

현실은 등수를 원할 거라고, 세상 물정 모르는 소리 하지 말라고 할지 모르지만, 80점을 받은 아이가 우리 반에서는 꼴찌라도 다른 반에서는 5등 안에 들 수도 있잖아요?

이렇듯 등수 비교에서는 누구와 비교하느냐에 따라 달라져 버리지만, 그 어떤 상황에서도 변하지 않는 건 아이가 80점을 받았다는 '팩트'이지요. 아이 인생에서 80점, 그것도 영어에서 80점이라니. 아이의 노력이 담긴 대단한 점수인데.

지금까지 0점도 수두룩하게 받아보고 20~30점이 자신의 점수라고 생각했던 그 아이는, 노력해서 자신이 이룬 성과를 제대로 보고 그 성취감을 만끽하여 스스로 영어 선생님을 찾아가 재시가 가능한지도 물어보고 다음 시험에는 100점을 받아보겠다는 목표도 세우게 되었어요.

학교를 자퇴하겠다던 생각을 잠시 미루고 다음 시험을 위한 도전을 선택하게 된 아이. 몇 등이 아니라 자신이 받은 점수 그 자체의 성과와 의미를 마주한 아이. 이 아이 너무 멋지지 않나요? 같은 점수라도 등수로만 나타내는 평가 목표의 관점에서 볼 때와 자신의 성장과 문제 해결 능력을 나타내는 학습 목표의 관점에서 볼 때는 너무도 다른 상황이지요.

클라라 마리아 바구스의 《봄을 찾아 떠난 남자》에 이런 부분이 나와요.

> 의미란 본래 존재하지 않는다. 다만 우리의 평가만 있을 따름이다. 그리고 그 평가는 관찰자가 누구인가에 따라 달라진다. 그래서 비교는 사물이 가진 고유한 특성을 알아보지 못하게 방해할 뿐이다. 비교와 평가를 하면 우리는 세계를 있는 그대로 보지 못한다.

공부도 우리네 삶도 마찬가지라고 생각합니다.

목표가 '몇 등을 하느냐'보다는, 내가 얼마나 문제를 잘 해결했느냐 하는 '성취심'에 있어야 한다고 생각해요. 만일 비교를 해야만 한다면, 비교 대상을 타인이 아닌 과거의 나로 정해보기로 해요. 지금의 나는 예전의 나와 어떻게 다른가? 성장하고 있나, 멋져지고 있나? 타인과 비교가 되려는 순간, 삐~~~ 하고 경고 버튼을 누르는 겁니다. 그리고 스스로에게 말해주세요. "비교는 과거의 나하고만 하는 거야!" 라고.

혹시 나보다 잘나가는 친구 때문에 힘들다면 이렇게 생각해보기로 해요.

> 샘정은 잘 나가는 사람을 볼 때 어떠신가요?
> 나보다 못한 친구가 그럴 때는 정말 너무 힘들어요.

> 그 마음 안답니다. 나도 그랬거든요. 그런데 나보다 못하다는 기준은 뭘까요? 공부? 미모? 부모 배경? 학벌?
> 그 누구도 나보다 못한 사람이 없다는 것을 깨닫게 되면서 나도 바뀌었답니다. 나보다 못하다는 건, 내가 만든 기준에, 이기적이고 자만에 가득 찬 나의 기준에 불과하다는 것을.
> 모든 사람들에게는 내 기준에 미달이거나, 내가 알지 못하는, 어쩌면 알면서도 인정해주기 싫은 재능, 노력들이 있다는 것을 학교 아이들을 통해 깨닫고 배운 거지요.
> 나보다 못한 사람은 없다는 것을요.

겨울 : 마음의 소리를 들어봐

'나보다 잘 나가는 사람'에서 중요한 건 비교지요. '나보다…'라는. 기준에 따라 세상에 그런 사람은 정말 많습니다. 내가 왜 그 사람에게 관심이 가는지부터 생각해볼까요? 내가 원하는 것을 먼저 하고 있다면 그 사람을 '관찰'하고 '분석'해보는 겁니다. 내가 배워야 할 것이 무엇인지.

'나보다 잘 나가는 사람'에 대한 나의 기준은 '내가 원하는 것에서 나보다 잘 나가는 사람'이랍니다. 비교해서 상처받는 대신 비교해서 내가 배우고 성장해야 할 것이 무엇인가를 찾는 원동력으로 삼지요. 비교가 꼭 나쁜 건 아니에요. 비교를 통해 성장할 수 있으니까요. 모든 꽃들이 각자의 색, 모양, 향기가 있듯이 사람도 그래요. 눈과 마음이 타인을 향하기 전에 먼저 그대라는 꽃의 가치를 알고 인정해주세요.

어제의 나에서 살짝만 나아지고 싶다면
어떤 것이 있을까요?

....
....
....
....

남들 말은 다 맞는 거 같아, 팔랑 귀 한심해

 그대 L은 운동을 좋아하나요? 꾸준히 규칙적으로 하는 운동이 있나요? 나는 운동을 별로 좋아하지 않아요. 시간을 내어 운동하는 것이 너무 힘들어 운전자의 삶이 아닌 뚜벅이의 삶을 선택했을 정도랍니다.

텔레비전을 보다가 규칙적으로 운동하라고, 어디에는 이런 운동이 좋다고 방법을 가르쳐주면 재빨리 채널을 돌려버립니다. 해야 하는 운동이 어찌나 많은지, 그거 다 하면서 살려면 운동만 하는 삶이어도 부족하겠다 싶었어요. 꼭 해야 한다고 말하는 것도 강요하는 것 같아 싫었고, 먹어야 하는 건강식품은 또 왜 그렇게 많담. 그것들 다 먹다가는 건강해지기 전에 배 터져 죽겠다는 말이 공감이 가지 뭐예요?

코로나19로 인해 우리의 삶에는 많은 변화가 생겼습니다. '확찐자'라는 신조어도 생겼고요. 갑자기 살이 쪘다는 친구는 다이어트 방법 때문에 고민이라고 하더군요.

운동을 해야 한다, 헬스가 좋다, 필라테스가 좋다, 이 시기에 사람들 많은 곳에 가면 안 좋으니 홈트를 해라, 요가처럼 정적인 것보다는 줌바댄스처럼 신나는 것을 해야 오래 한다, 아무리 운동을 해도 음식 조절이 안 되면 안 된다, 이런 주스가 효과 있다, 저런 식단을 추천한다, 50대 후반에는 그 어떤 것도 힘 드니 다이어트 보조제를 먹어야 한다 등등 '다이어트' 라는 말을 꺼냈을 뿐인데 어찌나 많은 이야기를 들었는지 혼란스럽다고.

이 사람 이야기를 들으면 이 말이 맞는 거 같고, 저 사람 이야기를 들으면 저 사람 말이 맞는 거 같고. 그러다가 더 속이 상하는 것은 '나는 왜 내가 생각하고 판단하지 못하고 다른 사람들 이야기에 이렇게 휘둘리는 거지. 참 못났다' 하는 생각이 들어서라고.

이렇게 다른 사람들 말에 휘둘리는 것 때문에 힘들다는 사람에게 보여주고 싶은 그림이 있어요. 이 그림을 보니 어떤 생각이 드나요?

'아… 분명 무슨 의도가 있어서 묻는 걸 거야. 내가 이 그림에서 무엇을 읽어내야 하지?' 이런 생각 말고, 직관적으로 느껴지는 것에 대해 이야기 해주세요.

　딸아이가 초등학교 4학년 때의 한 장면입니다. 아이는 병약하여 산에 오르는 일이 많이 힘든 상태였어요. 큰 수술을 앞두고 남편은 간절히 기도하는 마음으로 아이와 함께 한 가지 소원은 들어준다는 팔공산 갓바위를 올랐습니다.

　끝도 없이 이어지는 계단을 오르고 내리는 동안 남편과 아이를 보는 사람들이 한마디씩 했지요.

"다 큰 애가 아빠 힘들게 업히다니…."

"걸어가도 될 나이구만, 쯧쯧쯧."

"요즘은 참… 다 큰 애를 업고… 저렇게 키워 뭣에 쓸려고."

"땀을 비오듯이 흘리면서… 누구는 자식 없나. 유별나기도 해라."

심지어는 아이를 향해 심하게 나무라는 사람들도 있었어요.

"애기도 아닌데, 얼른 내려라. 아버지 등골 빠지는 줄 모르고. 철딱서니 없기는."

사정을 모르니 쉽게들 한마디씩 했고, 그런 말이 듣기 싫은 아이는 아빠에게 업히지 않으려 고집을 피웠어요. 하지만 힘이 들어 할 수 없이 업히고는 고개를 푸욱 숙인 채 오기 싫다는 산에 데려온 아빠를 많이도 원망을 하더군요. 그 뒤를 따라가며 한마디씩 하는 사람들에게,

"사정이 있어서 그래요. 저희 애가 몸이 좀 좋지 않아서요."

라는 말을 하는데 차라리 억수 같은 장마 비가 와준다면 얼마나 좋을까 싶게 내 눈에서는 줄줄줄 눈물이 흐르고… 영화 〈말아톤〉의 한 장면이 눈앞에 아른거리더군요.

"우리 아이에게는 장애가 있어요"라는 말을 외치던 지하철에서의 장면이.

그리고 깨달았지요. 사람들은 제대로 알지도 못하면서 자신의 가치와 기준에 따라 참으로 쉽게 이야기한다는 것을. 이솝 우화 중 '팔려 가는 당나귀'에 나오는 이래라 저래라 참견하고 훈수 두는 많은 사람들처럼 말이에요. 하지만 중요한 것은 당나귀를 팔러 가는 아버지와 아들처럼 되어서는 안 된다는 것을 새삼 깨달은 날이었어요. 그 후로 비슷한 상황들이 생겼지만 사람들의 말을 흘려들을 수 있게 되었고, 특별한 경우가 아니

면 그때처럼 일일이 사람들에게 설명하지도 않게 되었고, 나를 돌아보는 중요한 계기가 되었어요. 나는 어떤 일 앞에서 생각과 시선이 밖으로 향하기 보다는 내 안으로, 그래서 나와의 대화를 많이 하는데, 그때도 그런 시간을 가졌어요.

'나는 어떤가? 나의 태도는?'

그러면서 다른 사람들의 말이나 행동들에 대해 나의 기준으로 쉽게 판단하고 말하기 보다는 내가 알지 못하는 나름의 사정이나 이유가 있을 거라 생각하게 되었고, 그것이 나를 많이 느긋하고 편안하게 해주었답니다. 그렇게 나는 조금씩 타인의 말과 시선에 갈팡지팡하지도 않고 충고나 조언이랍시고 내 기준으로 타인을 휘두르지도 않는 '담담한' 사람이 되어가고 있는 중이에요.

첫 오리엔테이션에서 보여준 샘정의 모습 기억하죠? 뽀글 파마를 하면서 나의 캐릭터인 운빨요정의 머리 스타일도 바뀌었답니다.

'베이비 펌'이라는 뽀글뽀글한 머리를 하고 집에 갔더니 남편은 이러더군요.

"아를 마이콜을 만들어놨노?"

만화 영화 〈아기공룡 둘리〉를 알면 바로 빵~~ 터질 텐데. 기타 치며 노래하는 뽀글머리의 마이콜.

출근했더니 보는 아이마다 놀라며 말하더군요.

겨울 : 마음의 소리를 들어봐

"어? 쌤~~머리가."

아이들이 더 말하기 전에 얼른 말했어요.

"완전 이쁘죠."

"적응이 안 돼요."

"곧 적응될 거에요."

교무실에서의 반응도 다양했어요.

"갑자기 머리는 왜?? 무슨 일 있어요?"를 비롯해,

생기 있어 보인다, 발랄해 보인다, 귀엽다, 잘 어울린다, 예전 머리가 더 낫다, 완전 숏 컷트를 해보라, 길 때까지 묶고 다니는 건 어떠냐, 너무 뽀글하지 않냐 등등의 이야기도 나왔지만 그들은 자신의 취향을 기본으로 한 의견을 주는 것이므로 그런가 보다 합니다. 이 머리는 내가 원해서 한 머리니까요. 그리고 어떤 머리를 하든 나는 나를 이뻐하니까 좋아 좋아요.

간혹 나를 위해서, 내가 걱정이 되어서, 라며 말하려는 사람이 있다면 이렇게 말해주기로 해요.

"나를 위한 걱정은 내가 할게요."

그대 L, 그대를 위한 걱정은 그대 L이 잘하고 있죠? 나를 위한 걱정은 나도 잘하고 있어요.

한 소녀가 그러더군요. 선생님은 이상하다고.

"우리 엄마는 파마하고 오면 계속 물어요. 괜찮냐고, 어울리냐고. 내가 이쁘다고 하는데도 오빠가 오면 또 물어요. 괜찮냐고, 어울리냐고. 아빠가 오면 또 묻고. 반응이 아니다 싶으면 다시 미장원 가서 풀어요. 그런데 선생님은 이쁘냐고 우리에게 묻지 않고 이쁘다고 그냥 말해버려요. 그래서 이상했어요."

아이의 섬세함에 놀랐어요.

"예뻐요?"라고 상대의 의견을 묻는 것이 아니라, "이쁘죠"로 상대가 뭐라 생각하든 나는 이쁘다고 확신한다는 나의 말에 대한 아이의 느낌과 표현.

내가 하고 싶어서 한 일조차도 나의 만족이 아닌 타인에게 인정받고 싶어 하는 마음, 타인의 기준에 맞추려다 정작 자신을 잃어버리지 않았으면 해요.

타인의 시선이나 충고로 인해 포기해버린 일이 있나요?

....
....
....
....
....

너무 억울하고 분해

  전화를 받는 순간 들려오는 아이의 울음소리. 이미 너무 울어서 지쳐가고 있는 울음.

"선생님, 저…저…"

"알아 알아, 우리 영선이네. 무슨 일로 이렇게 울고 있을까?"

"저 너무… 힘들어서."

그리고 또다시 터진 울음. 도저히 감당이 안 되는 모양이었어요. 목소리를 높여 외쳤어요.

"영선아, 고마워. 정말 고마워. 선생님한테 전화해줘서 너무 고마워. 고마워 영선아. 영선아, 선생님 말 듣고 있지? 고맙다는 선생님 말 들리지? 영선아, 정말 고마워."

그 순간 할 수 있는 말은 고맙다는 그 말이 전부였어요. 얼마나 힘들었으면 저렇게 울었을까, 그리고 울음을 멈추지 못할까.

"선생님, 제가요…."

"지금 학교? 석식 시간인가 보네."

"석식 시간 끝났고… 교실에 들어가야 되는데… 야자 해야 하는데…."

또다시 터진 울음. 교실로 돌아가는 것이 너무 힘든 모양이었어요.

"그까이꺼 교실에 좀 늦게 들어가면 어때? 괜찮아. 지금 영선이가 하고 싶은 거 해보는 거지 뭐. 야자 땡땡이? 쳐버리는 거지. 괜찮아 괜찮아. 그까이꺼 뭐…."

"학교 애들이…애들이…저를…너무 미워…해서…너무 미워하니까…죽을 것 같아요. 너무 힘들어요."

그리고 또 한동안 이어진 아이의 울음.

"너무 억울하고 분해서…."

중학교 1학년 때 자기를 뒷담화하고, 자기가 친해지고 싶은 친구가 있어 다가가면 중간에 끼어 이상한 애라고 이간질을 시켜 친구를 사귀지 못하게 하고, 얼굴 크고 뚱뚱하다고 대놓고 말하거나 계단 올라가는데 다리만 찍어서는 친구들에게 전송하면서 인간의 다리냐고 비웃는 등 자신을 괴롭히던 아이가 있었다고 합니다. 같은 고등학교로 진학하게 되었지만 다른 반이 된 그 아이는 1학년 동안은 잠잠한 것 같더니 2학년 올라오면서 같은 반이 되었고 다시 자신을 괴롭히기 시작했다며, 얼마 전 반 아이들이 있는 데서 갑자기 이렇게 말을 했다고 해요.

"너 진짜 인간이 그러면 안 되지. 중학교 때 네가 애들한테 왕따 당하고 놀림당할 때 내가 도와줬는데, 애들한테 그러지 말라고, 쟤 괜찮은 애라 말해주고, 아무도 안 놀아 줄 때 같이 다녀주면서 챙겨주고 했는데. 니가 내한테 이러면 안 되지. 내 뒷담화 제대로 하고 다닌다면서? 은혜도 모르고 주제도 모르고 까불고 있는 너란 인간 정말 웃긴다. 애들아, 얘가 이런 애다. 자기를 도와준 나를 이간질 시키고 없는 소문 만들어 뿌리고. 얘 정말 웃기지 않냐? 이러니 누가 얘를 좋아하겠어? 나라도 되니 챙겨주었구만. 참나 어이가 없어서."

왕따를 시키며 괴롭혔던 장본인이 바로 자기면서 어떻게 저럴 수 있을까 싶었지만, 그 순간은 너무 어이가 없고 기가 막히니까 말이 안 나오더라고, 한마디 말도 할 수 없었다고, 엎드려 우는 게 전부였다고.

"너무 억울하고 분한 거예요. 그런데요 선생님, 제가 어떻게 했는지 아세요? 제가 사과했다니까요. 아무 잘못도 없이 당하기만 했는데… 정말 너무 억울하고 분한데, 거기에 대해선 한마디도 못 하고 제가 도리어 미안하다고 사과를 했다니까요."

그대 L은 잘못도 없이 당하기만 한 아이가 왜 사과까지 했었는지 짐작이 가나요?

"저는 그래도 잘 지내보고 싶었어요. 진짜 사실을 아는 몇 명은 니가 왜 사과하느냐고, 그 아이가 해야 할 사과를 왜 니가 하느냐고 말렸지만… 저는 그냥 더 이상 아이들이 나를 미워하지 않았으면 좋겠다는 마음에… 사실 그 아이가 날 왕따 시키고 괴롭혔다고, 그런 이야기 친구들에게 한 것도 사실이고. 그건 솔직히 없는 말은 아니니까 그 부분을 내가 사과하면 그 아이도 거짓말한 거 미안해하지 않을까 하는 마음도 있고 해서."

하지만 결과는 아이의 기대와는 전혀 다른 방향으로 흘러갔다고 해요.

"아이들은 내가 하는 이야기는 제대로 듣지도 않았고, 내가 미안하다고 말했다는 소문만 걷잡을 수 없이 온 학교로 퍼져나갔어요. 그 아이가 나를 왕따 시켰고 이번에 한 이야기의 대부분이 거짓말이라는 것에는 하나도 관심 없고, 오로지 내가 미안하다고 한 것만 가지고, 나를 모르는 애들마저도 복도 걸어가는데 너 진짜 싸가지가 바가지네, 도와준 고마운 친구 뒤통수 때리는 애라고 하면서 욕하는 거예요. 생긴 것도 이상하다, 저렇게 살이 쪄서 어쩌냐, 저 몸으론 살고 싶지도 않겠다 막 이러고."

그대 L도 이렇게, 분하고 억울한 기억이 있나요? 혹시 있다면 어떻게 했었나요?

나도 종종 뒷담화의 주인공이 될 때가 있어요. 남들이 하는 뒷담화에 크게 신경을 쓰지는 않지만, 이런 이야기까지 들어봤어요.

"수업을 안 한단다."

"어떻게 수업을 안 할 수가 있어?"

"맨날 아이들에게 뭘 하라고만 하고 자기는 아무 것도 안 한대."

"수업 시간에 선생이 논다고? 그러면서 꼬박꼬박 월급 받고? 안 부끄러운가? 낯짝도 두껍다 참말로. 근데 그러고도 안 잘리는 거 보면 빽이 대단한가 보네."

수업 안 하고 노는 선생으로 이름을 날렸던 적이 있었어요. 그런데 세월이 지나고 나니 찾아오는 사람들이 생기더군요. 수업 안 하고 노는 방법을 배우고 싶다고. 수업 잘한다고 칭찬도 받고요.

교사는 지식을 일방적으로 전달하는 사람이 아니라 학생 중심의 자기주도적인 학습을 기본으로 아이들이 스스로 문제를 해결할 수 있도록 좋은 질문을 던지는 사람, 방향을 제시하고 안내하며 도와주는 사람이라고 생각해요.

20년 전에도 나는 그런 사람이었고 지금도 여전히 같은 사람인데 예전의 나는 수업 안 하고 노는 여고괴담의 주인공이었지요.

"애들한테 아무리 그런 거 아니라고 말해도 소용없고, 소문은 점점 더 이상해지고. 이제 곧 고3인데 공부해야 하는데, 자꾸 얼굴하고 몸 가지고 놀리니까 살부터 빼야 하나 싶고. 근데 이렇게까지 하면서 애들이랑 어울려야 하나 싶고. 책을 펴도 하나도 눈에 안 들어오고. 담임선생님에게 이야기하니까 애들이 다 너를 미워한다는 건 너한테 문제가 있는 거 아니겠느냐고. 그 말을 듣는데… 오늘은 정말 살고 싶지가 않아서… 죽으려….”

"사랑하는 영선, 선생님이 했던 말 기억하니? 죽음은 우리가 굳이 선택하지 않아도 우리에게 온다던 말. 기억나지?”

"네.”

"하지만 사는 것은?”

"선택할 수 있다고….”

"누가?”

"내가….”

"어떻게 사느냐도?”

"내가 선택할 수….”

"아니아니. 어떻게 사느냐는 내가 선택할 수도 있는 것이 아니라 선택하는 거라고 말했었는데.”

"네….”

"우리 같이했던 중3 시절의 너를 기억해 봐. 넌 멋진 아이였어. 1학년 때 왕따로 힘들었던 거 다 이겨낸 씩씩하고 멋진 아이였어. 기억하지? 마음의 힘이 아주 강한 아이였어. 부드럽고 강한 아이."

"그래도 아이들이 자꾸…."

"그래, 아이들이 자꾸 그러니까 마음의 힘이 약해질 수 있지. 과거의 힘들었던 시절로 돌아가면 어쩌나 하는 불안한 마음에."

"무서워요."

"억울하고 분하지만 말로 자꾸 설명하고, 해명하려 할수록 일이 더 꼬일 때가 있어. 상대방은 자기가 듣고 싶은 말만 듣거든. 자기가 듣고 싶은 단어들만 기억하고, 그것들로 다시 새로운 문장을 만들고. 그래서 더 오해가 생길 때도 많아."

"맞아요."

"그래서 필요한 건 두 가지야. 침묵과 너희들 표현을 빌면 개…무…시. 완전 무시하는 거지. 말로 자꾸 설명하면서 해결하려 하지 마. 그냥 개무시. 너를 좋아하는 것도 아닌 그 아이들과의 관계가 굳이 좋아야 할 이유 없잖아. 제일 큰 두려움은 그 아이들이 너의 친한 친구들까지 이간질해서 그 친구들마저 너에게서 등을 돌릴까 봐, 그래서 외로워질까 봐 그게 겁나는 거잖아."

"네… 너무 무서워요."

"영선이의 꿈을 이루기 위해서는 대학에 가야 한다고 했지?

대학 가고 싶어 인문계 왔다고."

"네."

"영선이 인생에서의 우선순위를 정해보자. 친구들 놀림 때문에 살빼기를 1순위로 잡을까?"

"아니요."

"영선이에게 단 1%도 도움이 안 되는 아이들과의 관계 개선을 1순위로 잡을까?"

"아니요."

"1년 지나고 고등학교 졸업하면 소식도 모르고 지내게 될 모르는 몇 명의 친구들이 등을 돌리는 것이 무서워 그 아이들과 친구 사이 유지하는 것이 가장 시급한 걸까?"

"아니요."

"세상에서 가장 소중한 사람은 누구?"

"… 저요."

"그런 영선이에게 가장 중요한 일은?"

"공부해서 대학 가고 내 꿈을 이루는 거요."

"그럼 1순위로 무엇을 해야 할까?"

"공부요."

"땡! 틀렸습니다. 1순위는 눈물 쓰윽 닦고 턱을 살짝 치켜들고, 두 눈 가득 개…무…시를 듬뿍, 아주 듬뿍 담아서! 지긋이 그들을 보는 거지. 그리고 소리는 나지 않게 입모양은 정확하게 말하는 거야. 개…무…시…라고."
크크크, 하고 처음으로 아이가 웃더군요.

가장 억울했던 일을 떠올려보아요. 그리고 지금이라면
그 상황에서 어떤 말과 행동을 할 것인지
시나리오 작가가 되어 아주 디테일하게 그려보세요.

....
....
....
....
....
....
....
....
....
....
....

실패, 하나도 괜찮지 않아

 그대 L은 수업 시간에 어떤 모습일까 상상해보면서 오늘 이야기를 시작할게요.

수업 시간에 아무 것도 하지 않고 앉아 있는 아이가 있어요. 아이는 모둠 활동을 할 때도 그냥 가만히 앉아 있기만 합니다. 말을 하지도 않고 모둠 활동에 참여하지도 않아요. 그렇다고 엎드려 자거나 하는 것도 아니에요. 그냥 그렇게 매 시간 가만히 앉아 있기만 해요. 또 한 아이는 끊임없이 이야기를 합니다. 정말 쉴 새 없이 이야기를 하지요. 물론 그 이야기는 수업과는 전혀 관계없는 이야기고요. 친구들이 들어주지 않아도, 귀찮아 해도, 제발 입을 다물라고 해도 아이는 멈추지 않고 이야기를 합니다.

두 아이 모두 수업에 참여하지 않는다는 공통점이 있는데 그 이유는 무엇일까요? 두 아이가 나타내는 반응은 전혀 다르지만 두 아이가 가지고 있는 가장 큰 것은 두려움입니다. 실패하는 것에 대한 두려움. 두 아이 모두 실패에 대한 경험을 가지고 있고 그로 인한 두려움이 한 아이에게는 입을 굳게 다물도록 했고, 또 한 아이에게는 쉬지 않고 떠들도록 했지요.

놀랍게도 두 아이의 실패 경험은 비슷하더군요. 모두 초등학교 시절 수업 시간에 모둠을 대표하여 발표를 하게 되었는데 두 아이 모두 친구들로부터 제대로 하지 못했다는 핀잔과 야유를 받았다고 해요. 모둠 친구들의 입장에서는 힘든 과제를 해결하고 자료를 잘 정리하여 주었음에도 불구하고 발표를 맡은 아이가 기대한 만큼 하지 못한 것이 아쉬웠겠지만 친구들의 야유와 비난은 아이 가슴에 상처로 남게 되었죠. 그 결과 한 아이는 친구들과 관계를 형성하는 것에 대한 두려움이 커서, 거절 당할까 봐 가까이 가지 못하고 혼자만의 성 안에 자신을 가두어두었고, 또 한 아이는 혼자 남겨질까 두려워 끊임없이 이야기를 하며 자신의 존재를 인식시키려 애쓰는 중이었습니다.

만약 그대 L이 이런 상황에 놓인다면 어떨 거 같아요? "이 정도의 일은 그럴 수 있는 일이라고 넘어갈 수 있지" 할지 모르지만, 그렇지 못한 아이들이 생각보다 많답니다.

실패는 지극히 개별화된 개념입니다. 내가 생각하기에 정말

하찮고 작아서, 실패라고 할 수도 없을 것 같은 일이 누군가에게는 평생의 상처가 되고 고통 속에 살아가게 만들기도 하거든요.

세상은 참 쉽게 실패를 두려워하지 말라고, 실패를 통해 배우고 실패를 통해 성장한다고 말을 하지요. 나 또한 한때는 그렇게 말하는 사람이었고요.

그대 L에게 실패는 어떤가요?

《십대, 지금 이 순간도 삶이다》의 작가로 중·고등학교에 강연을 자주 가요. 얼마 전 그 책을 읽은 아이가 강연을 듣고 사인을 해달라며 다가와서는 이러는 겁니다.

"다른 내용도 다 좋았지만 실패한 나도 사랑하라는 글이 가장 힘이 되었어요. 지금 저에게 하는 말 같았어요."

크게 한 대 얻어맞은 듯한 느낌이었어요. 집으로 돌아와 읽은 책은 《스무 살엔 스무 살의 인생이 있다》였습니다. 거기에도 실패하는 것을 두려워하지 말라고 써놓은 작가 샘정. 이 책을 읽은 이유는 작가로서의 나에게 실패라는 단어를 경험하게 해준 책이었기 때문이에요. 솔직히 작가로서 출발부터 너무 좋았던 샘정이다 보니 책만 내면 당연히 잘 팔리고 늘 많은 사람들이 읽는 그런 책이 될 거라 생각했었어요. 그리고 그 책은 긴 시간 동안 정성 들여 준비했기에 유난히 애착이 가고 기대도 많이 했거든요. 하지만 반응은 기대에 훨씬 미치지 못했고, 실망한 나는 자신을 '한물간 작가'라 칭하며 더 이상 책을 쓰지 않게 되었지요. 주변 사람들은 그게 무슨 실패냐, 말도 안 된다는 이야기를 했지만 실패란 지극히 개인적인 개념이니까요. 내가 그렇게 생각하면 그건 실패인 거죠. 그것도 너무도 큰, 그래서 도저히 극복할 수 없을 것 같은 커다란 실패. 그렇게 5년이라는 시간이 지났고 지금 나는 다시 이렇게 책을 통해 그대 L을 만나고 있어요. 스스로에게 붙여준 한물간 작가라는 이름을 벗어던지는 데 5년이라는 시간이 걸렸어요.

타인의 실패에는 그렇게 쉽게 "괜찮아, 이를 발판 삼아 더 성장하면 돼" 라고 이야기하면서 정작 나 자신에게는 그러지 못했던 거죠. 내가 쓴 책의 '실패한 나도 사랑하라'는 글이 가장 힘이 되었다는 말을 들었을 때의 기분은 말로 표현할 수 없을 정도였어요.

나는 왜 실패한 나를 사랑하고 보듬어주지 못했을까요? 아이들이 말하더군요.

"실패해도 괜찮다고요? 뭐가 괜찮아요. 하나도 안 괜찮은데. 너무 두려운 걸요."

바로 두려움이었어요. 또 실패할지도 모른다는 두려움. 또다시 반복되는 상황에 더 큰 상처를 받을지도 모른다는 두려움. 그 두려움이 어른인 샘정마저도 한물간 작가라는 이름 뒤에 숨어버리게 했던 거지요. 아무 것도 하지 않으면 더 이상의 실패는 없을 거라는 자기 방어기제로.

다시 이렇게 글을 쓸 수 있게 된 것은 두려움이 완전히 극복되어서는 아니에요. 여전히 두렵지만 그래도 다시 시도해보는 것은 '간절함'이 나를 이끌었기 때문입니다.

이제 이렇게 말하고 싶어요. 실패를 두려워하지 말라는 말 대신에 실패가 두렵겠지만 두려움을 넘어서는 간절함을 찾으라고.

지금 그대 L 마음속에 자리 잡고 있는 두려움을
여기에 꺼내놓아 보세요.

....
....
....
....
....
....
....

다 내가 못난 탓이야

"선생님, 죄송해요. 이번에 승진하면 찾아뵈려고 했는데. 승진은커녕 퇴사를 해야 할지도 모르겠어요. 전 왜 이 모양인지 모르겠어요. 이번에는 진짜로 꼭 승진할 줄 알았는데. 남들처럼 번듯한 대기업은 아니어도 내 직장이란 생각으로 열심히 했는데. 사는 게 하나도 재미가 없어요. 뭐 마음대로 되는 게 없으니. 이런 무능력한 제가 선생님도 한심하시죠?"

"기억하니? 과학 탐구 대회 준비하던 거?"

"그게 언제 적 이야긴데요. 그딴 게 다 무슨 소용이에요."

"너무 취한 것 같으니 조만간 만나서 이야기하자. 술 깨면 지금 이야기도 잊어버릴 수 있으니 문자 남겨둘게. 과학 탐구 대회 준비하던 거, 그 시간을 추억해보렴."

승진이 목표였는데 승진하지 못한 자신을 무능하고 한심하다 말하는 제자에게 그대 L이라면 어떤 이야기를 해주고 싶은가요? 예전의 나는 열심히 하면 기회는 꼭 온다는 말을 해주었겠지만 그날은 과학 탐구 대회를 준비하던 시간들을 떠올려보라는 말만 했어요.

많은 사람들이 승진이 목표라고 말합니다. 그런데 승진이 과연 전적으로 나의 문제일까요? 내가 아무리 승진하고 싶어도 팀장 자리는 단 하나뿐이고, 그 자리에 누구를 승진시킬 것인가를 결정하는 사람도 내가 아니고 회사인데? 승진이 목표였는데 승진하지 못했다면 그것이 오로지 나의 무능력함 탓일까요? 승진처럼 삶의 목표가 외적인 성공이라면 쉽게 좌절하고 무기력해질 수 있어요.

'최선을 다하라, 죽을 만큼 노력하면 안 되는 것이 없다!' 라는 말을 하지만 죽을 만큼이 아니라 극단적으로 정말 죽어도 안 되는 일이 있다는 진실도 존재합니다.

"그래, 최선을 다해 봐. 너는 분명히 할 수 있을 거야."

올림픽 금메달이 꿈이라는 아이에게 이렇게 응원과 격려를 하겠지요. 하지만 올림픽의 금메달은 세상에 단 하나입니다. 전 세계 수많은 사람들이 그 꿈을 가지고 자신의 최선을 다하고요. 하지만 금메달의 꿈을 이룰 수 있는 사람은 단 한 사람뿐이지요.

"너 말고도 얼마나 많은 사람이, 너보다 능력 있는 선수들이 많은데, 그런 헛된 꿈은 꾸지도 마."

이렇게 꿈조차 꾸지 못하게 해야 한다는 것이 아니에요. 다만 그 꿈을 향해 최선을 다하여 노력하도록 응원하고, 꿈을 이루지 못했다 하더라도 그동안의 과정도 값진 것이며 결과가 인생의 전부가 아님을 알 수 있도록 해주어야 한다는 의미입니다. 금메달을 따는 사람보다 32강, 16강, 8강, 4강에서 지는 선수들이 더 많다는 사실을, 그리고 그들이 결코 무능해서가 아니라는 것을, 그다음의 삶을 잘 살아갈 수 있도록 해주어야 하는 것도 중요하다는 것을.

오로지 금메달만이 성공이라 생각하지 말고 32강에서 지고 돌아온 선수들의 삶도 소중하고 가치 있음을 알아주어야 한다고 생각해요. 지게 된 이유가 오로지 그 선수의 실력만은 아닐 겁니다. 꿈을 이루고 싶다는 간절함이 적어서도 아닐 거예요. "나는 이 게임에서 이기지 않아도 괜찮아" 라며 경기에 나가는 사람은 없잖아요. 모두가 절절한 간절함이 있을 거잖아요. 그날 먹은 음식이 내 입에 맞지 않았을 수도 있고, 지나가던 사람이 떨어뜨린 물건에 발을 다쳤을 수도 있고, 잠자리가 불편해 평소와 달리 잠을 설쳤을 수도 있고, 대진 운이 유난히 나빴을 수도 있고요. 이처럼 선수의 실력과는 상관없는 변수들이 너무 많을 수도 있다는 거죠. 만약 결과만을 인정하여 '그 모든 것에도 불구하고 금메달을 땄었어야 한다'고, '그렇지 못한 것은 너의 능력 부족'이라고, 그건 오로지 너의 문제라고, 네가 조금 더 노력했더라면, 네가 조금 더 너 자신을 믿었더라면, 네가 조금 더 승부근성이 있었더라면…, 네가 조금 더… 네가 조금 더… 라며 개인에게 그 책임을 묻는다면 그 선수의 노력은 무엇이 되고, 이후의 삶은 어떻게 될까요? 이 모든 것은 너의 책임이니 슬프거나 아프거나 고통스럽거나 절망스러운 것도 너 혼자 감당해야 할 몫이라고 한다면?

2021년 도쿄올림픽에 참여해 6관왕의 기대를 모았던 미국의 체조여왕 시몬 바일스가 '기권'을 통해 우리에게 준 새로운 관점과 감동을 기억해주기 바라요. 바일스는 1경기만 참여하고 기권을 했지요. 주종목에서 낮은 점수를 받은 이유는 무리하게 하다가 부상을 입을지 몰라서였다고. 그리고 올림픽 경기로 인해 많은 스트레스를 받았고, 자신을 위해 남은 경기에 모두 기권을 하는 것이라고.

우리에게 익숙한 것은 '부상투혼'인데, 어떻게 해서라도 좋은 점수를 받고 금메달을 따야 하는 거 아닌가? 개인을 희생해서라도 기대하고 있는 국민들을 위해 금메달을 따야 하는 거 아닌가, 싶을 수도 있지만 바일스는 그 누구도 아닌 자신을 선택했어요.

그녀는 최선을 다하지 않은 걸까요? 그녀는 최선을 다했다고 생각해요. 자신에게 최선을 다한 거죠. 경기력과 결과만을 우선시하고 선수의 육체적 정신적 건강에는 무심한 스포츠 시스템에 대한 최선의 반격이었다고, 1등보다 타인의 인정보다 중요한 것이 무엇인가를 보여준 현명한 기권이었다고 생각해요.

우리는 종종 이런 질문을 만납니다.

컵 안의 물이 반이나 남았는가, 반밖에 남지 않았는가?

긍정적으로 생각하라고, 네가 어떻게 보는지에 따라 다르다고, 긍정적으로 생각하지 못하는 것은 너의 탓이라 말하는 것은 가혹하다 생각해요. 팩트는 컵에 물이 반이 있다는 것이지요. 반이나 남아 있다고 생각한다고 해서 물의 양이 반보다 더 늘어나는 것은 절대 아니니까요. 그저 반이 있는 거지요. 중요한 것은 그 반 컵의 물로 무엇을 어떻게 할 것인가 입니다. 아무리 물이 반이나 남아 있다고 생각해도 이 물로 무엇을 할 수 있는 세상이 아니라면요? 반이나 남은 물이 아무 데도 쓸모가 없다면 반이나 남았다고 생각하든 반밖에 남지 않았다고 생각하든 무슨 소용이 있을까요?

"쌤, 우리 그때⋯ 그랬었죠? 우리 밤늦게까지 과학실에서 연습하면서 1등 하면 좋겠다고. 그런데 우리⋯ 1등은커녕 등수 안에 들지도 못했어요. 그런데도 우리 무지 좋아했죠. 그때 선생님이 냉면 사줬었어요. 그거 기억하세요? 너무 질겨서 가위로 잘게잘게 잘라서 숟가락으로 퍼 먹었었던 냉면? 그때는 등수에 들지 못해도 좋았었는데. 심사위원들의 눈이 이상한 거라며 우리 안 뽑은 거 후회할 거라며 큰소리쳤었는데. 이제 알 겠어요. 그때 괜찮았던 건 우리의 목표가 1등이 아니었기 때문인 것 같아요. 말로는 1등 하자고 했지만 그보다 더 좋았던 것들이 있었어요. 학원 안 가고 내가 하고 싶은 실험 실컷 할 수 있어 좋았고, 매일 저녁 떡볶이에 자장면을 먹을 수 있어 좋았고, 친구들과 같이 있을 수 있어 좋았고. 사실 우리 선생님 몰래 게임도 많이 했거든요. 회사 다니면서 승진 말고는 좋은 걸 못 찾았나 봐요. 승진 말고도 나를 위한 것들이 많이 있었을 텐데. 그리고 승진, 그거 맞아요. 내 탓만은 아니에요. 난 참 열심히 했는데 안 되었지만⋯ 그게 내가 무능력한 탓만은 아니에요, 그쵸? 잊고 있었어요. 최선을 다해도 안 되는 게 있다는 것, 그것이 내 탓이 아닐 때도 많다는 것을. 그때 진짜 배운 것이 1등하는 방법이 아니라 안 돼도 포기하지 않고 계속 해보는 거. 선생님이 만족할 때가 아니라 우리가, 내가 만족할 때까지 해보는 거, 그거였는데."

정말 열심히 했는데 원하는 결과가 나오지 않았던 일의 가장 큰 이유는 무엇이었을까요?
최선을 다했으니 그대 L이 이유가 될 수는 없겠지요.

....

....

아무도 날 챙겨주지 않아

 그대 L은 유난히 힘든 날은 어떻게 하나요? 자신을 위로해주고 응원해주는 그대 L만의 방법이 있나요? 좋은 방법이 있으면 살짝 공유해요, 우리.

많이 힘든 날에 나는 나에게 상을 줄 준비를 한답니다. 오늘은 올해 들어 나 자신에게 제일 큰 상을 주고 싶은 날입니다. 학교가 유난히 힘들었던 월요일이었네요. 수업 동영상을 수없이 되돌려보며 애썼다… 참말로 애썼다… 잘 대처했어… 참말로…를 또 수없이 반복한 그런 날입니다. 이런 날에는 누가 나를 챙겨주길 바라기 전에 내가 나를 잘 챙겨주려고 합니다.

맛있게 익은 파김치, 살짝 데쳐 식초, 간장, 들깨 가루에 조물조물한 머위들깨초무침, 시금치고추장무침, 국과 볶음의 중간단계로 만든 애호박새우젓국, 약콩조림, 견과류멸치볶음.

오늘은 접시에 담는 것도 더 정성을 들였어요. 이렇게 나를 위해 음식을 만들고 밥상을 차리는 데 몰입을 하다 보면 그 시간은 내게 치유의 시간이 되어준답니다. 밥상이 내가 나에게 주는 상이에요. 음식도 씹고, 힘들었던 순간들도 곱씹다 보면 조금씩조금씩 스트레스가 풀어지곤 하거든요.

다시 출근해야 하는 아침. 출근하면 또 만나야 하는 아이. 응원상이 필요해요. 이런 날도 소박하지만 정갈한 밥상을 나에게 주지요.

미나리무침, 냉이된장찌개, 시금치무침, 풋마늘초고추장무침, 실파김무침.

나이가 많다고 무조건 다 잘하는 건 아니지만 흘러온 세월을 통한 경험이 힘이 되곤 해요. 하지만 그것만으로도 해결되지 않는 문제들을 만나게 되고 힘겨운 시간을 보낼 때도 적지 않답니다. '30년 넘게 아이들을 만나온 교사가 중학교 1학년 아이와의 시간이 힘들면 얼마나 힘들겠어' 할지 모르지만, 한 아이를 위해 학교 전체가 함께 많은 고민을 하고 해결 방법을 찾으려 해도 길이 잘 보이지 않는 지금이에요. 많은 선생님들이 함께 고민하고 노력하고 있지만 과연 학교의 역할로 가능할까? 싶은 마음이 들기도 해요. 30년 넘는 교직 생활에서 이렇게 한마음으로 고민하고 공유하고 서로를 다독이며 조금이라도 더 아이들을 보듬어 안으려 노력하는 동료들은 처음이에요. 다 같이 최선을 다하고 있지만 결코 쉽지 않은 것을 우리 스스로도 압니다. 그 아이의 삶, 우리와 만나기 전의 13년이라는 시간을 거의 분노하고, 자해하고, 다른 친구들에게 위협이 되는 행동을 했던 아이. 감당하기 힘든 모습을 보여주는 아이. 그럼에도 불구하고 어떻게 도와줄 수 있을까 치열하게 고민하고 방법을 찾으려 노력하고 있는 중입니다.

함께이기에 또 힘을 내고 작은 희망을 꿈꿉니다. 그래서 직장으로 가는 준비를 하는 과정에서 아침 밥상은 중요하지요. 밥상을 차리는 건 나를 위한 응원이니까요. 그대 L의 치유와 응원의 방법도 얼른 알려주어요.

내가 나에게 밥상이라는 상을 주는 이유는 다른 사람은 몰라도 나는, 나만은 나에게 잘해주자는 마음에서랍니다. 물론 꼭 직접 만든 음식이어야 하거나 대단한 요리를 해야 하는 것은 아니에요. 라면 하나를 끓여도, 배달 음식을 시켜 먹더라도 나를 극진히 대접하는 마음으로 나를 위한 밥상을 차리고 싶은 거지요. 내가 나에게 주는 상인 밥상. 굳이 남들이 알아주고 그래서 남들이 주는 상을 받아야 하는 이유는 없죠. 내가 애쓰고 수고한 나에게 상을 주면 되는 거니까요.

SNS에 직접 만든 음식에 대한 글을 올리는데 많은 사람들이 귀찮지 않느냐, 남편은 좋겠다는 반응이 많아요. 물론 귀찮을 때도 많아요. 하지만 블로그에 올리는 날은 귀찮지 않은 날이니까 가능한 거죠. 힘들고 귀찮은데 억지로는 절대 못하잖아요. 그 집 남편은 좋겠다는 반응에 대해서는, 남편에게 물어보면 아마 다른 반응이 나올 걸요. 나는 거의 대부분 내가 먹고 싶은 음식을 만들거든요. 가족을 위해 밥상을 차린다기보다는 나를 위해 차린 밥상에 남편과 아이들의 숟가락을 얹어주는 경우가 훨씬 많기 때문이지요. 가족들이 특별히 먹고 싶은 것이 있으면 주로 음식을 만드는 나에게 미리 주문을 하거나 본인들이 직접 만들어 먹어야 한다는 게 내 생각이에요. 요리는 여자만의 일은 아니잖아요? 자신이 먹는 음식은 스스로 할 수 있는 사람이 독립된 어른이겠지요. 요리하는 것을 더 좋아하고 덜 좋아하고의 차이는 있을 수 있지만 말이에요. 많은 사람들이 오늘 또 뭘 해먹나 걱정이라고, 끼니때마다 밥상 차리는 게 너무 귀찮다고 하는데, 혹시 그 밥상 앞에 앉을 사람 중에 자기는 빼고 생각하는 건 아닐까 하는 생각이 들 때가 있어요. 내가 먹을 밥상이니까 내가 먹고 싶은 걸로 장 봐서 차리면 되고, 너무 바쁘거나 힘들어서 직접 밥상을 차리는 게 어렵다면 세상에는 나보다 솜씨 뛰어난 요리사들이 많으니 그들의 도움을 받으면 되는 것이고요. 나를 위해서 좀 쉽게 살자고요. 내가 쉬워지면 주변 사람들의 삶도 쉬워질 거예요.

그대 L, 기억해요. 내가 나를 잘 챙기는 거!

지금 그대 L을 위해
'이것만은 꼭 챙겨주고 싶다' 라는 것은 무엇인가요?

급식시간

팥죽이에요. 동지에 먹는 팥죽을???
담임 샘정과 그대 ㄴ, 우리 사이를 팥죽에 담아보았어요.
동지, 목표나 뜻이 같은 사람, 바로 우리잖아요.
변화하고 성장하고 싶은 우리.
따뜻한 동행의 '동지'인 우리이니 팥죽을 같이 먹어야 하지 않겠어요?
달달한 단팥죽도 좋고요.
골라 먹는 재미가 있는 말랑말랑학교 급식실.
여기는 급식 맛집이에요.

봄

Finding

뭐가 문제고?

말랑말랑학교 인생수업

오리엔테이션 1

멋진 L, 지금까지의 과정을 돌아보면서 철학적 탐색을, 나는 어떤 사람인가에 대해 가벼운 탐색의 시간을 가져보기로 해요. 지난 수업에서 손을 들어 어깨를 토닥여주라는 부분을 읽었을 때 어떻게 했나요?
- 별생각 없이 그냥 했다.
- '뭐지? 호기심이 생기는데' 라면서 했다.
- '귀찮은데 왜 하라는 거야' 라고 생각했지만 그래도 했다.
- '책이 별걸 다 하라고 하네. 내가 이걸 왜 해야 하는데' 라면서 하지 않았다.

물론 이것 말고도 다양한 반응들이 있을 수 있겠지요. 그 어떤 반응이 좋다 나쁘다를 이야기하려는 게 아니에요. 신학기에 과학 수업을 시작하면서 아이들에게 이렇게 이야기합니다.

"과학을 못해도 괜찮아요. 과학을 싫어해도 괜찮아요. 모든 아이들이 과학을 잘하고 좋아하고 과학 점수를 잘 받을 수 있도록 만드는 것이 선생님의 수업 목표는 아니에요. 과학 수업을 하면 할수록 '나는 과학하고 안 맞아' 라는 것을 제대로 알게 되는 것도 정말 중요하다고 생각해요. 우리가 함께 수업을 하는 이유는 과학 수업을 통해 자신이 어떤 사람인가를 조금 더 잘 알기 위해서예요. 과학에 흥미를 느끼고 좋아하고 잘해서, 그를 통해 과학과 관련 있는 분야로 진로를 찾는 사람이 있다면 더없이 좋겠지만 그것만이 전부는 아니라는 거죠. 다양한 수업을 통해 내가 무엇을 할 때 흥미를 느끼는지, 즐겁게 하는지, 힘들어하는지, 어려워하는지 등등을 알아가는 거지요. 관심도 없다고 생각했던 것에 새로운 관심이 생길 수도 있고, 못한다고 생각했지만 두려움 때문에 피하고 있었던 것뿐이라는 사실을 알게 될 수도 있어요. 그래서 매시간 선생님은 다양한 활동을 해볼 수 있는 수업을 준비해 여러분에게 제시를 할 거고, 여러분들은 치열하게 최선을 다해 그 작업들을 해보면서 자신에 대해 많은 정보를 얻기 바랍니다. 재미도 없고 하기 싫은 것도 열심히 해야 하는지를 묻는 사람들이 있는데, 나의 대답은 "그렇다"입니다. 수업은 재미있고 좋아하는 것만 하는 것이 아니에요. 배움과 변화, 성장을 위한 시간이 쉽고 즐겁지만은 않으니까요. 과학 지식이 많지 않아도 살아가는 데는 별로 지장이 없지만 인내심을 가지고 포기하지 않고 치열하게 최선을 다해보는 경험은 인생을 살아가면서 꼭 필요한 것들이니 그 연습을 하는 건 중요해요."

그대 L이 온 말랑말랑학교도 그런 곳이에요. 가장 중요한 목표는 내가 어떤 사람인지 조금 더 알아가면서 나 자신을 소중히 여기고 사랑하며 살 수 있게 되는 거. 이것이 우리의 목표랍니다.

그래서 손을 들어 어깨를 토닥여주라는 말에 어떻게 반응했는지를 보고 가볍게 자신을 탐색해보는 거지요.

어깨를 토닥여주라는 글을 눈으로 읽는 것에서 그친 사람들도 적지 않을 거라 생각해요. 참 작은 행동 같지만 행동하는 것이 쉬운 사람은 그렇게 많지 않거든요.

많은 사람들이 생각에 머물러 있어요. 이거 해보면 좋겠다는 생각은 하지만 그냥 생각에서 멈추고, 이번만큼은 제대로 해보고 싶다는 생각은 하지만 또 그냥 생각에서 멈추고, 그대 L만 그런 건 절대 아니랍니다.

나의 학급 운영의 목표는 늘 같습니다.

'조금 더 멋진 사람이 되자.'

"지금보다 조금 더 멋진 사람이 되도록 잘 도와주는 것이 담임의 역할이라 생각해요. 자신을 사랑하며 사는 사람, 타인을 위한 따뜻한 마음도 함께 키워가는 사람이 되도록 잘 도와주는 사람이요. 조금 더 멋져진다는 기준은 사람들마다 다를 겁니다. 지각을 자주 하는 사람에겐 지각을 조금씩 줄여가는 것이 될 수도 있고, 공부를 잘하고 싶은 사람에겐 성적을 조금씩 올리는 것이 될 수도 있고, 욕을 입에 달고 사는 사람에겐 욕을 조금 덜 하게 되는 것도 조금씩 멋져지는 것이라 생각해요. 춤을 잘 추고 싶은 사람이 연습을 통해 춤을 잘 추게 되는 거, 친구들과 어울려 뒷담화를 하면서도 마음 한구석이 불편했다면 친구들의 대화 방향을 바꾸어주는 방법을 찾는 것도 조금 더 멋져지는 것이 될 수 있겠지요. 살을 빼야지 하면서도 먹는 것에 대한 열망을 줄일 수가 없어 과식을 하고 난 뒤에 후회를 하던 사람이 조금씩 식사량을 줄여가는 것도 그렇구요. 마음에 들지 않은 부분을 고쳐 나가거나, 지금 잘하는 것을 더 잘할 수 있게 되거나, 관심만 가지고 있던 것을 직접 실천해보는 것도 마찬가지죠. 지금의 출발이 어떠하든지 우리는 매일매일 조금씩 자신만의 멋짐을 향해 가는 겁니다. 너무 급하게도 말고, 너무 욕심내지도 말고, 조금씩조금씩. 그렇지만 분명하게 걸음을 떼어 걸어가는 것. 생각에만 머물러 있지 말고 진짜 행동으로 해보는 거. 그래서 선생님과 헤어지는 날에는 지금보다 멋진 사람이 되어 이별하기를 바랍니다."

이 책, 말랑말랑학교에서 담임의 역할도 똑같습니다. 지금보다 조금 더 멋진 사람이 되도록 잘 도와주는 역할이죠.

'조금 더 멋져진다'는 것은 그대 L만의 목표가 되겠지요.

그대 L은 어떤 부분에서 조금 더 멋져질 건가요?

욕심내지 말고 쉬운 것부터 해볼까요? 일단 '생각하는 것'으로 출발을 해봅시다.

'나의 조금 더 멋져짐은 무엇일까?'

생각을 '잘', 진지하게, 치열하게 고민해보는 것은 중요해요. 생각이 잘 되었을 때 그 생각을 바탕으로 행동할 수 있고, 행동했을 때 가치와 보람도 따라오는 거니까요.

즉흥적으로 이거 해볼까, 하는 막연한 생각들이 결실을 맺지 못하고 버려진 경험이 있을 겁니다. 그래서 모든 변화의 시작은 생각을 '잘, 제대로' 하는 것이지요.

그래서 어깨를 토닥여주라는 글을 읽었을 때 그대 L의 반응은 어땠는지를 물었고, 그를 통해 자신을 조금 탐색해보기를 바랐죠.

나는 어떤 사람인가?

많이 멋져지는 것은 나중으로 미루고 우리는 일단 조금만 멋져지기로 해요. 너무 조금이라 실패하기조차 힘든 그런 걸로.

조금 멋져지고 싶은 거, 결정했나요? 저녁에 잠들기 전에 내 어깨를 토닥여주며 수고했어! 한마디 해주는 그 정도의 작은 거, 어때요?

'생각'했다면 그대 L은 멋진 사람이에요. 생각했다면 할 수 있게 되거든요. 아이들에게 글을 쓰라고 하면 이구동성으로 말을 하지요.

"쓸 게 없어요. 뭐 써요? 진짜 쓸 게 없어요." 라고.

쓸 게 없는 이유는 아주 간단하답니다. 글을 쓸 '꺼리'가 없는 것이지요. 관심이 없었고, 그래서 무언가에 대해 생각해보지 않았기 때문이지요. 생각한 것이 있다면 그 생각을 쓸 수 있어요.

아, 과제가 있어요. 그대만의 필기구를 준비해주세요. 가장 편안하다고 느껴진다든가, 글씨가 가장 예쁘게 잘 써진다든가 등등의 이유로 그대 L만의 필기구가 필요해요.

오리엔테이션 2

그대 L, 그대만의 필기구를 찾았나요?

'일 못하는 목수가 연장 나무란다'는 말이 있지요. '고기 못 잡는 선장이 배만 탓한다'는 말도 같은 의미일 겁니다.

중국의 옛 기록에 좋은 종이와 붓, 먹이 없으면 글을 쓰지 않으려 하는 저수량이라는 사람이 있었다고 해요. 이 사람이 지인에게 자신의 글과 구양순이라는 사람의 글 중 어느 것이 더 잘 쓴 글인가를 물었더니 지인이 이렇게 대답했다지요.

"구양순은 종이와 붓을 가리지 않지만 자네는 아직도 종이와 붓을 가리니, 그 말은 종이와 붓에 따라 글이 달라진다는 말이기도 하니 구양순의 글이 낫다고 할 수 있지."

일 못하는 사람이 사용하는 도구를 탓한다는 의미로, 원인을 자신의 부족함에서 찾으려 하지 않고 다른 핑계를 대려 한다는 의미일 겁니다. 하지만 조금 다른 시각에서 접근해볼까요?

"탐구의 시작은 관찰에서 출발합니다. 관찰은 자세히 알아보는 것이지요. 자세히 알아보기 위해서는 사람의 오감을 최대한 이용하고, 필요하다면 다양한 기구들을 이용할 수도 있겠지요."

과학 탐구의 시작이 관찰이듯 나에 대한 탐구의 출발 역시 관찰이라 생각해요. 가장 마음에 드는 필기구를 찾으라는 것은 자신을 관찰하는 연습이에요. 0.3mm의 아주 가는 펜을 좋아하는지, 1mm 이상의 굵직한 펜을 선호하는지, 한 가지 색 펜을 좋아하는지, 삼색 펜에 샤프까지 한꺼번에 있는 것을 좋아하는지를 관찰해보는 거지요. 손에 잡히는 펜의 굵기가 어떨 때 가장 편안함을 느끼는지, 감촉은 어떤 것을 선호하는지, 펜이 좋은지 연필이 좋은지 등등.

목수가 일을 잘 못하고 선장이 고기를 잘 못 잡는 이유가 진짜 연장과 배에 있을 수도 있지 않을까요? 목수에게는 연장이, 선장에게는 배가 매우 중요하지요. 그렇게 중요한 것은 잘 선택해야 하고요. 잘 선택한다는 것은 자신에게 가장 적합한 것을 고르는 일일 겁니다. 그러기 위해서는 자신을 제대로 아는 것이 출발점이 되어야 하고요. 단순히 필기구뿐만 아니라 내가 나를 잘 알아야 늘 나에게 가장 잘 맞는 무엇인가를 선택할 수 있을 테니까요.

중국 옛 기록의 구양순처럼 종이와 붓을 전혀 가리지 않고 글을 쓸 수 있는 경지에 오르는 사람은 많지 않을 겁니다. 보통의 우리들은 목수의 연장, 선장의 배와 같은 것들에 의해 많이 좌우가 되지요. 어쩌면 저수량은 붓과 종이를 가렸기에, 자기에게 잘 맞는 것을 알았기에 글을 잘 쓰게 되지 않았을까요?

30시간 원격 연수를 촬영할 때 카메라 감독이 이러더군요.

"선생님은 몸매는 별로인데 스타일은 끝내줘요."

얼굴은 크고 목은 짧고 허리는 길고 다리는 짧으니 몸매가 별로인 건 사실이에요. 그걸 제대로 파악하고 있으니 단점은 최대한 보완하고 장점을 극대화할 수 있는 선택을 했기에 스타일이 끝내준다는 이야기를 들을 수 있었다 생각해요. 알죠? 그대의 담임이 자칭 50대 패션 블로거 1호라는 거? 몸매가 20대 같아서, 얼굴이 주먹만 하고 동안이라서 패션 블로그를 운영하는 건 아니에요. 나를 잘 알고 나에게 어울리는 스타일을 잘 찾고 표현하는 것을 좋아하기 때문이지요.

내게 딱 맞는 필기구를 제대로 고르지 못하는 건 크게 문제되지 않지만 직업이나 배우자 선택 등에서는 매우 큰 문제가 되지요. 그래서 자신을 탐색하는 과정은 너무도 중요하답니다.

일 못하는 목수는 연장을 나무라지 말고 자신에게 맞는 연장을 찾는 시간을 가져야 할 것입니다. 일할 때 사용하는 도구가 마음에 들면 그 일을 하는 시간도 한결 즐거워질 테고, 당연히 연습도 많이 하게 되어 일 잘하는 목수가 될 수 있을 테니까요.

모든 일이 마찬가지라 생각해요. 공부할 때도 나에게 맞는 책을 골라야 하는데 그러기 위해서는 나의 실력을 제대로 알아야 하고, 나에게 맞는 직업을 찾기 위해서도 나를 제대로 알아야 하지요. 남 앞에 서서 이야기하는 것이 두렵고 힘든 사람이 매일 아이들 앞에 서는 교사가 된다면 너무 힘들 거예요. 과학 과목을 잘하고 좋아해서 과학 교사가 되었는데 이렇게 힘들 줄 몰랐다는 후배. 이 후배에게 필요했던 것은 무엇일까요? 과학 교사라는 직업에 관해 자세히 알아볼 뿐만 아니라 그것을 꿈꾸는 자신에 대해서도 심사숙고를 했어야 했지요. 과학 교사는 과학을 좋아할 뿐만 아니라 학생들 앞에 서서 전달하는 일도 즐겨야 한다는 것을 알았더라면, 자신은 과학을 잘하고 좋아하지만 사람들 앞에 서서 이야기하는 것에 대한 두려움이 유난히 크다는 것을 알았더라면 어땠을까요? 사람들 앞에 서지 않으면서 좋아하는 과학을 할 수 있는 진로를 선택할 수 있었을 겁니다.

인생의 동반자로 함께 살아갈 배우자를 선택할 때도 내가 어떤 사람인가를 제대로 알아야 상대를 보는 안목과 기준이 생기겠지요. '나와 잘 맞는 사람'을 찾으려면 나 자신을 알아야 해요.

가수 이효리 씨가 한 방송 프로그램에서 결혼을 잘했냐는 말에 이렇게 대답했습니다.

"남편은… 다른 사람하고는 모르겠는데 나와는, 나하고는 잘 맞는 사람인 것 같아요."

나와 잘 맞는 사람을 볼 수 있는 눈은 나를 제대로 알 때 가능하다고 생각해요. 그래서 나를 제대로 아는 것이 매우 중요한 거죠. 얼굴 크고 목 짧고 허리 길고 다리 짧은 나를 제대로 알기에, 어떤 옷을 입으면 멋진 스타일이 되는지를 알고, 주눅 들지 않고 당당하게 나를 드러내며 자존감에 상처를 입는 일 없이 나를 사랑할 수 있는 거지요. 감히 패션 블로그도 하면서 말이에요.

그대 L에게 맞는 필기구를 찾는 과정은 그대 L을 관찰하는 연습이었는데 어땠나요? 어떤 일이든 처음부터 익숙하고 편안하게 잘할 수 있는 일은 많지 않을 겁니다. 조금씩조금씩.

말랑말랑학교의 목표는 '조금 더 멋진 사람이 되자' 라는 거, 기억하죠?

나에게 가장 잘 맞는 필기구의 조건을 적어보세요.

....

....

간식시간

따봉~~~
뜬금없이 갑자기 따봉~~~ 하니까 놀랐죠?
시원한 오렌지 주스 한잔 해요.
지금까지 나 자신 너무 잘 해왔다는 의미로 따봉~~~
멋진 사람에게 어울리는 따봉 주스에요.
오렌지 과육이 이렇게 듬뿍 들어 있는 주스 처음이죠?
따따봉이라 말해주고 싶은 마음을 담았어요.

옷장은 미어터지는데 입을 옷 없어

그대 L은 지금 어떤 옷을 입고 있나요? 옷을 살 때 혼자 쇼핑하나요? 친구들과 함께하나요? 그대 L만의 스타일이라 말할 수 있는 것이 있나요? 가장 즐겨 입는 아이템은 무엇인가요? 그대 L도 입을 옷이 없다는 말을 자주 하나요?

전화기 너머로 들려온 친구의 첫마디는 이랬습니다.

"옷장은 미어터지는데 왜 이렇게 입을 게 없지?"

친구는 내일 중요한 모임이 있다고, 그래서 며칠 동안 옷장을 뒤지고 뒤졌는데 마음에 드는 옷이 없어 속상하다고.

"옷장에 옷이 없는 건 절대 아니야. 그런데도 입을 건 없으니…."

아마 이런 말은 누구나 한 번쯤은 하지 않았을까 합니다. 그래서 친구는 우리 집으로 왔고 내 옷장을 열어보고는 이럽니다.

"니 옷은 입을 게 참 많다. 그치?"

정말 그럴까요? 친구의 옷장을 내가 잘 아는데 절대 그렇지 않답니다. 어쩌면 그 친구는 나보다 옷이 많을 걸요. 그런데 친구와 나의 가장 큰 차이점은 친구의 옷장에는 정말 비슷비슷한 옷들이 대부분이라는 겁니다. 쇼핑 가면 이런 말 하잖아요.

"어머, 이 옷은 딱 내 스타일이야."

누구에게나 자신만의 스타일은 있지요. 가장 잘 어울리고 그래서 편한 느낌의 자신만의 스타일. 그런데 그 스타일을 고집하는 게 너무 심해서 옷장에 비슷비슷한 옷들만 가득 차 있는 경우. 내 친구가 바로 그런 사람이에요. 고집이 세고 변화를 무지 싫어하는지라 새로운 스타일을 시도하는 일은 절대 하지 않으려는 친구지요. 그러다 보니 옷장은 언뜻 보면 구분조차 하기 힘든, 비슷비슷한 옷들로 가득합니다. 그러면서 늘 입을 옷이 없다는 말을 입에 달고 살고요. 자기 이야기를 써도 되냐니까 뭐라는 줄 아세요? 아마 대부분의 사람들이 자신과 비슷할 거라고… 친구의 이야기는 이러했습니다.

"일단 너무 튀지 않고 무난한 게 제일 좋은 거야. 너처럼 다른 사람 눈 의식하지 않고 옷 입는 사람은 별로 없을 거다. 사람들 눈이 얼마나 무서운데. 그리고 너무 유행 타서 한 해 입고 못 입는 그런 옷은 아깝고, 그렇다고 딸애 꺼 빌려 입은 것 같은 옷도 안 되고. 그리고 한 가지 새로운 거 사봐라. 마네킹에 입혀져 있는 걸 풀세트로 사지 않는 한 집에 있는 거랑은 어울리지도 않을 거고. 그래서 집에 있는 거랑 맞춰 입으려면 결국은 또 비슷한 거 사게 되고, 그런 거지 뭐. 그런데 문제는 막상 좀 차려입어야 할 일이 있을 때 옷장을 열면 매일매일 입는 그렇고 그런 거밖에 없으니 입을 게 없다는 생각이 들고. 큰맘 먹고 새것 하나 사러 가서는 결국 비슷한 걸 사오는 경우가 대부분이고. 새 옷이기는 하지만 늘 입던 옷과 크게 다르지 않은 색깔과 디자인. 에휴~ 저 옷장의 옷들 다 어쩌나 싶다가도 입을 게 하나도 없다는 생각이 드니. 하여튼 내일은 특별한 모임이니까 니 옷 중에서 나한테 제일 잘 어울리는 걸로 골라줘 봐. 이번에는 절대 내 고집 안 부리고 니가 입으라고 하는 걸로 입을게."

결과는 어땠을 것 같아요?
"파란색은 내 피부에는 안 어울려."
"블라우스는 불편하다니까. 니트로 줘봐."
"너무 차려입은 거 같아 촌스럽잖어. 신경 안 쓴 듯 멋스럽게 좀 해봐."
"치마가 좀 짧은 거 같지 않어? 우리 나이에 이렇게 짧은 건 좀…."

친구의 잔소리에도 불구하고 꿋꿋하게 친구를 가장 잘 살려

줄 것 같은, 그런 코디를 완성하였건만 친구의 마지막 말.

"멋지기는 하다. 근데 이건 너나 소화하지 나는 이러고는 못 나가. 너무 튀잖어. 사람들이 다 나만 볼 것 같아. 나한테 어울리는 걸로 코디 해달라니까…."

결국 친구는 자기 옷을 입겠다며 가방과 스카프만 빌려서 집으로 돌아갔답니다. 그러고는 다시 전화가 왔어요.

"왜 이렇게 입을 게 없냐? 내일 오전에 쇼핑이라도 해야 할까 봐."

그대 L 생각에는 친구가 내일 쇼핑에서 어떤 옷을 사올 것 같은가요?

그대 L이 옷을 입는 이유를 3가지 이상 적어보세요.

....

....

....

....

....

뭘 해야 할지 모르겠어

 작은아이가 중학교 3학년이 되었을 때 가장 먼저 물었던 것이 어느 고등학교에 갈 것인가였어요.

"고등학교의 종류는 다양해. 인문계, 예고, 특성화고. 특성화고도 얼마나 다양한지 몰라. 상고, 공고, 보건고….”

내 말이 다 끝나기도 전에 아이는 퉁명스럽게 말하더군요.

"우리 반에서 끝에서 몇 등 하는 아이네 엄마도 일단 인문계를 가야 한다고 하는데, 저는 공부를 못하는 것도 아닌데 왜 그런 질문을 하세요?"

작은아이는 스스로 대학을 가고 싶으니 인문계 고등학교를 선택한다고 했고, 고등학교 3년 동안 찾은 두 개의 진로를 두고 고민하다가 대학 수시 원서도 두 군데를 반반씩 지원했답니다.

한 인간의 삶에서 진로의 선택은 매우 중요하지요. 진로는 한 사람이 태어나 노년에 이르기까지 교육, 직업, 결혼, 가정, 여가, 봉사 활동 등 삶의 과정에서 만나는 모든 일들이니까요. 어떤 가치관을 가지고 살아갈지는 매우 중요합니다. 그것을 기초로 하여 직업을 선택하고 그 직업으로 인해 경제적인 보상과 정신적인 만족감을 얻으며 살아갈 수 있으니까요. 그러므로 학교 교육에서 가장 중요한 것은 바로 진로와 직업 교육이라 할 수 있습니다. 하지만 아직 현실은 진로 교육이 아닌 진학 교육으로, 중학교 아이들에게는 인문계 고등학교가, 고등학교 아이들에게는 좋은 대학이 목표에 머물러 있는 것도 사실입니다. 대구시내 초·중·고등학교 교장선생님들 연수에서 이런 질문을 했었어요.

"우리나라 교육은 적성 교육이다. O, X 중 어느 것일까요?"

그대 L은 어떤 대답을 할지 궁금하네요. 많은 교장선생님들은 화를 내면서 X라고 대답했어요. 인정하기는 싫지만 X라는 의미겠지요. 샘정이 낸 질문의 대답은 'O'입니다. 많은 부모들이 아이들에게 이야기합니다.

"일단 공부해라. 공부해서 성적이 나오는 거 보고…."

'적'당한 '성'적에 맞추어 대학과 학과를 정하는 우리 교육, 말 그대로 '적성 교육'이라고.

멘토링 봉사활동을 하는 대학생들의 워크숍에 강연을 갔을 때 이런 질문을 받았어요.

"제 멘티는 중학교 2학년인데, 꿈을 주고 싶어도 꿈을 꾸려고 하지를 않아요. 뭐가 되고 싶고 무엇을 하고 싶다는 생각을 왜 해야 하느냐고 도로 묻는데 말문이 탁 막히는 겁니다. 이럴 때 어떻게 해야 하는지요?"

학교에서도 많이 마주치는 문제입니다. 아이들이 꿈을 꾸지 않는 이유는 무엇일까요? 그 대답으로 내 어린 시절 이야기를 한번 해볼게요. 책을 좋아했던 나는 책을 통해 새로운 것을 많이 알게 되었고 그 중에서 가장 해보고 싶었던 일이 침대에서 자보고 오후에 홍차를 마시는 것이었어요. 그런 바람을 어머니께 이야기하자 어머니는 이렇게 말씀하셨지요.

"넌 왜 자꾸만 세상에 없는 것을 꿈꾸는 거냐? 홍차? 나는 홍시는 알아도 홍차는 모른다. 그런 건 세상에 없다. 그냥 책에만 나오는 거니까 다시는 그런 걸로 졸라대지 마라."

어머니의 그런 건 세상에 없다는 단호한 말씀. 세상에 없는 것… 세상에 분명 존재하지만 '어머니께서 알고 계신 세상'에는 없는 침대와 홍차.

꿈도 알아야 꿀 수 있는 거지요.

나는 '과학책 만들기' 수업을 하고 있어요. 아이들에게 다양한 직업을 경험하게 해주고 싶기 때문입니다. 원고를 쓰면서 오타가 유난히 눈에 들어오는 아이에게는 교정과 편집에 관한 일을, 긴 글을 쓰는 것보다는 친구들이 쓴 원고를 보고 멋진 제목을 생각해내는 아이에게는 카피라이터와 광고에 관한 일을, 그 밖에도 과학자나 작가, 출판사 CEO나 편집자, 인쇄소와 관련된 직업, 혹은 일러스트레이터와 사진작가, 서점 주인과 마케터와 같은 일 등등…. 다양한 직업을 경험하며 진로 탐색의 기회를 주고 싶기 때문이에요.

그동안 중·고등학교를 오가면서 방과 후 수업이나 동아리 등 다양한 시간을 통해 과학책 만들기를 꾸준히 해오고 있는데, 진짜 작가가 되어 원고를 쓴 아이도 있고, 책을 쓰는 것은 어렵겠지만 책을 잘 파는 기술에 관심을 가지게 되었다면서 과학책 대신 마케팅과 심리학 책들을 읽다가 결국 그쪽으로 진로를 정한 아이도 있답니다. 성적이 바닥인데 그런 성적으로 대학에 가겠느냐고 핀잔을 주는 아이들에게, 예전 같으면 주눅이 들어 고개를 숙였을 그 아이가 당당히, "대학 안 나오고도 책 팔 수 있는 방법이 있지 않을까?" 라고 하는 모습은 무척 감동적이었어요. 실제로 그 수업 덕분에 책에 관심을 가지고 대형 서점에서 일하게 된 제자를 만났을 때의 기쁨은 이루 말할 수 없었지요. 아이들을 꿈에 한 발 더 다가가게 해주었다는 보람에 가슴이 벅차올랐답니다.

샘정은 교직 31년 차에 무지 치열한 진로 고민을 했었어요. 학교를 떠나야 하는 시기를 정하는 인생의 전환점에 서게 된 거지요. 학교라는 시스템으로 인해 마음의 상처를 많이 받고 너무 힘이 들었지만 과학실에서의 아이들과의 수업은 너무 좋았던지라 선뜻 결정할 수가 없었거든요. 하지만 짧지 않은 고민의 시간을 통해 나의 소명과 진짜 꿈이 무엇인가를 선명하게 알게 되었고, 그 첫걸음으로 《말랑말랑학교》를 쓰게 되었어요. 그리고 단지 책을 통해 존재하는 말랑말랑학교가 아닌 실제 말랑말랑학교를 만드는 꿈을 구체화할 수 있었답니다.

그대 L의 진로 이야기도 궁금해요. 샘정에게 들려줄 수 있나요?

사람들이 나에게 '과학 선생답다' 라는 말을 할 때면 나도 모르게 미소를 짓게 된답니다. 그리고 무엇이 사람들로 하여금 그런 생각을 갖게 하는 것일까, 하는 생각도 해보게 되고요. 올해로 36년째 과학 교사라는 직업을 갖고 살고 있으니 어쩌면 당연하다는 생각이 들기도 하지만 가끔은 학교 다닐 때부터 과학을 잘했을 거라는 사람들에게 나의 학창시절 이야기를 하면 적지 않게 당황하는 사람도 있답니다.

"나는 학교 다니면서 과학을 잘하지도, 과학을 좋아해본 적도 없었어요. 다른 과목에 비해 성적도 낮았고 많이 어려워했고요. 미대에 가고 싶었지만 부모님의 반대에 부딪쳐 꿈을 접고 국문과에 가고 싶었지만 그것도 반대. 학교에서 구분하는 문·이과에서 거의 100% 문과체질(?)의 학생이었답니다. 그런데 우연히 이과에 가게 되었고 솔직히 한 번도 꿈꿔본 적이 없는 과학 교사가 되었어요. 그런 내가 너무 과학 선생답다든가, 과학적이라든가, 과학적인 사고를 한다는 말을 들을 때면 기분이 아주 묘하답니다."

요즘 '적성'이라는 말을 많이 하죠. 아이들의 적성을 찾아주고 그것을 살려주는 것이 교육의 한 목표라는 말도 있고요. 큰아이가 중학교에 들어갔을 적 이야기입니다. 플루트를 하고 싶어 하는 아이 때문에 남편과 이야기를 나누던 끝에 남편이 그러더군요.

"나는 회사원이 꿈인 적이 한 번도 없었어. 당신도 과학 선생이 꿈은 아니었다면서? 그런데 지금의 우리는 꿈을 이루지 못해서 불행하니? 아니잖아. 당신도 과학 선생으로 살고 있는 것이 행복하다면서? 나도 열심히 살고 있는 지금의 내가 좋아. 아이의 적성, 물론 좋지. 그것을 빨리 알아서 그쪽으로 밀어주는 것도. 하지만 너무 성급한 결론은 아이의 가능성을 한정시키는 결과가 될 수 있어. 아이들에게 가장 좋은 것은 기회가 아닐까? 아이들이 이런저런 경험을 해볼 수 있는 기회. 당신도 과학을 전공할 기회가 주어지지 않았다면 지금의 당신은 있을 수 없었을 거니까."

적성과 꿈, 미래.

누구나 너무도 많이 생각을 하게 되는 것이지요. 그런데 나같이 우연히 자신이 잘하지 못하던 것을 직업으로 삼으면서,

그동안 전혀 적성이라고 생각하지 않았던 것이, 딱 내 적성이 되는 경우도 있답니다. 전화위복이라는 말이 어울릴까요?

내가 만약 과학 교사가 아니라 내가 좋아하고 잘했던 국어나 세계사, 경제를 가르치는 교사가 되었다면, 이라는 생각을 가끔 해봅니다.

"내가 과학 선생 아니고 다른 과목 가르쳤다면 아마 여러 아이 죽여 놓았을 거야. 왜냐고? 이게 왜 안 풀리는지 모르니까. 이런 문제를 풀지 못한다는 것을 이해할 수 없으니까. 어쩌면 매시간 이러고 있을지도 몰라. 팔짱 끼고 눈 아래로 깔고 목소리 힘주어서 도대체 이 문제가 왜 안 풀린다는 거야, 이해할 수가 없네 정말."

하지만 나는 과학을 잘하지 못하는 사람이었고 대학 4년 동안 많이 힘들게 공부를 했기 때문에 내 머릿속의 최고의 과제는 '쉬운 과학, 재미있게 배울 수 있는 과학'이었고 지금도 마찬가지입니다. 지금도 나는 모르는 게 너무 많습니다. 그래서 가끔은 학생들에게 "모르겠는데요. 잘 모르는 정도가 아니라 하나도 모르겠어요. 선생님이 공부해서 이야기 해줄게요." 라는 말을 하기도 하고, 딸아이로부터 "어머니는 과학 선생님이면서 이것도 모르세요?" 라는 말을 듣기도 한답니다. 그럴 때마다 나는 학생들의 마음을 알게 되곤 한답니다. 그래서 "이거 배웠잖아, 이거 기억 못해?" "이것도 모르니? 이거 정도는 당연히 알아야지, 이건 기본이야"라는 말을 하지 않으려 노력을 합니다.

나는 과학을 잘 못하는 학창시절을 보낸 사람이지만 지금 과학 교사로 살면서 많이 행복합니다. 내가 힘들어했던 과학이기에 학생들에게 조금이라도 더 쉽게, 조금이라도 더 재미있게, 조금이라도 더 지적 욕구가 자극이 되도록 수업을 하고자 노력하면서 보낸 시간들이었습니다. 어쩌면 과학을 잘하는 선생님들에 비해 지적인 능력이 부족했는지는 모르지만 아이들이 "과학이 너무 좋아요"라는 말을 할 때 나는 정말 행복합니다.

그대 L이 가장 좋아하는 일은 무엇인가요?

가장 잘하는 일은요?

그것으로 돈을 벌 수 있는 방법에는 어떤 것이 있을까요?

....

....

....

....

....

나는 사랑 받을 자격이 없어

그대 L은 그림을 잘 그리나요? 그림을 그리는 방법
에는 여러 가지가 있지요. 캔버스에 진짜 그림을 그
리기도 하지만, 마음속으로 자신이 원하는 그림을 그릴 수도
있어요. 그중에서 '기대'라는 그림을 아주 상세하게 잘 그리는,
그리고 그 그림대로 되지 않으면 상처받았다며 아파하고 분노
하는 사람들이 있어요. 결혼한 지 얼마 되지 않은 제자가 신랑
이랑 싸웠다며 술 한 잔 사달라면서 이런 이야기를 했어요.

"선생님, 어떻게 그럴 수가 있어요. 제가 그렇게 싫다는데 매
번!!! 변기 뚜껑 닫는 게 그렇게 힘들어요? 돈이 드는 것도 아니
고 시간이 걸리는 것도 아닌데, 그냥 나오는 길에 손만 내밀어
툭 하고 건드리기만 하면 되는 것을. 정말 너무 화가 나는 거예

요. 진짜 나를 사랑한다면 그럴 수는 없는 거잖아요."

"그럼, 너는 남편을 진짜 사랑하니?"

"당연하죠. 그러니까 더더욱 화가 나고 상처를 받는 거예요. 나는 사랑하는데 사랑받지 못하는 것 같아서요."

"사랑하는 아내가 그렇게 원하는 변기 뚜껑 닫기를 해주지 않으니까?"

"네. 처음 몇 번은 어찌어찌 하는 것 같더니. 사랑한다면 그 정도는 해줘야 하는 거 아니에요?"

"너는 그를 진정으로 엄청 사랑한다며? 그가 너를 사랑한다면 변기 뚜껑을 매번 꼬박꼬박 닫는 것 정도는 당연히 해주어야 한다? 그럼 그의 입장에서도 그렇지 않을까? 아내가 나를 사랑한다면 변기 뚜껑 닫지 않는 거 정도는 당연히 눈감아 주어야 하는 거 아니냐고."

"그렇지만…."

"네가 그에게 진짜 화가 나는 이유는 무엇일까? 변기 뚜껑 안 닫는 거? 그게 아니라 혹시 너의 그림이 완벽하지 못한 것 같아 그런 건 아닐까?"

"무슨 그림요?"

"네가 꿈꾸는 신혼의 행복한 그림. 열심히, 아주 자세히 그려 놓은 그 그림 말이야. 그 그림 속의 신랑은 아내가 원하는 것은 말 한마디만 하면, 아니 말조차 하지 않아도 아내 마음을 다 꿰

뚫어보고 척척, 입안의 혀같이 해주는 역할인데, 너는 그 그림이 완벽하지 못한 것 같아 화가 난 게 아닐까? 행복한 신혼이라는 퍼즐이 단 한 조각도 어긋나지 않고 완벽하게 맞추어지는 것을 바라는데, 그게 안 되어서 화가 난 것 같다는 거지."

"제가 그림을 그렸다고요?"

"솔직히 변기 뚜껑을 닫는 것과 사랑은 별개의 문제잖아. 네 말처럼 사랑의 관점에서라면 더더욱 문제가 되지 않을 테고. 진짜 사랑은 사랑하는 사람이 원하는 대로 해주는 거라며? 왜 신랑에게만 진짜 사랑을 하라고 해? 너는 그렇게 하지 않잖아. 너는 오로지 너의 관점에서만 그림을 그리고 있는 거지. 무엇인가를 해야 하는 너는 없고 바라는 너만 있는 그림. 그러면서 그는 나를 사랑하지 않아, 나는 사랑받지 못하고 있어, 그리고 결국에는 '나는 사랑 받을 자격이 없는 사람이야'라는 결론으로 비약되는 경우가 많아."

"전 그냥 기대를 하는 거잖아요."

"네가 기대하는 만큼 똑같이 상대도 너에게 기대를 하겠지. 매년 결혼기념일에 선물을 해달라고 하니까 몇 번은 해주더니 어느 날 남편이 그러더구나. 결혼은 둘이 같이 했는데 왜 맨날 자기만 선물을 하느냐고. 그러면서 뼈 있는 말을 하더라. 당신은 결혼했고 나는 몇 년째 동거 중인가 보다고. 기억하렴. 네가 기대하는 그거만큼, 더도 덜도 말고 딱 그만큼 그도 너에게 기대를 할 거라는 거. 너만 상처받는 것이 아니라 그도 상처를 받는다는 거. 사랑한다며? 겨우 변기 뚜껑 같은 하찮은 것에게 너희 사랑이 밀려도 괜찮은 건 아니지? 내가 원하는 대로 들어주지 않는다고 화를 내기 전에 그가 진짜 그 일을 안 하는 이유를 알아보는 건 어떨까? 그렇게 서로를 알아가며 조율해가며 재미나게 살아. 너희의 진짜 사랑이 변기 뚜껑 정도는 가볍게 이겨야지 않겠어?"

그대 L은 혹시 이런 경험 없나요? 나도 제자처럼 많은 시행착오를 통해 알게 되었답니다. 기대라는 것은 사람을 설레게도 하지만 무참히 깨어졌을 때는 지옥의 나락으로 떨어지게 하는 무서운 것이기도 하죠.

기대라는 그림은 너무 진하게 그리지 않았으면 해요. 언제든 지우개로 지우고 고칠 수 있도록 연필로 살짝, 스케치만.

지금 그대 L로 하여금 가장 기대하게 하는 사람은 누구인가요? 그 사람에게 무엇을 기대하고 있는지요?

....

....

....

정말 이해할 수가 없어

그대 L은 이해심이 많은 편인가요?

학교에 있다 보면 아이들끼리 소소한 오해로 말다툼을 하거나 감정이 상한 일을 중재해야 할 때가 적지 않아요. 아이들은 저마다 목소리 높여 말하지요.

"정말 왜 그러는지 이해할 수가 없다니까요."

이해한다는 건 사실, 무척 힘든 일이에요.

보호관찰 청소년의 멘토 활동을 할 때 타인을 이해한다는 것이 얼마나 어려운 것인가를 깨닫게 된 일이 있었어요. 고등학교 2학년 남학생을 만난 지 몇 개월이 지나고 아이의 집을 처음 방문하던 날이었어요. 집으로 가는 길에 비디오테이프 대여 가게가 있기에 별생각 없이 말했습니다. 비디오테이프 이야기를 하니 진짜 오래전 이야기구나, 하는 생각과 함께, 그때 이 아이를 만나지 않고, 이 일을 경험하지 못했다면 어땠을까 생각하니 아찔합니다. 난 정말 많은 상처를 주는 교사로, 엄마로, 사회인으로 살았을 테니까요. 무슨 일이 있었던 건지 궁금하죠?

"우리 비디오테이프 빌려 가서 영화 볼까? 너 영화 좋아하잖아?"

아이는 한동안 아무 말 없이 나를 바라보더니 나중에 보자고 하더군요. 오늘은 별로 영화가 보고 싶지 않은가 보다 하고 아이의 집으로 가서 방문을 열어본 순간 깜짝 놀랐답니다. 아버지와 같이 살고 있다는 단칸방에는 텔레비전이 없었어요. 텔레비전이 없으니 비디오플레이어는 당연히 없고요. 그런 아이에게 비디오테이프를 빌려 영화를 보자고 했으니 아이가 얼마나 난감했을까요? 나는 나의 창을 통해 아이를 보고 나의 창을 통해 생각한 거지요. 웬만한 집에는 텔레비전과 비디오플레이어 정도는 있을 거라는 생각으로. 당황한 나는 아이에게 배가 고프니 밥을 해달라고 했고 아이는 김치볶음밥을 해주었어요. 그런데 아이가 차려준 것을 보는 순간 서운한 감정이 들면서 살짝 화가 나는 겁니다. 사실 멘토 활동은 스스로 선택해서 하는 일이지만 결코 쉽지 않은 일이거든요. 대부분의 아이들이 처음에는 약속 장소에 나오는 것조차 싫어하거나 아예 나오지 않는 경우도 있고, 이런 활동 하기 싫다며 대놓고 거칠게 거부하는 경우도 있고, 보호관찰 기간에 재범이 일어나면 멘토로서 감당해야 할 일들이 많아지기도 하고. 그리고 그 아이를 만나는 시간 동안 우리 집 두 아이는 엄마 없는 시간을 보내야 하고요. 이런 힘든 것들을 모두 감수하면서 그래도 생판 모르는 아이에게 도움이 되어보겠다고 나름 애를 쓰는데 어떻게 이럴 수가 있지, 하는 서운한 마음. 아이가 차려준 것은 도마 위에 얹힌 프라이팬에 담긴 볶음밥이 전부였어요. 도마에는 김치국물 흔적이 그대로 있었고요. 서운함과 비난이 함께 섞인 목소리로 이렇게 말했어요.

"야아아~~~ 밥상에라도 좀 차리지… 그릇에 담아서~."

아이는 비디오 대여점 앞에서보다 더 오래 더 난감한 표정으로 나를 한참이나 물끄러미 보더니 머리를 긁적이며 말했어요.

"쌤, 우리 집에 밥상이 없어요."

폭력이 심한 아버지가 보이는 대로, 손에 잡히는 대로 때려 부수는지라 집에는 물건이 거의 없다고.

"그릇도… 이 프라이팬이 전부예요."

열여덟 살이 되도록 집에서는 밥상에 차려진 밥을 먹어본 기억이 없다는 아이, 아이가 먹는 밥은 아버지의 눈을 피해 가스레인지 앞에 서서 먹는 김치볶음밥이 전부라고. 그런데 선생님을 가스레인지 앞에 서서 먹게 할 수는 없고, 이리저리 고민 끝에 생각해낸 것이 도마에 차린 것이었다고.

"쌤, 이거 우리 집에서 제일 새 거, 제일 좋은 거예요. 아버지가 이거 있는 줄 몰라서 한 번도 패대기치지 않은 진짜 완전 새 거. 이게 내가 차릴 수 있는 전부예요. 너무 섭섭해하지 마요."

도마 위의 프라이팬이 전부였지만 그건 아이가 차릴 수 있었던 최고의 밥상이었던 거죠. 나 또한 가난한 시절을 보냈고, 교사로서 가난한 아이들의 살림을 적지 않게 보아왔지만 솔직히 밥상이 없는 집은 처음이었어요. 나는 나의 창으로만 아이를 본 것이지요. 식탁에 의자는 없을지라도 밥상은 당연히 있을 거라는 생각. 그 일을 통해 알게 되었어요. 내 창을 통해서 볼 수 있는 세상은 아주 좁다는 것을. 우린 결코 타인을 제대로, 전부 이해할 수는 없다는 것을. 이해의 크기는 경험을 통해서만 확장될 수 있다는 것을요.

이 일을 통해 얻은 교훈은 좁은 창으로 타인을 보면서도 조금 더 상대를 이해하려는 노력이 필요하다는 것이었어요. 내가 찾은 답은 먼저 물어보는 것이었어요. 서운함을 듬뿍 담아 "밥상에라도 차리지"라고 말하는 대신 아이에게 먼저 묻는 것이죠.

"왜 여기에 이렇게 차렸어?"라고.

그러면 아이가 그렇게 난감해하지 않고, 상처받지 않고 자신의 상황을 조금 더 담담한 마음으로 설명할 수 있었을 텐데 말이에요.

그래서 그날 배운 교훈으로 늘 먼저 물어보려고 합니다. 내 창으로 본 세상과 내 생각으로 내린 결론을 먼저 말하기 전에, "오늘 일은 어떻게 해서 일어난 거예요?"라고 하는 거죠.

그런 경험들은 교사 샘정을 변화시키고 성장시켜 주었답니다. 덕분에 2021년 3월, 교직 34년 차에 처음으로 경험하는 특별한 개학과 신학기를 잘 보낼 수 있었어요. 중학교로 전근을 갔고 2학년 5반 담임을 맡게 되었지만 코로나19로 아이들을 만나지 못한 채 문자와 전화로만 연락을 해야 하는 상황이었어요.

"선생님, 우리 반은 단톡방 안 만들어요?"

"다른 반은 만들었다고 하던데 우리 반은 왜 안 해요?"

담임 샘정은 문자로 이렇게 답을 했습니다.

"단톡방 개설에 관한 문의가 있어 모두에게 답합니다. 현재 단톡방 개설 계획은 없습니다. 카톡을 하지 않는 친구도 있고 내가 카톡을 한다고 해서 모두가 당연히 할 거라는 생각은 편견이겠지요. 현재로는 문자로도 충분하다고 생각합니다."

내가 하고 있기 때문에 다른 사람들도 당연히 할 거라는 생각.

"그럼 카톡 되는 사람들만 단톡하면 되잖아요?"

그렇게 할 수도 있지만 여기서 생각이 깊어지더군요. 휴대폰 자체가 없는 아이들도 있고 그 아이들은 부모님을 통해 연락을 하고 있는 상황이었거든요. 모두가 스마트폰을 가지고 있는 것도 아닙니다. 요금제에 따라 상황이 다르기도 하고요. 학생 스스로가 단톡방 참여를 거부하는 경우도 있는데 개인의 의사 존중도 중요하니까요. 이런 경우 가능한 사람들과 단톡방을 만들고 나머지 사람들은 개인별로 상황에 맞추어 할 수도 있지만 나는 단톡방을 개설하지 않는 것을 선택했어요.

단톡방에 참여하는 아이와 그렇지 않은 아이.

아이들은 단톡방을 통해 제대로 상황을 알지 못한 채 나름대로의 기준으로 같은 반 친구에 대해 쉽게 판단해버릴 수도 있다는 생각에서 단톡방을 만들지 않았답니다. 그 후 많은 시간이 걸리기는 했지만 교육청의 지원, 아이들과 부모님들의 생각 변화를 통해 단톡방을 만들 수 있게 되었어요.

도마 위의 밥상을 받아보지 않았다면 이랬을지도 모를 일입니다. 아이들의 상황은 살피지 않은 채,

"단톡방 만들었으니 앞으로 모든 연락은 톡방을 통해서 합니다."

그 아이가 준 또 하나의 선물이 있어요. 군대 가기 전날 그러더군요.

"내일 군대 가는 아들을 피멍이 들도록 때리는 아버지도 그대로고, 휴가 한 번 올 수 있을까 하는 가난도 그대로지만 모든 게 바뀌었어요. 세상을 보는 내 눈이 달라지니까 모든 게 다르게 보여요."

철학자이자 심리학자인 윌리엄 제임스 교수는 "인류가 발견한 최고의 깨달음은, 인간은 자신의 태도를 바꿈으로써 자신의 인생을 바꿀 수 있다는 것이다"라고 했지요. 그 아이가 실제로 이 말을 증명해주더군요. 우리가 세상을 보는 창이라 말하는 것에 의해 많은 것들이 달라진다고.

그대 L의 창으로 보이는 세상은 어떤가요?

그대 L에게 상처 준 사람들을 떠올려보세요.
악의적인 게 아니라 샘정처럼 잘 몰라서, 경험이 없어서, 자신이 창이 좁아서 그랬겠구나, 라고 생각되는 사람이 있나요?

지나가는 말이라지만 가슴에 와 박히는걸

 그대 L도 자존심이 상할 때가 있죠? 언제 자존심이 구겨진다고 생각하나요? 중1 아이들에게 한 말이에요.

"자존심이 상한다는 말 자주 하죠? 여러분들이 말하는 자존심이란 무엇일까요? 남들은 다 아는데 나만 모르는 상황? 그래서 주눅 들고 눈치가 보이고 자존심이 상한다? 모르는 것이 자존심이 상하는 것은 아니에요. 배워서 알게 되면 되니까. 진짜 자존심이 무엇인가 한번 생각해보세요."

그대 L이 생각하는 자존심은 무엇인가요?

그대 L은 모닝을 타고 다니는 사람을 보면 어떤 생각이 드나요? 그대 L에게 모닝 같은 경차는 어때요? 남이 타고 다니는 것을 보는 것과 실제로 내가 타고 다니는 차에 대한 생각은 다를 수 있으니까요.

지금은 운전을 하지 않는 뚜벅이지만 나는 30년 가까이 운전을 하면서 마티즈와 모닝, 두 대의 차를 운전했어요. 둘 다 경차였지요. 사람들은 타고 다니는 차로 그 사람을 판단할 때가 많아요. 그래서 경차를 탄다는 이유로 정말 다양한 이야기를 듣곤 했답니다. 그중 하나가 이 말이에요.

"모닝을 타고 다녀서 잘 모르나 본데 외제차 박은 게 얼마나 큰일인지 알아요? 내 차 문짝 바꾸려면 그 차를 팔아도 안 될걸요."

이야기의 발단은 학교 앞 공영주차장에 차를 세워 두었다가 급하게 출장을 가게 되어 차를 탔는데 모닝의 문을 열면서 옆에 주차되어 있던 외제차의 조수석 문과 닿은 데에서 시작됩니다. 결과부터 말하면 위의 표현처럼 박은 것도 아니고 콕, 하고 표가 나게 찍은 것도 아니고 닿았다는 표현이 가장 가까워요. 솔직히 나는 전혀 느끼지 못했기에 그냥 출발했는데 운전 도중 주차관리인으로부터 전화가 왔고, 외제차 사모님은 그 전화기를 통해 다짜고짜 이러더군요.

"당신, 뺑소니야."

그리고는 덧붙여 위의 저 말을 하는 겁니다. 그래서 모닝 옆에 있던 차가 외제차인 줄 알게 되었고요. 이 문제를 해결하기 위해 외제차 사모님이라는 이름으로 번호를 저장하고 몇 번 통화를 했는데 묘하게 신경이 거슬리는 겁니다. 전화할 때마다 반복해서 '모닝을 타고 다녀서 잘 모르나 본데' 라는 말을 꼭 하는 거예요. 모닝을 타고 다니는 것은 사실이지만 모닝을 타는 것과 외제차를 박은(?) 일이 얼마나 큰일인지 모르는 것은 별개의 문제임에도 모닝을 타고 다녀서 잘 모른다는 이야기를 자꾸 하니 살짝 기분이 상하더군요. 샘정의 모닝은 그 당시 이미 10년이 다 되어가고 있었고, 차를 그리 소중히 다루는 성격이 아니라 한눈에 봐도 '똥차'로 보이기는 했지만요.

   폐차 직전의 경차를 타고 다니는 선생이라면 니 주제는 알 만하다~ 뭐 이런 뉘앙스가 느껴지는 것이 스멀스멀 나를 긁는 묘한 기분. 그날은 서로 너무 바빠 직접 만나 차의 상태를 확인하지는 못하고, 학교 앞이라 신분도 확실하고 사고 처리 해준다는 말을 녹음하겠다고 해서 하라고 했지요. 하지만 그 과정 내내 들어야 했던 '모닝을 타고 다녀서 뭘 잘 모르나 본데' 라는 말. 그리하여 살짝 빈정이 상한 샘정은 외제차 사모님에게 이 빈정 상함을 어떻게 우아하게 전해줄까를 고민하기 시작했고, 다음 날 이렇게 문자를 보냈습니다.

> 사모님, 어제는 정말 많이 놀라고 당황하셨죠? 너무 죄송합니다. 저의 개인 변호사와 의논하니 보험 처리를 하라고 하네요. 저는 오늘 중요한 강연이 있어서 매니저 연락처를 남

> 깁니다. 연락하시면 매니저가 잘 알아서 처리해줄 겁니다. 다시 한 번 정말 죄송합니다.

　상대에게 우아하게 이기려면 상대를 잘 파악하는 것이 중요하죠. 내가 파악한 외제차 사모님은 '권위와 물질' 두 단어로 표현이 될 것 같았어요. 꼴 난 선생 주제에, 똥차 모닝 타는 능력일 텐데, 뭐 이런 느낌. 그래서 예의 바르게 말하며 그 안에 넣은 단어로 선택한 것이 〈개인 변호사〉와 〈매니저〉였지요. 조금 당황하지 않았을까요?
　'뭐야 이 사람? 개인 변호사가 있다고? 강연은 뭐고 매니저는 또 뭐야?'
　그대 L은 내가 보낸 문자를 보면서 어떤 생각이 들던가요? 그 문자는 사실이기도 하고 거짓이기도 하답니다. 솔직히 내가 '개인 변호사'가 어디 있겠어요? 하지만 절반은 사실이에요. 친구인 변호사에게 의논을 했거든요. 외제차를 박았다고 한다, 내가 느끼지도 못했으니 큰 건 아닌 거 같은데 상대는 문을 교체하고 싶어 한다고요. 상대가 개인 변호사 누구냐고 물을 때를 대비한 대답도 준비해 두었어요.

> "어머, 개인 변호사가 아니고 개인적으로 아는 변호사라고 적었어야 했는데 마음이 급해서리…."

봄 : 뭐가 문제고? 　　　　　　　　　　　　　　　　129

이 정도 대답이면 충분하겠죠? 그리고 매니저는 그 당시 허당엔터의 대표이자 나의 매니저였던 허당이 실제로 존재했으니 완전 사실이고.

나의 문자에 대한 답장은 어떻게 왔을 것 같아요? 어제와는 완전히 다르게 왔더군요. 바쁘실 텐데 신경 써 주어서 고맙다고, 천천히 처리해도 된다고. 강연 잘 하시라고, 수고하시라고.

그런데 문제는 그다음이에요. 허당 매니저 왈,

"보험 회사 아저씨가 왔는데 어디에 박혔는지 못 찾겠대요. 나도 안 보여요. 그런데 자세히 보면 보인다고 자세히 보라고, 문짝에 생긴 흠집이 자기 얼굴에 생긴 흉터 같아서 견딜 수가 없다면서 자꾸 자세히 보라는데 암만 봐도 안 보여요."

차와 자신을 동일시하는 사람. 자신의 존재가 아닌 가지고 있는 물질로써 가치를 표현하려는 사람을 보면서 많은 생각을 하게 되더군요. 물론 차의 문짝은 보상을 해주었답니다. 그건 차 문에 대한 보상이 아니라 그 사람 마음에 난 상처를 치유하기 위한 보상이라 생각하면서.

차는 차일 뿐이죠. 내가 아니잖아요. 내가 편리하기 위해서 사용하는 물건. 그것이 나와 동일시될 이유는 없는 거죠. 내가 타는 차를 보면서 나를 무시하는 사람이라면, 그 말을 내 소중한 가슴에다 박을 이유는 없어요. 두고두고 곱씹을 필요도! 정말 기분이 상한다면 우아~하게 되돌려주고요.

자존심 상했던 일과
그것을 극복하거나 치유한 방법을 이야기해 주어요.

....
....
....
....
....
....
....
....

왜 쟤만 사랑받는 걸까?

"선생님들은 우리만 미워해요. 똑같이 싸웠는데도 우리한테만 뭐라 하고. 잘 들어보지도 않고 무조건 우리가 잘못했다고, 정말 억울하다니까요. 분명히 공에 맞아 놓고는 안 맞은 척하고. 선생님은 잘 알지도 못하면서 그 애들 편만 들고. 욕도 그 반 애들이 먼저 했어요. 아~~이~~씨이~~ 진짜아~~. 왜 우리만 미워해요?"

그대 L에게도 이런 비슷한 기억이 있나요? 체육대회 준비를 하는 과정에서 다 이겼다고 생각했던 경기를 선생님의 심판 잘못으로 졌다면서 억울해하는 아이들. 심판을 본 선생님에게 이의를 제기했지만 그 선생님은 나름 공정했다고 생각해서 아이들의 이의를 들어주지 않았습니다. 상대 반 편만 든다며 화가 난 아이들은 거칠게 항의했고, 그 태도를 문제 삼아 또 벌점을 받았어요. 그래서 더 화가 나고 억울해진 아이들은 단톡방과 페이스북을 통해 서로를 비방하며 싸움을 이어가게 되었지요.

"사랑하는 여러분들, 빨강머리 앤 알아요?"

"네."

"만화 빨강머리 앤의 주제가도 혹시 아나요? 모르는 사람도 있을 것 같아서 선생님이 준비해 왔어요."

주근깨 빼빼 마른 빨강머리 앤
예쁘지는 않지만 사랑스러워
상냥하고 귀여운 빨강머리 앤
외롭고 슬프지만 굳세게 살아
가슴에 솟아나는 아름다운 꿈
하늘엔 뭉게구름 퍼져나가네

"사람들은 누구나 사랑받고 싶어 하죠. 나는 사랑받지 못하는데 왜 사람들은 저 아이만 예뻐하는 거지? 진짜 저 아이가 예뻐서? 그럼 나도 사랑 받으려면 성형이라도 해서 예뻐져야 하나? 저 노래를 한번 보세요. 주근깨 빼빼 마른 빨강머리 앤, 예뻐서 사랑스러워, 맞나요?"

"아니요."

"예쁘지는 않지만 사랑스럽다고 되어 있죠? 빨강머리 앤이 예쁘지도 않은데 사랑스러운 이유가 무엇일까 선생님이 곰곰이 생각해보았는데, 그 이유는 바로 밑에 있는 '상냥하고'에 답이 있다고 생각해요. 나에게 상냥하게 인사하고, 상냥하게 말해주는데 싫은 사람이 있을까요? 진짜 밥맛이야. 저 애는 왜 나한테 상냥한 거야, 정말 싫어! 이런 사람은 없지 않을까 합니다. 여러분들, 어제 그 경기 때문에 많이 억울하다면서요?"

그 말이 떨어지자마자 아이들은 귀가 터질 듯이 고함을 지르며 자신들의 이야기를 쏟아내더군요. 정말 너무너무 억울한 모양이었어요. 그중에 가장 억울한 건 선생님들이 차별했다고, 자기들만 미워한다는 내용이었습니다.

"두 친구가 싸움을 했어요. 그래서 선생님에게 왔어요. 한 친구는 울고만 있고, 또 한 친구는 선생님에게 저 아이가 얼마나 나쁜지, 그래서 싸울 수밖에 없었다는 이야기를 엄청 큰 목소리로, 분노를 가득 담아서, 선생님마저 살짝 두려움이 느껴질 정도로 이야기를 해요. 그러면 선생님은 어떤 생각이 들까요?"

"모르죠."

"선생님도 선생님이기 전에 그냥 사람이에요, 그쵸? 아마 이런 생각이 들지 않을까요? 이 아이가 선생님에게도 이렇게 큰 목소리로 분노를 거침없이 표현하는데 어쩌면 친구에게는 친구니까 더 심하게 할 수도 있지 않을까… 하는 생각? 어때요?"

아이들은 아무 말이 없더군요.

"두 아이를 잘 모르는 상태에서 한 아이는 울기만 하고 한 아이는 거칠게 분노를 표현한다면, 대부분의 사람은 울고 있는 아이에게 동정심을 느끼지 않을까요? 두 아이를 바라보는 시각에 균형이 깨어져버릴 수 있다는 거죠. 왜 우리만 미워하느냐고 했었죠? 왜 차별하느냐고 했었죠? 그동안 여러분들이 했던 행동들을 한번 되돌아봐요. 그리고 특히 어제 심판을 본 선생님께 했던 말과 행동들을. 과연 여러분들의 이야기에 진심으로 귀 기울여주고 싶은 사람이 있었을까요? 그동안 학교 생활하면서, 여러분들에게 빨강머리 앤의 상냥함이 있었는지 한번 생각해봐줘요. 하루에도 몇 번씩 많은 선생님들에게 지적당하지 않았나요? 고함지르고, 복도에 우르르 뛰어다니며 다른 사람들을 위협하고, 수업을 방해하고, 선생님에게 대들고. 물론 그럼에도 불구하고 무조건 선생님들은 공평해야 한다고 생각할 수도 있어요. 하지만 무조건 똑같이 대하는 것이 공평한 것일까요? 선생님은 공평함은 상대적인 부분이 있다고 생각해요. 정말 억울하다면 상대방이 내 억울함에 귀를 기울여주도록 하는 것이 중요해요. 고함지르고 욕하면서 대든다면 더더욱 여러분의 말에 귀를 닫게 되지 않을까요? 선생님에게도 이렇게 막무가내인 아이들이니 친구들 사이에서는 더하겠지? 분명 이 아이들이 잘못한 게 맞을 거야, 이런 생각을 더욱 굳히게 되지는 않을까요?

왜 우리만 미워하느냐고 상대를 탓하기 전에, 왜 사랑 받지 못할까를 자신들에게 먼저 물어봐주어요. 그리고 사랑받는다고 생각되는 친구들을 잘 관찰해보고요. 빨강머리 앤처럼 상냥한 사람이라면 사랑받지 않을까요? 상냥하게 고함지를 수 있을까요? 상냥하게 욕 한번 제대로 해볼래요?"

아이들이 까르르 넘어가더군요.

"나의 말투를 한번 곰곰 생각해주어요. 대들 듯이 말하지는 않는지, 비난하는 말투, 빈정거리거나 무시하는 말투는 아닌지. 정말 상냥하게 말하는지를. 그리고 나는 원래 그래요, 원래 그런 걸 어쩌라고요, 이렇게 말하지는 말았으면 해요. 원래 그런 것은 배움을 통해서 바꾸어가면 되는 거니까요."

아이들은 심판 본 선생님과도 화해를 하고 승패를 깨끗이 인정한 뒤 다른 반 친구들과의 싸움도 멈추었다고 하더군요.

그대 L, 빨강머리 앤은 예쁘지는 않지만 사랑스럽죠! 그죠?

그대 L 주변에 말투와 태도를 닮고 싶은 사람이 있나요?
어떤 부분을 가장 닮고 싶은가요?

....

....

속물근성 티 날까 두려워

 그대 L은 돈을 좋아하나요? 샘정은 돈 엄청 좋아하거든요.

"솔직히 돈 좋아하지 않는 사람이 어디 있어요? 그냥 그걸 굳이 말하고 표낼 이유는 없죠. 속물인 거 티 나면 안 되잖아요."

"그런가요? 좋아하는데 모르게 혼자 짝사랑을 할 이유가 있을까요? 티 나게 공공연하게 좋아하면 더 좋을 텐데. 돈도 자기를 좋아해주는 사람을 더 좋아하지 않을까요? 아무리 좋아해도 몰래 하고 있어 알아채지 못하는 것보다는 두 손 벌려 얼굴 가득 미소를 띠며 좋아한다는 티를 팍팍 내주는 사람을 돈도 더 마음에 들어할 것 같지 않나요?"

기자와 인터뷰하다 이런 이야기를 한 적이 있어요. 나는 직접 만나 얼굴을 마주 보며 하는 인터뷰를 원칙으로 하는데, 이번에는 나름 나를 도와주겠다며 인터뷰를 주선해주신 분의 마음을 저버릴 수 없어 기자가 메일로 보낸 질문지에 답을 해서 보내고 전화로 보충 겸 마무리를 하기로 했어요. 마지막 질문이 이랬습니다.

"지금 가장 간절한 꿈이 있다면?"

그래서 이렇게 답했습니다.

"내 책들이 많은 사람들에게 읽히는 겁니다.
1000만 부 이상은 읽히기를 바라죠."

그랬더니 전화 와서 하는 말이,
"선생님으로서 꿈이 너무 속물적이지 않나요? 책 팔아 돈벌이 하겠다는 것도 아니고. 사람들에게 좋은 이미지를 줄 수 있는 교육적이고 뭐 쫌 그런 거 있잖아요? 거기다 1000만 부? 장난하는 것도 아니고."
"기자님은 내 책 한 권도 안 읽으셨죠?"
"그건 왜 물으시는지?"
"당당하게 내 책이 그만큼 읽히길 바란다는 것을, 지금 나의 간절한 꿈이라 말하는 것은 결코 속물적이라 생각하지도 않고 비교육적이라고도, 나쁜 이미지를 줄 거라고도 생각하지 않아요. 내 책은 내 생각이고 내 철학이고 내 삶을 담은 것이니까요. 사람에 따라 다르겠지만 대부분 책을 쓴다는 것은 자신을 세상에 내놓는 것과 같아요. 당연히 많은 사람들이 읽기를 바라죠. 그게 속물적인 거면, 네 맞아요. 난 속물이에요. 그것도 아주 많이. 내 책을 한 권이라도 읽어보셨다면 내가 왜 책을 쓰는지, 책 팔아 번 돈으로 무엇을 하고, 그를 통해 어떤 꿈을 꾸고 어떤 일을 하고 싶어 하는지 알 테니 그런 말은 하지 않을 거라 생각해요. 최소한 인터뷰를 하려면 책 정도는, 아니 블로그 글 몇 개라도 읽어야 하는 게 아닐까요?"

"책을 읽고 안 읽고는 내가 결정해요. 인터뷰 처음 하세요? 이러면 곤란한 거 아실 텐데요?"

"그래서 인터뷰는 얼굴 마주 보고 하는 게 맞더라고요. 그리고 나는 사실이 제대로 전해졌으면 해요."

"그렇게 말씀하실 처지가 아닌 걸로 아는데요."

"내 처지가 어때서요? 학식 있고 고결하고 청렴한 이미지로 사회적 이미지 관리를 잘 해야만 되나요? 책 팔아 돈 벌고 싶다면서 기자에게 잘 보여도 신통찮을 처지라는 뜻인가요?"

"내 참 어이가 없어서…."

그리고 끊겨버린 전화. 만약 얼굴을 마주하고 이런 이야기를 나누었다면 이렇게 끝나버리지는 않았을 거란 생각에 많이 아쉬웠어요. 강연 섭외가 오면 늘 조심스럽게 묻는 것이 돈 이야기예요. 그럴 때마다 나는 "많이 주세요" 라고 말해요. 전화기 너머로 당황하는 기색이 느껴져도 꿋꿋하게 말하지요. 돈 좋아하는 사람이니 줄 수 있는 한 많이 달라고요.

"돈이 웬수야 웬수!" 라는 말을 입에 달고 사는 사람에게 돈이 찾아올까요? 좋다는 사람도 많은데 말이에요.

돈만 좇으며 살자는 의미는 아니에요. 돈 좋아한다, 외제차 타고 싶다, 남들 부러워하는 좋은 직장 들어가고 싶다, 아파트 평수가 넓었으면 좋겠다, 내 아이가 일류대학 갔으면 좋겠다 등등 각자 바라는 것들이 있을 테고 그걸 굳이 아닌 척 숨길 필요는 없다는 것이지요.

이런 것들이 정말로 속물적인 걸까요? 속물의 국어사전적 뜻은 '교양이 없거나 식견이 좁고 세속적인 일에만 신경을 쓰는 사람을 속되게 이르는 말'입니다. '세속적인 일'의 의미도 알아봐야겠죠? '세상의 일반적인 풍속을 따르는 것'이라고 하니, 속물에서는 '교양이 없거나 식견이 좁은'에 더 중심이 실려야 할 것 같네요. 속세에 사는 보통 사람인 우리가 세상의 일반적인 풍속을 따르는 것은 자연스러운 거잖아요.

교양은 사람이 갖추어야 할 위엄이나 기품을 말하는 품위 있는 상태인데, 돈 좋아한다, 크고 좋은 차를 타고 싶다, 넓은 평수의 아파트에 살고 싶다고 말하는 것이 과연 교양이 없는 걸까요? 그것을 이루는 방법이 정당하지 못할 때는 문제가 있는 것이지만 그 자체가 교양과 품위를 훼손하는 것은 아니라고 생각해요. 그건 우리네 삶과 가장 밀접하고 현실적인 문제로 너무도 중요한 것이니까요. 돈을 좋아하고 안 하고의 문제가 아니라, 그 돈을 어떻게 벌고 어떻게 쓸 것인가에서 교양이, 품위가 있어야 한다고 생각해요.

크고 좋은 차를 타고 다니면 거기에 어울리는 품격도 함께 갖추고, 넓은 집에 산다면 인격과 마음의 크기도 함께 키워나가면 되지 않을까요? 진짜 속물은 돈을 좋아하는 것을 표현하는 것이 아니라 좋아하는 그 돈을 사용함에 있어 교양이 없을 때 해당하는 말이라 생각합니다.

그대 L, 우리는 돈 좋아하는 품위 있는 사람이 되기로 해요!

돈을 벌고 싶은 가장 큰 이유는 무엇인가요?
그 돈을 어떻게 쓸지 구체적인 계획을 말해주어요.

....
....
....
....

나는 크게 욕심도 없는데

"선생님, 정말 속상해 죽겠어요. 아들 하나 있는 게 왜 이렇게 제 맘대로 안 되죠? 저는 정말 아이한테 큰 욕심 없거든요."

초등학생 학부형이 된 제자의 하소연은 이어졌습니다.

"그냥 우리 아이는 최소한, 정말 최소한 이 정도만 되었으면 하는데 그게 그렇게 안 되네요. 공부 1등 이런 거까지는 바라지도 않아요. 그저 착하고 예의바르고 당당하고 자신감 있고, 책 좋아하고 공부는 그래도 어느 정도는 해야겠죠? 악기도 한두 개는 제대로 할 줄 알아야 할 것 같고, 운동도 수영하고 태권도 정도는 다들 기본으로 하니까 그 정도. 자기 생각 잘 전달하고, 글도 남들만큼은 쓰고, 선생님, 전 정말 애한테 크게 욕심 없어요. 다른 사람을 도울 줄 아는 따뜻한 마음, 그리고 성격 좋고 밝고 사교적이고, 가만있어 보세요, 또 뭐가 있었는데. 아, 알뜰하고 부지런하고 성실하고."

"공부는 어느 정도라고 했는데 그 어느 정도가 얼마쯤일까? 요즘 반에 20명 정도 되니까 한 15등 정도를 생각하고 있니? 악기 한두 개는 제대로 하길 원한다구, 그렇다면 제대로의 기준은 뭐지? 수영과 태권도는 기본이라고 했는데 그 기본의 기준은? 글은 남들만큼 썼으면 하는데, 세상에는 다 남인데 어떤 남들만큼 써야 너의 마음에 들 것 같니? 혹시 AI 시대에 로봇 아들이 한 명 있었으면 싶은 건 아닐까? 로봇 말고는 세상에 그런 아이는 없어."

"그렇지만 뺄 게 없는 걸요? 다들 저 정도는 기본적으로 바라는 거 아니에요?"

"그래? 그럼 너는, 저 정도의 기본적인 것을 다 하면서 살아가고 있는 거야?"

"그건 아니지만 그래도…."

"그거 아니? 가장 중요한, 아이의 건강이 너의 바람에는 빠져 있어. 건강이야 당연한 거라 생각하기 쉽지만, 가장 중요한 거야. 그 아이가 건강하게 너와 함께 있는 것에 감사할 수 있었으면 좋겠다. 그리고 아이에 대한 너의 바람이 아니라 아이 스스로가 자신에게 어떤 바람을 가지고 있는지, 그 바람들을 이루며 살기 위해 무엇을 어떻게 하며 살아가야 할지를 고민하고 찾아가는 것이 더 중요해. 네 삶에 대한 바람은 무엇이니? 아이를 저렇게 키우고 싶은 거 말고, 오로지 너를 위한 바람. 그것 역시 중요해."

그대 L은 어떤 바람을 가지고 있나요? 가족이나 다른 사람들에 대한 바람 말고 순전히 그대 L에 대한 바람! 롤 모델의 의미에 대해 생각해본 적이 있나요? 많은 아이들이 오프라 윈프리를 자신의 롤 모델이라 말합니다.

"온갖 고난과 역경을 극복한 오프라 윈프리처럼 위대한 사람이 되고 싶어요. 그래서 저도 오프라 윈프리처럼 내 이름을 건 쇼를 진행하고 싶어요. 너무 멋지고 부러워요."

"굳이 온갖 고난과 역경을 겪을 필요가 있을까?"

"네?"

"온갖 고난과 역경을 극복하려면 일단 온갖 고난과 극복을 경험해야 하잖아? 그런 것이 네 인생에 와야 극복을 하든 좌절을 하든 할 거니까."

"아… 그럼 그렇게까지 온갖 고난과 역경은 말고, 그냥 오프라 윈프리 같은 사람이 되고 싶어요."

"그런데 문제는 그런 갖은 고난과 어려움이 없었다면, 그리고 그것을 극복하지 못했더라면 오프라 윈프리가 사람들의 존경을 받는 위대한 사람이 될 수 있었을까? 아무런 고통도 없이 편안한 삶을 살았다면? 사람들에게 해줄 이야기도 별로 없을 텐데. 그냥 "저는 처음부터 이런 사람이었어요, 진짜 대단하죠?" 라고 한다면 사람들의 반응이 지금과 달랐을 거야."

"그럼… 오프라 윈프리 말고 다른 사람을 찾아볼까요?"

"다른 사람을 찾아보기 전에, 오프라 윈프리를 너의 롤 모델로 삼는 '이유'를 다시 찾아보는 것은 어떨까? 그런 다음에 다른 사람을 찾아봐도 될 거야."

존경하는 것과 삶의 롤 모델은 조금 다른 것이라 생각해요. 초등학교 선생님이었다가 50대에 세계 여행가가 된 쩽쩽. 그녀의 출판 기념 여행 이야기 쇼를 다녀오면서 쓴 글이 생각납니다. 내가 쩽쩽에게 느끼는 이 감정은 무엇일까? 사람들이 "부러워요" 라는 말을 가장 많이 했는데, 나는 부럽지는 않았거든요. 부럽다는 것은 나도 그렇게 살고 싶은데 그러지 못할 때 쓰는 말인데 솔직히 나는 그녀처럼 살고 싶은 건 아니니까요. 그러면 이 감정은 무엇일까를 대구로 돌아오는 내내 생각해 보았고 '경외감'이라는 단어로 표현했어요. '공경하면서 두려운 감정', 너무 대단해서 감히 가까이할 수 없을 것 같은 경외감.

"오프라 윈프리가 제 롤 모델인 이유를 찾았어요. 가장 닮고 싶은 것이, 자신을 사랑한다는 거예요. 어떤 상황에서도 자신을 사랑하기 때문에 그 모든 일들이 가능했다고 생각해요. 그리고 고난과 역경을 겪어야만 이야깃거리가 생기는 것은 아니라고 생각해요. 저만이 할 수 있는 이야기가 있도록 살면 될 것 같아요. 고난과 역경이 없으면 좋겠지만 만약 그런 것을 만난다 하더라도 나를 사랑하면서 이겨내려 노력할 거고요. 근데 웃겨. 예전에는 그녀만큼 위대한 사람이 되겠다고 생각했는데 지금은 역경은 없거나 크기가 작았으면, 아주 조그마했으면 좋겠다는 생각이 드는 거예요. 그래서 그녀만큼 위대한 사람 말고 조금만 위대해도 될 것 같다는 생각이요. 그래도 저의 롤 모델은 오프라 윈프리에요. 자신을 사랑하는 마음은 그녀만큼 크고 싶거든요."

"오프라 윈프리와는 다른 멋을 가진 진행자가 되겠는걸!"

그대 L의 롤 모델은 누구인가요?
어떤 점을 닮고 싶은가요?

....
....
....
....
....

내가 입은 옷이 나라고?

 그대 L에게 옷 입기는 어떤 의미인가요?

샘정은 옷 입기는 철학이라고 말합니다. 나를 알아야 가능한 것이니까요. 나를 위한 것이기도 하고요.

얼마짜리를, 어느 브랜드를, 누구의 작품을 입느냐보다 중요한 것은 '내게 어울리는, 나를 제대로 빛내줄 옷'을 입는 것! 그러기 위해서는 철학이 필요하고, 내가 나를 잘 알아야 한다는 이야기를 수업 시간에 합니다. 과학 시간에 무슨 옷 이야기를 하느냐고요? 생명과학을 가르치니 사람의 몸에 관한 수업을 하거든요. 그때 인체의 구조와 기능에 관한 지식을 쌓는 것도 중요하지만, 교과서에 있는 사람 그림 대신 자신의 신체를 직접 교재로 공부하게 해요. 자신의 몸을 제대로 관찰하여 알고 기록하게 하면서, 자신이 바로 과학이고 우리 삶이 과학임을 알며 자신을 소중하게 여기고 더 많이 사랑하게 해주고 싶기 때문이지요. 그 수업 중에 옷에 관한 것도 포함되어 있어요. 자신의 가치는 얼마짜리 옷을 입고 있느냐가 아니라고 이야기하지요.

옷을 입는 것은 신체 보호와 윤리적인 도덕성 등 여러 가지 의미와 이유가 있을 겁니다. 그대 L에게는 어떤 의미인지요?

나에게는 즐거운 놀이에요. 자유로운 상상과 표현이기도 하고요. 사람들이 많이 이야기하는 '다른 사람들의 눈'은 크게 생각하지 않아요.

'다른 사람들이 무슨 정성과 열정이 있어 나에게, 나의 옷차림에 그렇게 관심을 가지겠어' 라는 생각으로 살지요. 그리고 지나가며 한두 마디 하는 거?

그게 전부일 텐데… 그까이꺼 뭐 패쓰~~. 한 3초 정도 시선이 머무르고, 한 5초 정도 생각은 할지도 모르지요. 이렇게요.

'저 사람 뭐지? 옷 입은 꼬라지 하고는?'

그리고 끝이겠죠. 십 분 후에도 한 시간 후에도 열흘 후에도 한 달 후에도 계속 그 생각을 하지는 않을 거잖아요? 그대 L은 어떻게 입고 싶은가요? 많은 사람들이 이렇게 말합니다.

"무난하면서도 세련되게 옷 잘 입는다는 소리 듣게."

그 자체로도 너무 어려운데, 곰곰 생각해보면 이 역시 타인의 시선에 갇혀 있음을 알 수 있어요. '옷 잘 입는다는 소리 듣게'

라는 '타인의 평가'를 생각하는 거니까요. 인간은 사회적 동물이니 타인이란 존재를 완벽하게 무시할 수는 없지만, 너무 심하게 의식하거나 얽매여 있는 건 아닌지 생각해볼 필요가 있어요.

<u>사람들 눈에 어떻게 보일까?</u>
<u>사람들이 어떻게 생각할까?</u>
<u>보다는</u>
<u>나는 무엇을 하고 싶은가?</u>
<u>나는 어떻게 입고 싶은가?</u>
<u>를 생각해보아요.</u>

옷을 입는 사람은 그 어떤 타인도 아닌 나 자신이에요. 나를 중심에 두고 내가 옷을 입는 이유를 내 안에 있는 목소리에서 찾아보세요. 자신을 잘 관찰하고 자신에게 어울리는 옷을 입으면, 비로소 타인의 눈에서도 타인과 비교하는 마음에서도 자유로워질 수 있답니다. 나만의 멋은 더 이상 그 어떤 것과도 비교의 대상이 아니니까요.

웹툰 하나 보고 갈까요?
제목은 〈여배우와 윤스퐁은 알콩살벌해〉입니다.

용기가 없어 해보지 않았지만
도전해보고 싶은 스타일이 있나요?

급식시간

맛있는 급식 시간이에요. 오늘의 메뉴는 만두입니다.
만두를 몹시 싫어했던 이유 중 하나는 이랬습니다.
"겉과 속이 너무 달라서.
다 식은 줄 알고 베물었는데 너무 뜨거워 놀랐던, 그 배신감 때문에."
너무 거창한가요?
터트리지 않으면 그 안에 무엇이 들어 있는지 알 수 없는 만두.
매끈한 겉, 하지만 속에는 많은 것들이 섞이고 뒤엉켜 있지요.
만두가 싫었던 진짜 이유가
안으로는 수많은 걱정과 불안으로 힘들어하면서도
아무 문제 없는 듯이 살고 있는 나처럼 느껴져서였다는 것을
한참 뒤에서야 깨달았어요.

내 안의 것들을 들여다보는 시간을 가지니 좀 후련하지 않나요?
만두피에 굳이 꽁꽁 싸서 숨기지 않아도 되는 자유로움을
느껴 보았으면 하는 마음으로 준비했어요.
후후~~ 불어서 반을 덥썩 베물어
터진 만두로 만들어 먹어봅시다.
속 좀 보여주면 어때요, 그죠?

여름

changing

필요한 건 '연습'

말랑말랑학교 인생수업

오리엔테이션 1

 비슬산 정상은 진달래 군락이에요. 진달래가 활짝 핀 풍경 사진은 인터넷을 통해 언제든 구경할 수 있지요. 내가 아닌 다른 사람들이 찍어 놓은 사진을 구경하는 것은 쉬워요. 컴퓨터 앞에 앉아 클릭하면서 수십 장의 사진을 보면 되지요. 하지만 그건 결코 내 사진이 아닌 거죠. 남의 사진일 뿐이지요. 내가 찍은 진짜 내 사진을 갖기 위해서는, 몇 시간의 다리 아픔을 견디고 흐르는 땀을 닦으며 그 산을 오르는 것 말고는 방법이 없을 겁니다.

그대 L도 가끔 산을 오르나요? 왜 힘들게 산에 올라갈까요? 정상까지 가지 않고 중간 정도에 있는 빙하기 흔적인 암괴류만 봐도 충분히 멋진데? 왜 저 높은 꼭대기까지 가는 걸까요?

이 질문을 공부와 연결해서 해볼까요? 왜 공부를 해야 할까요? 안 하면 안 되는 걸까요? 그대 L은 공부를 왜, 무엇을 위해 하나요?

산에 오르겠다는 목표, 힘들지만 포기하지 않는 노력, 그리하여 받게 되는 목표 달성의 성취감과 멋진 풍경이라는 선물.

공부는 내가 나에게, 나를 위해 주는 선물이라고 생각해요.

남들이 찍은 풍경 사진을 구경하기는 쉽지만 내가 풍경 속에 있는 사진은 오로지 내가 수고하여 그 산에 올랐을 때만이 가능하니까요.

남들이 찍은 내가 없는 사진이 아닌, 내가 들어 있는 사진을 그대 L도 가졌으면 좋겠어요.

공부는 그렇게 각자 자기 모습이 담긴 사진을 갖는 것입니다.

그대 L, 말랑말랑학교에서 자신에게 그런 선물을 해보기로 해요.

이 책은 밑줄 하나 긋지 않고 눈으로만 읽지는 않았으면 해요. 생각한 것들을 망설이지 말고 적어보아요. 처음에 이야기했듯이 이 책은 그대 L이 만들어가는 책이 되었으면 합니다. 그대의 책으로 만들어져가는 동안 그대 L도 변화하고 성장하게 될 거예요.

이 책이 그대 L이 산에 올라 직접 찍은 사진 같이 그대의 수고와 노력을 통해 완성되기를 바랄게요.

오리엔테이션 2

평소에 어느 손을 자주 사용하나요? 오른손? 왼손? 나는 양손을 비슷하게 사용하는데 다급한 상황에서 왼손이 먼저 나가는 걸 보면 왼손잡이인가 싶기도 하고, 글씨를 써보면 오른손으로 썼을 때 훨씬 반듯하고 예뻐서 오른손잡이인가 싶기도 하고, 알쏭달쏭하답니다.

그대 L이 글자를 쓸 때 사용하는 손으로 그대의 이름을 써보세요. 이름 앞에 그대만의 L을 붙이는 것도 잊지 말아요. 램프 화정, 라이브 진수… 이렇게요.

....
....
....

펜이 없다고요? 준비물을 깜빡했던 경험은 누구에게나 있을 거예요. 여긴 어디? 말랑말랑학교잖아요. 그 어떤 것도 괜찮은 말랑말랑한 학교. 펜은 지금 준비하면 되고, 당장 펜을 구할 수 없는 상황이라면 잠시 수업을 멈추면 되고요. 대신 꼭 그대만의 필기구였으면 해요. 준비물 가져오지 않았다고 잠시 수업을 멈추고 학교 밖으로 준비물 챙기러 가는 재미도 괜찮을 것 같아요. 내 맘대로 휴강을 즐겨보는 재미도 좋잖아요.

평소 글자를 쓰는 손으로 이름을 적었다면 이번에는 평소에는 글자를 쓰지 않는 손으로 이름을 적어보세요.

두 번의 이름을 써보니 어떤가요? 차이가 있나요? 글자를 반듯하게 잘 쓰지 못한 손은 나쁠까요? 혼이 나야 할까요? 그 손은 평소에 글자를 쓸 필요가 없었어요. 그러니 연습의 기회도 없었고요. 연습의 시간 없이는 불가능하니 반듯하게 잘 쓰지 못하는 것은 당연한 일입니다.

"난 왜 이런 것도 못하지?"라고 말한 적이 있나요? 최근에 그렇게 말했던 상황을 떠올려보세요. "넌 왜 이런 것도 못하니?"라고 친구에게 말하기는 쉽지 않을 겁니다. 그런데 자신에게는 너무 쉽게 그 말을 하는 건 아닌지요?

평소에 글자를 쓰지 않던 손이 글자를 반듯하게 잘 쓰지 못하는 것이 당연한 것처럼, 스스로에게 관대해져야 할 것들이 많습니다. 해야 할 이유가 없어서, 아직 충분히 연습이 되지 않아서, 그 일을 해볼 기회가 많지 않아서, 그래서 못하는 것들에 대해서는 다른 사람은 몰라도 자신은 자신에게 너그러웠으면 해요. 다른 사람들은 사정을 속속들이 알지 못하니 쉽게 비난의 말을 쏟아낼 수 있을지 모르지만 스스로는 알고 있잖아요.

아이들에게 탐구 과제를 내면 아이들의 원망이 과학실 천장을 뚫고 나갈 지경일 때가 많아요.

"이거 왜 해요?"

"이렇게 어려운 걸 어떻게 해요?"

"하기 싫어요."

"힘들어요."

"재미 없어요."

등등 아이들은 할 말이 많습니다.

"그럴 땐 어떻게 해야 할까요?"

아이들은 대답을 알고 있지만 화가 나서 대답하지 않고 침묵하지요.

"너무 화가 날 때는 어떻게? 속으로 욕하면서… 그렇지만 어떻게? 해야 한다. 그래서 우리는 이번에도 윈윈 게임을 하는 거죠. 여러분들은 힘들지만 과제들을 해결하면서 지식도 쌓이고 배움과 성장이 있어 좋고, 힘들지만 포기하지 않고 해보는 끈기와 인내심을 기르고, 결국은 해내는 성취감까지. 과학 선생님은 욕을 많이 먹어서, 욕 많이 먹는 사람은 오래 산다니 욕을 배가 부르도록 먹어서 수명 연장되어 좋고요. 우리 모두에게 윈윈!"

사실, 내가 보기에 남들은 쉽게 뭐든 척척 잘하는 것 같지만 대부분 비슷할 거라 생각해요. 시간 관리를 예로 들어볼까요?

샘정도 업무상 또는 과제 때문에 필요한 정보를 찾으려고 인터넷에 접속해놓고, 광고에 홀려서 이것저것 쇼핑몰을 살펴보다가 연예인 관련 뉴스로 들어가기도 하고, 다시 광고 메일을 보고 살까 말까 고민하는 등, 어느새 정신을 차려보면 시간이 훌쩍 지나가버린 적이 많아요. 그러고 나면 이렇게 좌절하지요.

'다른 사람들은 시간 관리도 잘하는 것 같은데, 헛되이 낭비하는 시간 없이 할 일만 하면서 효율적으로 사는 것 같은데 나만 왜 이러는지 몰라. 거기다 충동구매로 쓸데없는 거는 왜 샀는지. 정말 답이 없다, 나라는 사람.'

하지만 다른 사람들 역시 이럴 때가 많을 거라는 사실. 평소에 글자 쓰기를 연습하지 않았던 손이 글자를 반듯하게 잘 쓰지 못하는 것처럼, 시간 관리도 훈련이 필요한 것이고 그 훈련이 되어 있지 않은 사람들도 많다는 것을 알기 바라요. 왜 나만 못하는 거지, 라는 생각은 하지 맙시다.

모든 일에는 연습이 필요하지요. 처음부터 잘하는 경우는 그리 흔치 않아요. 배우다가 도중에 멈추었을 때도 많고요. 배운 것을 내 것이 되도록 연습하고 연습하여 익혀야 오로지 내 것이 되는 거죠.

그대 L, 연습의 필요성, 연습의 중요성을 인식해주어요. 그리고 이제 제대로 연습해보기로 해요.

<u>간식시간</u>

우리 군밤 먹어요. 지금 여름학기인데 군밤을?
군밤은 겨울에 먹는 거 아닌가, 싶은가요?
고정관념이란 건 무서워요, 그죠?
알밤을 군밤으로 먹기 위해서는
두 겹의 단단한 껍질을 벗겨야만 가능해요.
변화, 쉽지는 않지만 알밤이 군밤이 되듯 분명 가능하답니다.
일단 맛있게 먹어봅시다.
시원한 커피와 군밤이 의외로 아주 잘 어울린답니다.

변화가 말처럼 쉽나

그대 L은 어떤 색을 좋아하나요? 어떤 색의 옷들이 많은가요?

3시간 넘는 강연을 할 때는 대부분 중간에 옷을 한 번 갈아입는 퍼포먼스를 하는 샘정입니다. 비주얼에 관한 이야기를 풀어가기 위해서이기도 하고, 강연의 활력을 위해서이기도 하고요. 그래서 주로 극적인 비교 효과를 줄 수 있도록 계획을 해요. 샘정이 가장 좋아하는 색은 흰색이고 분홍, 파랑, 주황, 노랑, 빨강과 같은 밝은 색을 좋아해요. 좀처럼 손이 가지 않는 색은 검정색이에요. 카키나 갈색 등도 그리 좋아하지 않고요.

즐겨 입는 흰색 바지에 얼룩이 생겨서 새로 살까 고민하다가 삶의 유연성을 조금 더 키워보고 싶다는 생각이 들었어요. 좋아하지 않는 검은색을 조금 더 마음에 담아보자는 생각이었죠.

왜 검은색에 그렇게 손이 잘 안 가게 되었는지는 모르겠으나 '좋아한다'와 '좋아하지 않는다'가 단순히 생각의 문제라면 그 생각을 바꾸어볼 수도 있지 않겠냐는 생각이 들었어요.

'좋아하지 않던 것들에 대한 생각 바꾸어보기!' 라는 나름의 프로젝트 이름까지 만들고, 첫 번째로 검은색 옷 입기를 선택했어요. 좋아하지 않는 검은색도 샘정이 행복해하는 순간에 같이한다면 생각이 좀 바뀔 수 있지 않을까 한 것이죠. 그리고 또 하나 선택한 것이 꽁지머리! 머리를 묶는 일도 자주 있는 일은 아니거든요.

내가 가장 좋아하는 강연을 할 때 검은색 옷과 꽁지머리를 했는데 그날 강연 장면을 찍은 사진을 보니 올블랙 차림에 꽁지머리를 하고도 엄청 행복한 모습이었어요.

뭐든 선명한 것이 좋다는 생각이었는데 이제 조금 흐려져볼까 합니다. 꽁지머리를 싫어하는 이유를 생각해보니 큰 얼굴에 어울리지 않고, 나이가 들어 보인다는 거. 특별히 묶은 머리를 해야 더 어울리는 옷이 있기는 하지만 정말 특별한 경우 말고는 거의 머리를 묶지 않는 샘정인데, 그날 이후 일부러 꽁지머리를 자주 했어요. 단골 미장원 원장이 놀래더군요. 10년 이상 본 사이인데 내가 꽁지머리 한 것을 처음 본다고.

늦잠을 자서 머리를 감지 못해 어쩔 수 없이 묶게 되는 날에는 마음에 들지 않는 꽁지머리 때문에 신경이 쓰이는데, 교무실의 동료들도 과학실의 아이들도 늘 꽁지머리를 한 날에 내가 더 예쁘다고 하네요.

"과학쌤 오늘 진짜 예뻐요. 머리 이렇게 하니 더 예뻐요."

그럴 때마다 나는,

"머리 안 감아서 억지로 한 머리예요."

"빨간 립스틱 때문일 거예요."

"드롭 귀걸이 때문일 거예요."

"평소 잘 안 입는 베이지 계열의 옷 때문일 거예요."

라며 다른 것으로 원인을 돌리려 애썼습니다. 그냥 그런가 보다 하면 될 것을. 예쁘다는데도 뭔 불만인 건지? 나와 다른 의견을 인정하기 싫어서였을까요?

변화라는 건 만만치가 않아요. 생각이 바뀌면 행동도 바뀐다고 하지만 이 생각이란 게 좀처럼 바뀌지가 않으니 문제죠. 그렇지 않나요? 그렇다면 행동으로 생각을 바꾸어보자. 결심하고 꽁지머리를 열심히 해보기로 했어요. 꽁지머리를 싫어하는 생각은 바뀌지 않았지만 자꾸만 하다가 보면 어느 날 갑자기,

'어, 꽁지머리 괜찮네?' 라는 생각을 하게 될지도 모를 일이잖아요? 생각이 행동을 바꾸든 행동이 생각을 바꾸든, 샘정에게 필요한 건 변화니까요.

좋은 거, 마음에 드는 것만 하고 살아도 되는데 굳이 싫은 거,

좋아하지 않는 거까지 하기 위해 변화할 필요가 있나 물을지 모르지만, 좋고 싫음이 너무 분명하면 선택의 폭이 좁아질 수 있잖아요. 그리고 굳이 좋고 싫음을 그렇게까지 분명하게 가르면서 살 필요가 있나 싶기도 하고요.

또 하나의 큰 변화는 체육복이에요. 나의 캐릭터인 운빨요정이 즐겨 입는 빨간색 운동복. 앞의 웹툰에서 보았죠?

학창 시절 모두가 똑같았던 교복과 체육복을 몹시도 싫어했던 지라 졸업 후 내 손으로 운동복을 산 적이 없었어요. 지리산을 올라가도 청바지를 입지 운동복이나 아웃도어를 입지 않고 살았는데 몇 년 전 학교 축제에서 아이들과 함께 춤을 추게 되었고, 댄스 동아리 막내가 되었어요. 댄스 동아리 선배님이 된 중학생들은 막내가 된 과학쌤에게 체육복과 운동화를 준비해서 동아리실로 오라고 하더군요. 하늘(?) 같은 선배님의 말이니 할 수 없이 운동복을 입었어요. 아이들과 함께 춤 연습을 하는 동안 운동복에 대한 거부감과 편견은 사라졌고, 나는 새로운 시도를 하게 되었어요. 코로나19로 인해 시작한 줌 강연에서 왕관을 쓰고 빨간색 운동복을 입고는 이렇게 외쳤어요.

"운동복 입은 여왕은 이런 모습이에요."

그렇게 대학 졸업하고 입지 않았던 운동복은 30년이 넘는 세월을 뛰어넘어 나의 트레이드 마크가 되었답니다.

그런데 뜻밖에 '행동으로 생각을 변화시킨' 주인공이 탄생했으

니 바로 남편입니다. 산에 갔다 와서 양말을 벗으며 하는 말씀,

"오늘 사무실에서 한 직원이 엄청 조심스럽게 '이사님… 양말이 짝짝이예요' 라는 거야."

"어머 진짜네요? 왜 짝짝이를 신었어요?"

"그 직원한테 그랬다. '자네 모르나? 요새는 짝짝이 신는 게 트렌드인데' 라고."

"우잉?"

"솔직히 내가 트렌드로 짝짝이 양말을 신었겠나? 내가 양말 개면서 비슷한 걸, 짝짝이인 줄 모르고 같이 묶어놨고 그걸 별생각 없이 신고 간 거지. 그 직원이 뭔 큰일 난 듯이 너무 조심스럽게 말하니까 민망하기도 하고 해서 얼떨결에 그렇게 대답했어. 근데 사실 별거 아니더라. 일부러 짝짝이로 신을 수도 있겠다 싶은 것이. 당신도 일부러 짝짝이로 한 번씩 신잖아."

나는 한동안 매일 꽁지머리를 하면서 즐거이 노력을 했었어요. '뭘 그런 거까지 노력을?' 할지 모르지만 중요한 건 '즐거이'랍니다. 즐거이 노력하는 시간들을 통해,

"난 그거 싫어해."

조금 더 확장하면,

"난 그 사람 싫어해."

라는 말을 조금 덜 하게 되면서 삶이 더 여유 있고 너그러워지고 있답니다.

습관이 얼마나 무서운 건데

그대 L, 손을 한번 씻어볼까요? 진짜 말고 상상으로 해보기로 해요. 세면대 앞에 서 있어요. 물을 틀기 위해 수도꼭지로 손을 가져간 다음 순간 어떤 선택을 할까요? 차가운 물? 뜨거운 물? 아마도 L이 가장 편안함을 느끼는 온도의 물을 틀겠죠? 어떤 날은 시원한 것이 더 좋을 수도 있고, 어떤 날은 따뜻한 물이 더 좋을 수도 있고. 삶도 그렇다고 생각해요. 내가 선택할 수 있는 것들이 의외로 참 많아요.

그렇지만 생각만으로 끝나버리는 일도 많지요.

'어, 이거 한번 해볼까?' 하는 생각으로 출발해서

'이번에는 꼭 생각만으로 끝내지 않고 작은 것이라도 진짜 해본다, 내가.'

라는 결심도 했지만 생각에 생각을 거듭하다가,

'그래, 이건 이래서 안 될 거 같고, 저건 저래서 안 될 거 같고… 그래 결국은 안 되는 거야.' 하면서,

'내가 그렇지 뭐' 라고 스스로에게 상처를 주기도 하지요.

책도 많이 읽었고, 그 책에 있는 내용들에 격하게 공감까지 하면서, '그래 이게 문제였어. 이건 고쳐야 해. 이렇게 하면 될 것 같아. 이젠 정말 원인도 알고 방법도 찾은 것 같아!'

분명히 여기까지는 왔는데, 뭘 하고 싶고 뭘 해야 하는지도 알게 되었고, 어떻게 하면 되는지도 알게 되었는데,

'왜 늘 제자리걸음만 하고 있는 기분일까?'

라는 생각에 한숨이 저절로 나오고 있기도 할 거예요.

결국 필요한 것은 생각이 아니라 생각한 것을 실제로 해보는 행동입니다. 행동하는 것이 결코 쉽지 않다는 것을 그동안의 경험을 통해 너무도 잘 알고 있어요. 많은 사람들이 이렇게 말합니다.

"변화, 행동? 몰라서 안 하나?"

"변해야 한다는 거, 그 누구보다도 내가 절실하다고. 하지만 그게 그렇게 쉽냐?"

"생각이야 쉽지만 막상 생각한 대로 하려고 하면 현실적인 문제들이, 상황들이 자꾸만 주저앉히는데 어떻게 해볼 수가 없다고요. 생각한 것을 행동으로 하라, 말은 맞고 말은 쉽죠. 하

지만 장애물들이 얼마나 많은데요."

"수도 없이 행동하려 시도해 봤지만… 그게 얼마나 어려우면 작심삼일이라는 말까지 있겠어요. 변화, 행동, 결국은 늘 상상으로만 가능한 허상이 아닌가 싶어요."

1교시 과학 수업을 하는데 한 아이가 말했어요.

"선생님, 너무 졸려서 그러는데 엎드려 자도 돼요?"

"그래요? 너무 잠이 오면 자야지요. 한 시간 내내 잘 건가요? 아님 몇 분?"

"일단 자봐야 알 것 같아요. 너무 졸려요."

하품으로 말도 제대로 못 할 지경인 아이.

"잠이 오니 자야 하는 건 맞는데 한 가지만요. 왜 그렇게 졸린 건가요?"

아이는 생계를 위해 새벽에 나가야 하는 할머니와 살고 있어서 혼자 일어나 학교에 와야 하는데, 거의 매일 밤을 새워 게임을 하는 것이 습관이 되었다고 합니다. 부모의 이혼 후 엄마와 아버지 집을 오가며 살다가 결국은 할머니에게 맡겨졌고, 그 과정에서 아이는 친구도 거의 사귀지 못한 상태에서 게임에만 몰입하게 되었다고. 밤새 게임을 하다가 새벽에 잠들게 되는 날이 대부분이라 거의 매일 지각을 하거나 너무 늦게 일어난 날은 결석을 해버리는 일상을 살게 되었다고 하더군요.

그런데 이번에 만난 담임 덕분에 조금씩 게임 시간을 줄이고 있고 지각을 하지 않겠다는 약속을 지키려 노력하고 있는데, 결국 또 밤새 게임을 했고 정신을 차렸을 때는 새벽 4시가 넘은 시간이었다고.

그 시간에 잠이 들어버리면 지각을 하지 않겠다는 담임과의 약속을 지킬 수 없을 것 같아, 아이는 꼬박 밤을 새고 다른 날보다 일찍 학교로 와 약속을 지킬 수 있었대요. 그 이야기를 하는 동안 아이의 얼굴에는 쏟아지던 잠은 간 곳이 없고 약속을 지켜 칭찬을 받았다는 순간의 행복함으로 가득했어요. 그러나 이야기를 끝내자 다시 폭풍같이 아이를 덮치는 잠. 결국 아이는 1교시 내내 엎드려 잠을 잤답니다. 그 아이는 또 어떤 선택을 할까요? 담임과 지각하지 않겠다는 약속만 지키고 매일 1교시에는 잠을 자는 새로운 습관을 가지게 될까요?

우리는 자주 말합니다.

"습관이 돼버려서"라고.

지각하는 것이 습관이 되어버린 아이, 밤새 게임 하는 것이 습관이 되어버린 아이. 하지만 그 아이를 지각하지 않게 만든 것은 무엇일까요? 바로 '절실함'이 아닐까 합니다.

"해야지, 변해야지"라고 말을 하지만 이루지 못했다면, 정말 그 일에 관해 제대로 생각해보지 않았고, 그래서 얼마나 중요한 일인가에 대해 스스로 명확한 결론을 짓지 못해서일 거라 생각해요. 새벽에 13층에서 불이 난 적이 있습니다. 11층에 살고 있던 나는 어땠을까요? '불이 조금 더 번지면 그때 대피해야지'라고 하지는 않았겠지요. 아이의 손을 잡고 11층 계단을 뛰어 내려왔어요. 운동화를 찾아 신을 겨를도 없이 현관에 있던 하이힐을 신고서.

간절하다고 하지만 정작 행동으로 하지 않는 것은, 아직 그만큼 절실함을 느끼지 못하기 때문이라 생각해요.

체중 조절을 위해 평소에 점심을 안 먹는다는 말을 하면,

"어떻게 그게 가능해요? 난 배고파서 안 되는데."

라는 말을 가장 많이 듣습니다. 이미 안 된다는 전제하에 이야기를 시작하는 거죠. 그녀와 나의 차이는 하나입니다. 절실함. "나도 살이 너무 쪄서 진짜 고민이에요. 나도 살을 빼는 것이 절실해요. 하지만 어떻게 점심을 안 먹어요. 배 안 고파요?

일을 할 수가 없을 것 같은데."

　자신도 절실하다고 이야기하지만 말로만 절실하다고 할 뿐, 진짜 절실함이 아닐 거라 생각해요. 나이 들면서 활동량은 줄어들고 기초대사량도 떨어지니 평소처럼 먹어도 자꾸 살이 찌고, 부모님이 뇌졸중에 고혈압과 당뇨를 앓고 있어 가족력까지 걱정이 되니 체중에 대한 나의 절실함은 클 수밖에 없었죠. 덜 먹는 것과 더 많이 움직이는 것이 방법이라 생각했고 여러 가지를 시도해보면서 찾은 해결책은 자가용 대신 대중교통을 이용하고 점심을 먹지 않는 것이었고요. 처음에는 당연히 힘들었지만 배고픔보다 체중을 줄이는 것이 더 절실했기에 선택했고, 하루 두 끼만 먹는 습관을 가지게 된 거죠. 아침을 먹지 않고 점심과 저녁으로 두 끼를 먹는 사람들도 많은데 나는 아침과 저녁을 먹고 점심을 먹지 않는 두 끼를 선택했어요.

　직장 다니면서 덜 먹을 수 있는 방법으로 세 끼를 전부 먹으면서 양을 줄이는 방법보다는 식사 횟수를 줄이는 게 낫다 생각했어요. 안전의 문제까지 해결되는 집밥을 워낙 좋아하기도 하고, 점심은 메뉴 선택의 폭도 좁고 비용을 들여 사 먹어야 되니 그냥 먹지 않는 것이 가장 효과적인 방법이라 생각했어요. 점심을 먹지 않는다고 맛있는 걸 먹는 즐거움을 포기한다고는 생각하지 않아요. 매끼를 즐거움만을 위해 먹는 건 아니잖아요. 조금 더 나이가 들면 저녁만 먹는 하루 한 끼로 바꾸어갈 계획이고요.

인생에는 공짜가 없다는 걸 경험을 통해서 알게 되었죠. 실컷 배불리 먹고 날씬한 몸을 가지고 싶다는 건 욕심이잖아요. 하나를 얻기 위해서는 포기하는 것이 있어야 한다는 거. 나는 마음껏, 배불리 먹는 포만감이라는 즐거움 대신 건강한 몸을 선택한 거죠. 몇 개월 반짝 극단적인 다이어트를 하고 난 뒤 다시 맛있는 것 실컷 먹겠다 대신 삶의 습관 자체를 바꾸는 것을 선택한 거지요.

습관, 무서운 거 맞아요. 하지만 그 무서운 습관을 넘어서는 진짜 '절실함'이 있다면, 그리고 새로운 습관을 내 것으로 만드는 노력의 시간을 가진다면 습관은 분명 바꿀 수 있을 거예요.

그대 ㄴ도 샘정이 점심을 먹지 않는 선택을 한 것처럼 절실한 것이 있나요?

....
....
....
....
....

나의 진짜 욕구는 뭘까?

 태도가 전부라는 말을 많이 합니다. 어떤 태도가 좋은 태도, 옳은 태도일까요?

블로그와 인스타그램을 통해 '7월의 크리스마스'라는 주제로 이벤트를 했었어요. SNS를 하지 않는 사람들에게는 쉽지 않은 일이었고, 특히 인스타로 응모하려는 분들에게는 리그램이라는 조건이 많이 힘들 수도 있어요. 이런 상황과 마주한다면 그대 L은 어떤 태도일지 궁금합니다.

> 늘 샘정님을 응원하겠습니다~^^♥
> 이벤트 응모해보려고 응모 방법을 캡처하긴 했는데
> 잘 할 수 있을지 모르겠어요~^^;;
> ㅎㅎ
> 굿밤되세요~^^

이렇게 문제를 해결해보려는 긍정적인 태도는 분명 좋은 태도입니다.

그리고 다음 문자를 받고 많은 생각을 해보았어요.

> 이벤트 참여하고 싶은데 조건이 너무 어려워요.
> 인스타는 하지만 리그램이 뭔지 ㅠㅠ
> 아쉽지만 응원만 할게요.

지금도 종종 아이들에게 교사 샘정의 모습을 그려달라고 부탁을 하곤 합니다. 아이들의 눈은 진짜 솔직하거든요. 예전의 나의 태도는 분명 이랬을 것 같아요.

"뭐가 어렵다는 거야? 진짜 마음이 있으면 배워서 하면 되지."

스스로 변화의 아이콘이 된 샘정. 그녀에게 해주고 싶은 이야기를 담아보았어요.

> 혼자만 그런 거 아니니, 그거 모른다고 자신을 탓하면 절대 안 되는 거 알죠?
> 자신에게 물어봐주어요. 산타가 되고픈 마음의 크기, 못하는 아쉬움의 크기가 얼만큼인지… 이렇게 문자까지 한 건 좀(?) 크다는 의미일 듯한데, 어때요?

필요성을 넘어서는 간절함, 꼭 하고 싶다는 절실함은 사람을 움직이는 힘이 있어요. 어떤 일과 마주하는 태도는 매우 중요하답니다. 아, 아쉽다, 라는 감정을 잘 들여다볼 필요가 있다고 생각해요. 진짜 아쉬운가를…. 아닐 때가 더 많을 거예요. 습관처럼 아, 아쉽다, 할 때가 많거든요.

태도는 두 가지겠지요. 아쉽지만 포기하는 것과 아쉽다고 느끼고 싶지 않아서 그걸 해결하는 방법을 찾는 것. 후자가 낫다고 할 수는 없어요. 그건 아까 말했듯이 '내가 느끼는 아쉬움의 크기'에 의한 거니까.

해결하는 태도만이 늘 옳은 건 아니에요. 하지 않은 것, 포기도 내가 선택하는 하나의 태도랍니다.

우린 모든 것을 할 수도, 할 필요도 없어요. 그래서 자신과의 대화가 필요하다는 생각입니다. 나의 진짜 욕구를 아는 것이 중요하니까요. 내가 진짜 하고 싶은 일을 하는 것, 그것으로 충분하다는 생각입니다.

치킨은 살 안 쪄요, 살은 내가 쪄요

그대 L은 삶에서 가장 통제가 안 되는 것이 무엇인가요? 샘정은 한때 쇼핑이었어요. 쇼핑 중독에 가깝다 할 정도로 신상 좋아하고 무엇인가를 사야 삶이 즐겁고 행복한 것 같았죠. 나이가 들면서 쇼핑에 대한 욕구가 줄어들기는 했지만 여전히 내 삶에서 가장 큰 욕망 덩어리는 쇼핑이었어요. 그래서 2016년 9월 9일 블로그를 통해 '신상 없이 1년 살아보기' 라는 프로젝트를 시작하게 되었어요.

신상에 목을 매는 사람이 과연?

패션 블로거가 신상 없이 무엇을 하려고?

블로그 운영이 되려나?

이런 생각이 들지도 몰라요. 하지만 프로젝트의 신상

은 모든 물건에 해당하는 것은 아니고, '패션에 관한 것'이라는 범주 안에서입니다. 옷, 가방, 신발, 모자나 스카프, 반지, 목걸이 등의 액세서리까지 포함하고 화장품은 제외시켰어요.

이미 사둔 것들이 많을 테니 성공하기 쉬울 것 같죠? 하지만 솔직히 필요에 의해서만 옷이나 가방을 사지는 않잖아요. 단지 '원하니까, 가지고 싶으니까'란 동기가 더 크게 작용하지 않나요? 내가 '신상 없이 1년 살아보기' 프로젝트를 시작하게 된 것은, 그처럼 관심과 열망을 넘어서 욕망 내지 욕심까지 있는, 내 삶에 있어 너무도 큰 부분인 패션과 쇼핑을 통제해보고자 함이었습니다. 가장 통제하기 어려운 것을 통제해서 나 자신의 삶에 대한 통제력을 측정해보고 싶었다고나 할까요?

어떤 물건이 눈에 들어왔다… 그리고 마음에 들었다… 하면… 어머, 저거… 진짜 괜찮다… 라는 생각이 들고 그 순간 '원한다'는 마음은 곧 이렇게 변해버리곤 하지요. 저 물건이 나에게 '필요하다'고, '꼭 사야만 된다'고, '저거 없이는 안 될 것 같다'고.

인터넷 쇼핑을 하다 마음에 드는 가방 발견! 생각은 바로~ '이 가방이 있으면 지난번에 산 원피스가 돋보일 거야'로 치닫고, 더 나아가 '이 가방 없이는 그 원피스는 쓸모없이 옷장 구석에 처박히게 될 거야'라는 강박증으로까지.

이러니 '신상 없이 1년 살아보기'는 엄청난 통제력이 필요했답니다. '신상 없이 1년 살아보기'는 시작도 하기 전에 난관에 부딪쳤어요. 런던에 유학 중이던 딸을 만나러 10일 동안의 여행을 눈앞에 두고 있었거든요. 이어지는 글은 블로그에서 그대로 옮겨 왔습니다.

여행을 결정하는 순간 가장 먼저 떠오른 생각은 '뭐 입고 가지? 공항 패션 한번 제대로 해야 하는데… 가방은? 신발은? 모자를 새로 하나 사야 하나? 인생 첫 장거리 여행인데 진짜 쇼핑 좀 해야 하는 거 아닌가?'였습니다. 거기다,
면세점에서는 뭘 살까?
런던 가서도 쇼핑은 해야겠지….
뭐 사지….
뭐 사지….
뭐 사지….
평소 쇼핑을 즐기지 않던 사람도 여행이라면 쇼핑을 좀 해야 할 것 같지 않나요? 맞죠? 그래서 '신상 없이 1년 살아보기' 프로젝트는 이 여행 다녀와서 하는 게 좋지 않을까… 라는 유혹에 엄청 시달린 샘정입니다. 그렇게 한들 누가 뭐라 하겠어… 라고 속삭이는 것 같은, 환청이 막 들리더라니까요. 여행을 준비하는 동안 정말 단 하나도 여행을 위한 신상을 마련하지 않는다면 내 최대 약점인 멀미도 극복할 수 있지 않을까 하는 이상한 논리까지 끌어내게 되더군요!

나는 꾹 마음을 다잡고, '26인치 화물용 캐리어가 있어야겠어…' 했던 것은 10년 넘은 기내용 캐리어로, '모자 하나 새로 사야지…' 했던 것은 '있는 모자나 스카프를 색다르게 활용해보는 것도 재밌겠다'로, '많이 걸을 거니까 아주 편한 운동화는 하나 사야겠어…' 했던 것은 '신발은 신던 게 익숙하고 좋아'로, '미니 백도 필요하겠지' 했던 것은 '있는 가방 중에 적당한 것이 있을 거야'로, '런던 날씨는 여기와 다르기도 하고 어차피 가을이 온 거니 옷은 한 벌 사자' 했던 것은 '현지에 있는 딸의 옷을 빌려 입어도 될 것 같아'로, '남편은 배낭을 원하는데 마땅한 것이 없으니 배낭은 하나 살까' 했던 것은 '친구네서 빌리는 것'으로 결론을 보았답니다.

이렇듯 다행히 온갖 유혹을 뿌리치고 출발은 잘하였지만 1년 후, 2017년 9월 8일에 '신상 없이 1년 살아보기'를 되돌아보니 적지 않은 실패들이 있었답니다.

강연을 위한 부츠 컷 청바지로 실패.

봄날 네 켤레의 구두로 실패.

오프 숄더 원피스로 실패.

틴트 선글라스로 실패.

남편 옆구리 찔러 받은 클러치 선물까지.

'1년 동안 신상 없이 살아보기'의 실패는 다 기억하기도 힘들 정도였답니다. 하지만 그 과정에서 참으로 독특하고 의미 있는 발견을 할 수 있었고 나를 탐색할 수 있는 시간으로 소중한 추억과 경험을 안게 되었어요.

이 프로젝트를 통해 얻은 가장 중요한 선물은 나 자신을 바닥까지 들여다보게 된 거랍니다. 처음에는 솔직하게 신상 없이 살아보기를 실패했다고, 노력은 했지만 청바지를 샀다는 글을 블로그에 올렸는데 그렇게 몇 번 실패를 이야기하고 나니 그런 나 자신이 싫은 거예요. 그래서 정말 남은 기간 동안 잘 해보자 다짐을 했는데 어느 날 마음에 드는 원피스를 발견하고는 깊은 갈등에 빠진 거죠.

'아, 정말 너무 마음에 드는데. 정말 사고 싶은데. 내가 그동안 그렇게 원하던 바로 그 스타일인데. 이거 입으면 너무 행복할 것 같은데. 괜히 신상 없이 살아보겠다는 이야기는 해가지고 이게 뭐야. 살까? 아니야, 참자. 그래도 살까? 아니야, 정말 이 열망을 한번 넘어서보자. 이렇게 강렬하게 원하는 것이니 제대로 한번 넘어서보자. 이왕 시작한 거 끝까지 잘 해보는 거야.'

라고 생각은 했지만 계속 그 원피스가 눈앞에 아른거리는 거죠. 결국 이런 생각까지 하게 되었답니다.

'이 원피스를 사고 아무에게도 말하지 않으면 괜찮지 않을까? 솔직히 누가 알겠어? 내가 말하지 않으면 원래 있던 옷인 줄 알겠지. 혹시 누가 새 옷 아니냐고 물으면 씨익 웃으며 아주 애매모호하게 말하는 거야. "새 옷처럼 보여요?"라고. 새 옷 아니라고 정확하게 말하지 않았으니 대놓고 거짓말을 한 건 아니고, 새 옷처럼 보이느냐는 말에 사람들은 '입던 옷인가 보다' 라고 생각하지 않을까…. 진짜 딱 내가 원하던 바로 그 옷인데. 저 옷은 작년에 미리 나오거나 아니면 내년에 나오든가 하지, 왜 하필 지금 내 눈앞에 나타나서 나를 이렇게 갈등하게 만드는 거야. 그냥 사버릴까? 저 원피스 입은 날은 블로그 포스팅도 하지 말지 뭐. 아무 일도 없던 것처럼 나만….'

그러다가 번쩍 정신이 든 거죠. 나만이라고? 나 스스로에게 이렇게까지 해가면서 저 옷이 그토록 절실해? 그런 생각이 든 순간 정신을 차린 거죠. 어떻게 이렇게 바닥이 다 보일 수 있을까 싶더군요.

하지만 그때뿐, 다시 시간이 지나면 또 같은 갈등을 하고 있는 나를 몇 번은 더 경험했답니다.

재밌는 노래가 있더군요. 치킨은 살 안 쪄요, 살은 내가 쪄요.

야식으로 먹는 치킨 때문에 살이 찐다는 말을 한번 분석해볼까요? 치킨 때문에 라고 내가 살이 찌는 이유를 말하고 있지만 진짜 이유는 그 치킨을 주문하고 먹은 나 때문이라는 사실. 치킨 때문에 살이 찌는 것이 아니라 치킨 먹는 것을 선택한 나 때문에 살이 찌는 거라는 걸 살짝 외면하고 싶은 마음 아닐까요.

멋진 신상 원피스 때문에 지갑이 비고 옷장이 미어터지는 게 아니라 '그것을 선택한 나 때문'이라는 것을 알게 되고 나니, 결국 변화의 열쇠는 내게 있다는 것을 깨달은 거죠.

    그대 L은 치킨 좋아해요? 나는 엄청 좋아하거든요. 언제 치맥 함께 할까요? 치킨은 살 안 쪄요. 그죠? 살은 우리가 찌는 거죠. 치킨을 선택한 내가 원인이고요.

그대 L도 샘정이 한 갈등처럼,
스스로에게 변명을 해본 경험이 있나요?

....
....
....
....

매일이 생일이에요

 습관을 바꾸거나 좋은 습관이 생기도록 하는 그대 L만의 노하우가 있나요? 하루를 끝내고 내 어깨를 토닥토닥해주며 "수고했어, 고마워"라고 하는 거 습관이 되었나요? 지금 한번 해볼까요?

한 손을 들어 그대 L의 어깨를 토닥토닥해주어요. 목소리 내어 사랑을 속삭이듯이 말도 해주어요. 수고했다고, 고맙다고. 그리 큰일이 아님에도 아직도 낯설고 어려운가요? 익숙하지 않은 것을 한다는 건 아무리 작은 일이어도 결코 쉽지가 않죠. 그래서 좋은 습관을 들이는 것이 어려운 건가 봐요. 그래도 우린 지금 연습하는 연습을 하는 중이니 해보기로 해요.

그대 L은 어떤 습관이 생겼으면 좋겠어요? 아주 사소한 것 같지만 잘 안 되는 것이 무엇인가요? 한 가지만 적어볼까요?

....

....

첫 아이를 가졌을 때 입덧이 무지 심했는데 그때부터였던 것 같아요. 아침에 일어나 침대 정리하는 것이 그렇게 귀찮더군요. 그런데 또 퇴근해서 안방 문을 열었을 때 아침에 쏙 빠져나온 그대로의 흐트러진 침대 풍경도 싫고. 그래서 아침에 일어나자마자 침대 정리를 해야겠다고 결심했지만 막상 아침이 되면 바쁜 마음에, 빨리 출근해야 한다고 변명하며 또 안 하고 나가고 퇴근해서는 아침에 하고 갈 걸… 하며 후회하고. 그 다음 날은 또 어제와 같이 반복되고.

그리고 한 가지 더. 양치질. 이상하게 양치질을 오래하기가 싫은 거예요. 치과의사들이 말하는 3분은 고사하고 1분도 채 하지 않고 끝내버리는 습관이 들어 있었던 거죠. 이유를 생각해보니 십대 때부터 기분이 좋지 않을 때마다 양치질하면서 우울한 기분을 털어버리려던 버릇이 있었고, 그러다 보니 양치질을 오래하는 날은 우울하거나 기분이 나쁠 때라는 인식이 자리 잡게 되어 양치질을 최대한 빨리 끝내버리게 된 것 같아요. 이 두 가지 습관을 고치기 위해 생각해낸 것이 생일 축하 노래였습니다. 그대 L도 알죠? 이 노래. 그대 L의 생일이라 생각하고 불러줄게요. 샘정이 노래를 아주 잘 불러요. 한때 성악꿈나무였다니까요. 그대 L도 함께 불러요.

♬생일 축하 합니다. ♬생일 축하 합니다.
♬사랑하는 그대 L의 ♬생일 축하 합니다. ♬

어때요? 이 노래를 부르면 기분이 좋아지죠? 그래서 하기 싫은 일을 할 때 이 노래를 부르면서 하기로 했어요. 이 노래를 '아주 느긋한 마음으로 천천히' 부르면 약 20초 정도의 시간이 걸려요. 20초 정도 걸리도록 느긋한 속도로 부르는 것을 먼저 연습했어요. 빨리 빨리 대신 삶의 속도를 늦추는 습관까지 함께 들이면 좋겠다 싶어서요.

놀라운 건, 침대 정리는 '생일 축하 합니다 생일 축하 합니다 사랑하는 샘정의 생일 축하 합니다'를 한 번만 부르면 깔끔하게 끝난다는 거예요. 너무 신기했어요. 그동안 아침에 고작 20초의 시간을 내지 못했었단 말인가 싶었어요. 매일 아침 일어나자마자 느긋한 마음으로 생일 축하 노래를 부르니 기분도 좋아지고요.

양치질은 처음부터 너무 욕심내지 않고 일단 식구들의 생일을 한 번씩 축하하기로 했어요. 내 생일 축하하고, 남편 생일도 축하하고, 딸의 생일도 축하하고. 이번에도 놀란 것이 생일 축하 노래를 부르는 동안 양치질하기가 쉽지 않다는 사실에 그동안 얼마나 양치질을 짧게 했었는지 깨닫게 되었어요.

잠옷 바지를 벗어 곱게 개는 데 걸리는 시간은 얼마나 걸릴까요? "생일 축하 합니다" 까지만 하면 끝. 윗도리도 "생일 축하 합니다"를 한 번 더 하면 끝. 그동안 휙, 하고 던져두었던 것을 깔끔하게 정리할 수 있게 되니 너무 좋더군요.

작은 것부터, 즐거운 마음으로 습관을 만들어가면서 점차 어려운 미션으로 확장해 가 보세요.

아이들에게 감사 일기를 쓰게 하여 처음에는 매일 1개의 감사한 일을 적도록 하고 한 달 정도 지나서 3개로 늘려 보았더니 충분히 가능하더군요. 그래서 욕심내서 5개까지 쓰게 했다가 무참히 실패한 경험이 있어요. 습관은 욕심내는 순간 실패라는 무서운 손톱을 드러내는 것 같아요. 조금씩조금씩, 느긋한 마음으로 반복하면서 완전히 내 것이 될 때까지 기다리는 시간이 필요해요. 여러 책에서 어떤 것이 습관이 되는데 60일이 걸린다, 90일이 걸린다 등 다양한 기간들을 이야기하는데, 평균적인 데이터는 있겠지만 그 역시 사람마다 다르다 생각해요. 얼마의 시간이 걸리는지 재는 것보다, 즐거이 그 시간을 지내면 어느새 내 것이 되어 있을 거예요. 그대 L만의 '즐거이' 할 수 있는 방법을 찾는 것이 중요한 거죠.

생일 축하 노래는 다양한 응용이 가능해요. 예를 들어 중요한 계약이 있는데 그 계약이 꼭 성사되기를 바란다면 아침에 침대 정리를 할 때 이렇게 노래를 하는 겁니다. 이미 계약이 되었다 생각하고 신나게 부르는 거죠.

♬계약 축하 합니다. ♬계약 축하 합니다.
♬샘정의 계약 성사 ♬축하축하 합니다. ♬

진짜 오늘이라도 당장 계약이 이루어질 것 같은 기분이 들면서 침대 정리도 신나고 하루 출발도 신나게 됩니다.

흐트러진 침대와 그 위에 던져진 잠옷 대신, 깔끔하게 정리된 침대와 반듯하게 개어 놓은 잠옷이 주는 느낌은 많이 다르죠?

매일 아침에 눈을 뜰 때마다 새로운 삶을 사는 기분, 매일을 생일처럼 시작하는 것, 멋지지 않나요?

작지만 습관을 고친 경험과 그 방법을 이야기해주어요.

....
....
....

성형했어요, 그것도 아주 많이

"난 이거 못 풀어 못 풀어."
"난 이거 몰라. 못 해 못 해 진짜 못 해."

수업시간에 탐구 과제를 내면 이 말이 가장 먼저 나오는 아이들이 있어요. 일단 '못 한다', '할 수 없다'는 말을 하고 시작하는 아이들. 그리고 과제 해결하는 내내 그 말을 반복하지요.

그런데 또 어떤 아이는 같은 상황에서 "해보자" 또는 "할 수 있지 싶다"는 말을 하기도 하지요.

그대 L은 어떤가요? 못 한다는 말을 자주 하나요? 할 수 있다는 말을 많이 하나요?

잠재의식의 능력에 관해서는 어떻게 생각해요? 나는 잠재의식의 위력은 엄청나고, 그것의 출발은 내가 하는 말이라고 생각해요. 많은 사람들이 샘정에게 묻곤 합니다.

"샘정도 하루가 24시간 맞죠? 우리하고 똑같은 거 맞죠? 그런데 어떻게 그 많은 일들을 다 해요?"

샘정의 대답은 늘 같습니다.

"대충 하면 되어요."

사람들은 '대충'에 초점을 맞추는 경우가 많더군요.

"말은 대충 한다고 하지만 대충 해서 안 되는 것들도 많잖아요."

하지만 샘정이 한 말의 핵심은 '되어요'에 있어요. '대충'만 빼면 '하면 된다'는 말인데 대충이 붙느냐 붙지 않느냐에 따라 말의 뉘앙스가 많이 다르게 느껴지죠. 어떻게 그 많은 일들을 하느냐는 질문에 그냥 "하면 돼요"라고 하면 무지 거만해 보이지 않나요?

하지만 앞에 '대충'이 붙고, '돼요'를 '되어요'로 바꾸면 '하긴 여러 가지 하는 것 같지만 제대로 하는 건 별로 없어요. 보기에 많이 하는 것처럼 보이는 거예요' 라는 의미로 들리는가 봐요. 말이라는 게 정말 오묘해요.

나에게 '대충'이라는 의미는 예전처럼 기를 쓰고 완벽하게 최고가 되기 위해 힘을 축내는 게 아니라, '술술술, 설렁설렁 놀며 즐기며' 라는 의미를 담고 있어요. 그리고 '되어요'는 된다는 확신에 찬 말이고요. 어떤 일이든 즐기며 하니 되더라는 것은 많은 경험을 통해 얻은 나름의 확신인 거죠.

'대충 하면 되어요.'

내가 나에게 거는 최면이지요. 나의 잠재의식에게 전하는 메시지. '나는 즐기면서 목표한 바를 이룰 거야. 그러니 나의 모든 능력을 총동원하여 일이 되는 방향으로 에너지를 모아주기 바라'라는, 부드럽지만 강력한 메시지지요. 무슨 일이든 일단 말로 나에게 메시지를 전달해보세요.

"해보지 뭐. 그러면 되겠지."

무심한 듯 시크하게, 꼭 기억해두세요. 아주 강력한 메시지랍니다.

그대 L은 성형한 적 있나요? 아니면 성형하고 싶은 곳이 있나요?

솔직히 고백하면 나는 성형했어요. 그것도 아주 많이.

가장 많이 한 것은 말투 성형이에요.

한다고 되겠나? 못 해 못 해, 나는 복이라곤 눈곱만큼도 없는 사람이야, 지지리 운도 없어 등등의 부정적인 말투에서,

해보지 뭐. 나는 복이 많은 사람이야, 나는 운이 너무 좋아 등등의 긍정적인 말투로.

고백 하나 더 할까요? 샘정이 예쁜 이유도 바로 성형 덕분이에요. 알죠? 자뻑 샘정이라는 거? 성형의 방법은 간단하고 쉬워요. 단돈 100원도 안 드는 아주 경제적인 성형 방법이에요.

거울 앞에 선다.

거울 속에 비친 내 얼굴을 본다.

거울 속의 나를 향해 활짝 웃어준다.

나를 향해 웃고 있는 거울 속의 나에게 말한다.

예쁘다, 예쁘다, 진짜 예쁘다.

그리고 다시 활짝 웃어준다.

마지막으로 이렇게 말한다.

나는 매일매일 예뻐질 건데 우리 같이 예뻐지자.

성형 끝입니다. 이건 진짜 효과 확실한 성형 방법이에요. 바로 내가 그 증거거든요. 완벽 보장해요. 얼마나 효과가 있는지 어머니께서 이렇게 말씀하셨다니까요.

"니는 갈수록 예뻐지노. 나이가 들어도… 어째 더 예뻐지노. 이렇게 자꾸 예뻐지면 죽을 때 진짜 아깝겠다."

어머니라서 판단력이 흐려질 수 있다고요? 우리 학교 선생님도 그랬는데요!

"처음 만났을 때보다 갈수록 더 예쁘다는 생각이 드는 사람은 잘 없는데 부장님은 3년 전에 처음 봤을 때보다 점점 더 예뻐지는 것 같아요. 솔직히 나이는 더 들어가는데."

사람은 관계를 나누면서 그 사람을 인식하게 됩니다. 만약 자신을 향해 활짝 웃어주는 사람, 다정하게 말 걸어주는 사람,

가끔은 칭찬해주고 응원의 말을 해주는 사람이 있다면 그를 어떻게 생각할까요? 점점 더 예쁘다는 생각이 들지 않을까요?
　그대 L도 성형, 어때요?

그대 L은 무엇을 어떻게 성형하고 싶은가요?

....
....
....
....
....

진짜 탈코르셋은?
나는 늘 예쁩니다

그대 L도 예뻐지고 있겠죠?
성형 미인 샘정은 오늘도 살짝살짝 티 안 나게 계속 성형하면서 살고 있답니다.

"선생님, 오늘 예뻐요."

"그래? 이상하네. 나는 늘 예뻤는데."

아주 뻔뻔하죠? 당당한 성형 미인이에요.

"아하, 어제보다 더 예뻐져서 그런가 보네."

'공부는 수업 시간에만 하는 것이다'라는 원칙을 지키려 집에서 해야 하는 과제를 내는 일이 거의 없는 샘정이지만, 자기를 유난히 사랑하지 못하는 아이에게는 과제를 냅니다. 과제를 위한 교구는 거울. 예쁜 손거울을 주면서 과제를 냅니다. 아이에게 직접 시범을 보이면서요.

"이렇게 매일 이 거울을 보면서 소리 내어 말하는 거예요. 예뻐. 난 예뻐. 정말 예뻐. 어떻게 해야 하는지 선생님이 하는 거 잘 봤죠?"

마주칠 때마다 활짝 웃으면서 상냥하게 물어봅니다.

"주미양, 거울 봤어요?"

처음에 아이는 고개를 들지 않고 나를 피하지요. 그 아이에게로 가까이 가서 말합니다.

"과학 쌤이 낸 과제는 꼭 해줘, 부탁해요."

그런 만남이 이어지다 보면 거울 보았냐는 물음에 아이는 살짝 아주 살짝 고개를 끄덕이고요.

"고마워요, 주미양. 그런데 거울 보는 것만이 과제가 아닌 거 알죠? 쌤의 과제, 부탁해요."

또 그렇게 시간이 흐르고 거울 보았냐는 물음에 아이의 고갯짓에 힘이 들어가면 거울 보고 예쁘다 말해주었냐고 물어보지요. 아이가 고개를 살랑살랑 흔들어도,

"예쁜 주미양, 부탁해요." 라고 말합니다. 그렇게 시간이 흘러 어느 날 예쁘다 말해주었느냐는 물음에 살짝 고개를 끄덕이는 날이 온답니다. 그러면 다시 한 번 시범을 보여주지요.

"과제를 정확히 파악해야 해요. 쌤이 얼마나 감탄하며 온몸으로 말하는지 잘 보세요. 예쁘다. 정말 예뻐. 나는 정말정말

예쁘다. 잘 봤죠? 이제 과제 검사 한번 해볼까요? 주미양이 한 번 해봐요."

그대 L, 지금 사랑하는 사람이 있나요? 사랑하는 사람에게 왜 날 사랑하느냐 물었더니 이렇게 대답을 한다고 해봐요.

"당신을 사랑하는 조건들이야 너무 많죠. 그대 L은 얼굴이 내 주먹만 해요. 게다가 남들 모두 부러워하는 예쁜 얼굴이고요. 키도 크고, 날씬하게 몸매도 끝내주고, 공부도 잘했고, 좋은 대학 나왔고, 남들이 부러워하는 직장에 다니면서 외제차도 몰고 다니잖아요. 입고 신고 들고 다니는 거 모두 명품이고, 게다가 부모 잘 만난 금수저고. 성격 좋아 누구를 만나도 쉽게 친해지고, 남 앞에서 당당하게 말도 잘하고, 이렇게 부족한 거 없고, 못하는 게 하나도 없이 완벽한 당신이니까 사랑하는 거죠. 이런 조건들이 맞지 않다면 당신을 사랑할 수가 있겠어요?"

그대 L, 사랑하는 사람으로부터 이런 말을 들으면 어떨 것 같아요? 우리가 듣고 싶은 말은 이렇지 않을까요?

"그냥… 당신을 사랑하는 데 이유가 있나요? 그냥 사랑하는 거죠. 굳이 조건들이 필요한가요? 아니 조건이 무슨 소용이에요."

노래방 애창곡도 있잖아요.

당신을 향한 나의 사랑은 무조건 무조건이야.
당신을 향한 나의 사랑은 특급 사랑이야.

당신을 향한 사랑은 무조건이고 특급 사랑인데 나를 향한 사랑은요? 나를 향한 사랑 역시 무조건의 특급 사랑이어야 하지 않을까요?

많은 사람들이 자신을 사랑할 수가 없다고 합니다.

수많은 이유를 들면서 자신을 사랑할 수 없다고 해요. 아이들에게 자기를 사랑하게 해주고 싶다는 마음에 '나의 자랑거리 찾기'를 했던 적이 있었어요. 자신을 사랑하기 위해 자랑스러운 점들을 찾아보자는 취지로 매일 하나씩 자랑거리를 찾아 한 학기 동안 채워가는 것이었지요. 나도 이런 자랑거리가 있으니까, 나도 이렇게 잘하는 것이 있으니까 사랑해보자.

그러다 어느 날 문득 깨달았어요. 나를 향한 사랑은 조건부 사랑이 아니라는 것을. 자랑거리가 많고 거창해야 많이 사랑하고 그렇지 못하면 사랑할 수 없다?

"나를 사랑할 조건이 있어야 말이죠. 얼굴이 예쁘기를 하나, 키가 크기를 하나, 소위 말하는 S라인과는 거리가 멀어도 너무 멀죠. 학교 다닐 때 공부도 그저 그랬고, 대학도 남들 물을까 두렵고, 외제차는 고사하고 경차 근처도 못 가보고 만원 버스에 지하철에 치여 살면서 아직 제대로 된 직장도 없어요. 입고 신고 들고 다니는 거 모두 저렴이들이고, 부모 못 만난 대표 흙수저. 주변머리도 없고 사회성도 없어 사람들과 쉽게 친해지지도 못하고, 사람들 앞에 서면 얼굴도 제대로 못 들고 우물우물, 나도 무슨 말을 하는지 모를 정도인데. 이렇게 제대로 하는 거 하나 없고, 부족한 거 천지인 나를 사랑할 수가 있겠어요? 사랑할 이유가 없는데, 조건이 맞지 않는데 어떻게 내가 나를 사랑할 수 있겠어요?"

우리는 이렇게 자신을 사랑하기 위해 필요하다며 수많은 조건들을 내세우고 있는 건 아닐까요?

한용운 시인은 〈사랑하는 까닭〉이라는 시에서 '다른 사람은 나의 홍안만을 사랑하지만 당신은 나의 백발도 사랑하기 때문'이라 말하고 있어요. 당신은 아무 조건 없이 나의 모든 것을, 있는 그대로 사랑해주기 때문이라는 의미겠지요.

나를 사랑함도 이래야 하지 않을까요? 내가 가진 장점을 적어보면서 나를 사랑할 수 있는 조건을 찾는 것이 아니라 '있는 그대로의 나를 사랑하는 거.' 이것이 내가 나에게 해주어야 할 가장 중요한 것이라고 생각해요.

탈코르셋 운동이 뜨겁다고 합니다. 머리를 짧게 자르고, 하이힐을 벗고, 립스틱을 부러트리고, 브래지어를 벗은 사진들과 함께 #저는예쁘지않습니다 라는 해시태그가 번지고 있다고.

나는 예쁩니다.

아무도 나에게

코르셋을 입어라

여성스러운 치마나 원피를 입어라

화장해라

찰랑거리는 긴 생머리를 해라

예쁘고 날씬해라

강요하지 않습니다.

'강요'도 인식의 문제가 아닐까요?

탈코르셋의 국어사전적 의미는 '보정 속옷을 뜻하는 코르셋을 벗어난다'는 말로, 남의 시선을 의식해 억지로 꾸미지 않을 것을 주장하는 사회적 운동을 말합니다.

〈문학비평용어사전〉에 나와 있는 페미니즘의 의미는 이러합니다.

'여성의 특질을 갖추고 있는 것'이라는 뜻을 지닌 라틴어 '페미나(femina)'에서 파생한 말로서, 성 차별적이고 남성 중심적인 시각 때문에 여성이 억압받는 현실에 저항하는 여성해방 이데올로기를 말한다. 여성을 여성 자체가 아니라 남성이 아닌 성 혹은 결함 있는 남성으로 간주함으로써 야기되는 여성문제에 주목하면서 올바른 전망을 제시하려는 일련의 움직임을 포함한다. 즉 여성을 억압하는 객관적 현실을 올바르게 파악하고 그

해결을 모색하는 것, 남성 특유의 사회적 경험과 지각 방식을 보편적인 것으로 표준화하려는 태도를 근절시키는 것, 스스로 억압받는다고 느끼는 여성들의 관심사를 체계적으로 이해하려는 것, 여성적인 것의 특수성이나 정당한 차이를 정립하고자 하는 것 등이 페미니즘의 목적이다. 때문에 페미니즘에서 문제삼는 것은 생물학적인 성(sex)이 아니라 사회적인 성(gender)이라고 한다.

블로그 이웃의 탈코르셋에 관한 글에 내가 쓴 댓글입니다.

페미니스트라 말한 적 없고, 결혼했고, 아이도 둘이나 낳은, 매일 출근하지만 화장은 에센스와 크림이 전부, 가끔 빨간색 틴트 바르고, 원피스 무지 좋아하는 50대 후반, 중학교 교사입니다.
호피 드레스 입고 출근하기도 하고, 찢어진 청바지도 좋아합니다. 얼마 전에는 뽀글머리 했더니 다들 왜 그랬냐??
하고 싶어서… 라고 대답합니다.
하이힐 마니아이고 그중 빨간색 구두를 가장 좋아하는데 요즘은 힘들어서 운동화도 자주 신습니다.
그냥 내가 좋아서, 내게 어울리고 나를 빛나게 해준다고 생각하면 선택합니다. 타인의 시선은 대부분 자신들의 가치나 취향을 전제로 이야기한다는 것을 알기에… 그냥 미소로 대답하고 내 맘대로 합니다.

학교에서나 가정 모두 수평구조여야 한다고 생각하고 그렇게 살고자 합니다.

요리는 내가 많이 하지만 그건 내가 좋아해서이지 여자여서는 아닙니다. 그래서 가족들의 특별한 주문이 있거나 하지 않으면 내가 먹고 싶은 걸 만듭니다. 내가 먹을 밥상에 그들의 숟가락을 얹어주는 거지요. 하기 싫을 때는 주방문 과감히 닫습니다. 집안일은 주부의 몫이 아니라 가족의 일이라 생각하고 가족 모두가 서로의 일이라 생각하며 함께해야 한다고 생각하고 독립한 30대와 20대의 두 아이도 남편도 그렇게 생각하고 가족의 구성원으로서, 개인으로서의 역할을 조율하면서 살고자 함께 노력합니다.

내가 원하는 삶은 수평적 관계에서 서로가 잘 조화를 이루며 살아가는 것이지, 남자다 여자다, 무슨 무슨 주의다 이런 거 아닌, 사람으로서 서로를 인식하며 더불어 살아가는 것입니다.

물론 남편은 보통의 남자였기에 처음에는 갈등도 있었지만 같이 행복해지는 방법을 찾고자 함에 대한 그의 열망도 나 못지 않았기에… 함께 시행착오도 거쳐가며 조금 더 나은 방법을 찾으며 왔고, 아이들은 그런 부모를 보며 자라면서 자신들의 생각과 판단을 보태어 자신들의 가치를 만들어가고 있다 생각합니다.

내가 원하는 삶이 무엇인가에 대한 답을 찾는 것이 가장 중요하다고 생각해요.

나를 위해, 내가 원하는 것을 한다면 무엇을 입든 무엇을 바르고 안 바르고는 단지 선택의 문제라고 생각해요.

이제 선택해볼까요?
아무도 나에게 강요하지 않지만
세수하고
머리도 손질하고
에센스와 크림도 바르고
편안하게 티셔츠를 입을 수도 있고
원피스를 입고
빨간색 립스틱을 바를 수도 있습니다.
세수하지 않고 헝클어진 머리는 내가 싫습니다.
입고 잤던, 세수하면서 젖은 티셔츠도 내가 싫습니다.
누구에게 예쁘게 보이고 싶어서가 아니라 나는 원피스를 좋아해서 입고
가끔 빨간 립스틱을 바르기도 합니다.
이미지메이킹 지도사 자격증을 따기 위한 공부에서 강사는 그러더군요. 진하고 빨간 립스틱을 직장에 갈 때 하고 가면 안 되지 않겠냐고. 때와 장소에 어울리는 차림은 중요하다고.
그런데 샘정은, 이미지메이킹 지도사 1급 자격증까지 있지만

빨간 립스틱 바르고 직장인 학교에도 잘 갑니다.
샘정이 자주 하는 말 알죠?
나는 예쁩니다.
나는 단 하루도 예쁘지 않은 날이 없답니다.
샘정이 생각하는 진짜 탈코르셋은 내가 나를 있는 그대로의 모습으로 예뻐하고 사랑할 때라고 생각해요. 어떤 것을 입고 어떤 차림을 하느냐의 문제가 아니라 진정으로 내가 나를 사랑하고 예뻐한다면 그 어떤 것도 나의 선택의 문제라고 생각해요.
세상이 그렇지 않으니까,
남자들이 그렇지 않으니까, 라고 외칠 수 있지만
그러기에 더더욱 단단하게
'나'로서 중심을 잡아야 한다고.

대립을 통해서가 아니라
단단하지만 유하고 따뜻한 나의 카리스마를 담아
나는 나로서 충분히 예쁩니다~~~
라고 말할 수 있기를.

그대 L, 지금 그대에게 사랑을 고백해보세요. 조건 없이 사랑하겠다는 맹세를 해보아요. 알죠? 생각한다고 바로 되는 것은 없지만 무엇이든 연습하면 조금씩조금씩 된다는 거.

마음 운전사

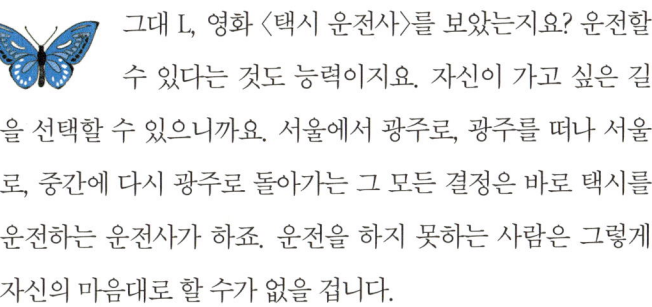 그대 L, 영화 〈택시 운전사〉를 보았는지요? 운전할 수 있다는 것도 능력이지요. 자신이 가고 싶은 길을 선택할 수 있으니까요. 서울에서 광주로, 광주를 떠나 서울로, 중간에 다시 광주로 돌아가는 그 모든 결정은 바로 택시를 운전하는 운전사가 하죠. 운전을 하지 못하는 사람은 그렇게 자신의 마음대로 할 수가 없을 겁니다.

그대 L의 마음을 움직이는 마음 운전사는 누구인가요? 우리는 종종 말하지요. 내 마음이거든. 내 맘대로 할 거거든 등등. 맞아요. 우리 마음의 운전사는 바로 우리인 거죠.

그대 L은 그대 마음을 잘 운전하고 있나요? 베스트 드라이버인가요?

우리 삶에도 종종 장애물이 생기죠. 그래서 우린 이렇게 말하기도 하고요. 내 맘대로 되는 게 없어. 내 맘 같지 않아. 내 맘하고는 다르게 흘러가는 걸 어쩌라고 등등.

하지만 그런 상황에서도 결국 우리 마음의 운전사는 여전히 우리라는 사실에는 변함이 없어요.

그대 L에게 말해주어요. 나는 베스트 드라이버라고. 그리고 안전수칙을 한 번 읽고 시작하는 겁니다. 소리 내어 말해주세요.

1. 오늘은 좋은 날이 될 거야.
2. 오늘 만나는 사람들은 나에게 행운을 가져다주는 좋은 인연일 거야.
3. 오늘 하루 복 많은 날이 될 거야.

이제 출발해볼까요? 아, 늘 먼저 인사하기도 잊지 말기로 해요. 내 마음을 잘 운전하는 방법 중 하나인데, 누구를 만나도 미소 지으며 먼저 인사하는 것이 엄청 효과가 좋거든요. 상대가 멀뚱히 쳐다보아도, 고개만 까딱하여도, '처음 보는 사람이 왜 나에게 인사를 하는 걸까?' 라는 눈빛을 해도, 전혀 개의치 않고 다시 한 번 더 미소 지으며 마무리.

비 오는 월요일 샘정의 마음 운전 이야기를 들어볼래요?

회의가 있는 월요일, 어제부터 미리 비가 온다는 소식에 택시를 타리라 마음을 먹고 있었지요. 출근 준비를 하면서 택시를 호출하는데 가까운 곳에 택시가 없다 하고 시계침은 똑딱거리더군요. 크게 망설이지 않고 호출 취소. 그리고 스스로에게 말합니다.
'택시는 바로 잡힐 거야. 택시는 바로 있을 거야.'
정말 택시는 금방 왔고, 택시를 타면서 언제나 그랬던 것처럼 먼저 인사를 했어요.
"반갑습니다."
그리고 조금 덧붙였습니다.
"기사님 정말 감사해요. 비가 와서 택시 부르려니 호출이 안 되었는데 이렇게 저를 기다렸다는 듯이 와주셔서 정말 너무 감사드려요!"
그리고 한마디 더.
"제가 오늘 운이 좋네요. 그죠?"
택시 기사님이 이러시더군요.
"손님이 타주니까 제가 고맙지요."
"오늘 저희 두 사람 모두 운이 좋은 날인가 봐요."
우리는 머피의 법칙에 관해 종종 이야기를 하죠.
"하는 일마다 왜 이렇게 되는 게 없는 거야?"
"아이 C~~뭔데? 이러다가 지각하고 직원회의에도 늦는 거 아냐?" 라고 생각하는 순간 머피의 법칙이 이미 딸칵, 하고 시작이 될지도 모를 일입니다. 빨리 나가서 택시를 잡아야겠다는 생각에 급하게 서두르다 어딘가에 툭, 하고 부딪칠 수도 있고, 챙겨야 할 물건을 빠트리고 나올 수도 있고, 걱정하여 한마디 하는 가족에게 괜히 쏘아붙여 마음을 상하게 할 수도 있고, 우산을 급하게 펴려다가 사고가 날 수도 있고 등등.

거기다 겨우 탄 택시의 기사가 "빗물 좀 털고 들어오지…" 하면서 감정을 긁는다면? 결국 지각을 하고 회의에 늦어버리고. 마침 관리자는 출근 시간 잘 지키라는 말로 회의를 시작하고. 하루를 마감할 때 이렇게 말할지도 모르지요.

"오늘 하루는 진짜 되는 일이 하나도 없었어. 정말 최악이야."

반면에 샐리의 법칙을 아는지요?

머피의 법칙과 반대로 뭘 해도 되는, 계속하여 내가 원하는 대로 일들이 진행될 때를 의미한답니다.

중요한 사실, 경험을 통해 알게 된 것은 바로, 머피도 샐리도 내가 불러온다는 겁니다.

호출이 안 된다고 마음이 급해져서 시야가 좁아지면,

"에이 이러다 지각하는 거 아냐? 다시 해보자, 다시 해보자. 도대체 택시들은 다 어디 간 거냐? 다시 한 번…."

이렇게 부질없는 노력을 하다가 머피가 바싹 내 옆에 다가오는 것도 눈치 채지 못하는 거죠. 성질내며 계속 호출 시도를 하느라 결국은 적지 않은 시간을 흘려보내고, 그로 인해 그다음 일들도 나쁜 상황에서 일어날 수밖에 없는 거죠.

"비 오는 월요일이라 다들 택시를 타나 보네! 그럼 호출은 포기."

감정적으로 흔들림이 없으니 이성적으로 다음 일을 대처할 수 있겠죠? '택시는 곧 올 거야. 내가 나가기만 하면 택시는 올 거야'라는 긍정적인 암시를 하면서요. 그런데 신기하게도 가끔 예외가 있기는 하지만 오늘처럼 일이 원하는 대로 척척 흘러갈 때가 많더라는 거죠. 이럴 때 꼭 잊지 않는 건 감사의 말입니다. 바쁜 출근길에 기다렸다는 듯이 와준 기사에게 너무 감사하다는 말을 한 것처럼요.

그리고 하나 더, 샘정이 늘 입에 달고 사는 이 말도 잊지 말고요.

"나는 정말 운이 좋은 사람이에요."

앞에서 말했듯이 생각과 말에는 힘이 있습니다.

줄리의 법칙이라는 것도 아나요? 마음속으로 간절히 바라는 일이 예상치 못한 과정을 통해서라도 꼭 이루어진다는 법칙이죠.

머피도 샐리도 줄리도 결국은 내가 어떻게 생각하고 무엇을 선택하는가에 따라 달라집니다. 내 인생의 열쇠는 내 손에 쥐어져 있으니까요.

그대 L도 마음 운전의 베스트 드라이버가 되어보세요.

아, 마음 운전이라고 하니 생각나는 이야기가 있어요.

나의 첫 차였던 마티즈를 타던 시절, 퇴근길에 참으로 어처구니없는 일을 당했던 사건. 일기장에 아주 자세히 써둔 거 있죠. 내가 아주 많이 기특했었나 봐요.

차가 막혀 급한 마음에 골목길로 접어들었는데, 차종도 알 수 없는 아주 크고 멋진 차가 어정쩡하게 주차되어 있던 탓에 앞 차들이 쩔쩔매며 빠져나가고 내 차가 그 차 옆을 거의 다 빠져나왔다 싶은 순간 갑자기 내 차를 세게 두드리는 소리와 아주 거친 목소리가 동시에 들려왔어요. 조수석 쪽의 창문을 여니 갑자기 손 하나가 차 안으로 쑥 들어왔어요.

"야, 너 지금 무슨 짓이야?"

50대 중반쯤으로 보이는 남자가 다짜고짜로 내뱉은 한마디. 왜 그러느냐고 물으니 더욱 흥분하며 이렇게 말하더군요.

"너 미쳤어? 이 차 긁으면 어쩌려고 이래?"

"아저씨, 부딪친 것도 아니고 제가 보니까 충분한 공간이 있는데 왜 그러세요?"

"저쪽으로 붙여 저쪽으로. 이 차 긁으면 너 어쩔 거야?"

"이쪽에는 여유가 더 없어요. 그리고 제 차는 워낙 소형이라…."

"이게 무슨 말이 이렇게 많아. 너 정말 간도 커."

어처구니가 없었는데 더 어처구니 없는 말이 날아왔어요.

"긁힐 뻔했잖아. 그러니까 얼른 사과해. 내가 얼마나 놀랐는지 알어?"

급기야는 이런 말까지 하며 꼭 사과를 받아야겠다고 하더군요.

"이게 사과하라면 미안하다고 하면 될 것을 말이 많아. 마티즈 타고 다니는 주제에. 저 차가 얼마짜린 줄이나 알고 그래? 수리비가 니 차 값보다 더 나올 거다."

자기가 주차를 제대로 하지 않아 골목이 좁아졌고 그 길을 빠져나가느라 신경을 곤두세운 나에게 사과를 요구하는 황당한 사건. 고급 외제차를 긁은 것이 아닌 긁을 뻔했다는 이유로.

"아저씨도 사과하세요. 아저씨는 차값이 비싸지만 저는 제 몸값이 엄청 비싸거든요. 제가 아저씨 외제차 값을 상상 못하듯 아저씨도 제 가치를 상상도 못하실 걸요. 비싼 차 긁을 뻔했다고 사과하라니 저도 비싼 내가 상처 받을 뻔했으니 사과 받아야겠어요."

"이게 미쳤나?"

"그쵸? 미친 거 같죠? 저도 그렇게 생각해요. 미치지 않고서야 뻔~~ 했다고 사과하라고 하겠어요? 미친 거지."

"이거 순 개또라이 아냐? 마티즈 타는 주제에."

여기서 중요한 것은 내가 마티즈 타는 사람이라는 것을 인정하는 것. 그는 어떤 차를 타느냐가 중요하지 그 차에 어떤 사람이 타고 있는지에는 관심이 없는 사람이라는 것. 개또라이와 마티즈와의 상관관계는 전혀 없다는 거.

이럴 때 내게 물어보곤 합니다.

'이 사람이 내 인생에 몇 %를 차지하지? 0.1%도 차지하지 못하는 이 사람 때문에 내가 휘둘려 나의 소중한 시간들을 낭비하며 분노하고 힘들어할 필요가 있나?'

대답은 언제나 NO.

"마티즈 타는 주제에" 라는 말을 듣고 아파트 현관을 들어서는데 수위아저씨가 이제 퇴근하느냐며 한 마디 덧붙이는 말씀이 이랬어요.

"선생님, 차 바꾸셔야겠어요. 덩치에 어울리지 않아요. 큰 차로 바꾸세요."

비싼 외제차 긁지 않고 마티즈 운전도 잘했지만 마음 운전도 잘했던 나의 대답은 이랬답니다.

"아저씨, 저 이래도 마티즈에 쏙~ 들어가요."

진짜라니까요. 쏙~ 들어가니 타고 다녔겠죠?

그대 ㄴ, 마음 운전에서 성공했던 이야기를 들려주어요.

....
....
....
....
....

니가 실망하세요

"선생님, 오늘은 왜 평범하게 입었어요?"
과학실에 들어오며 한 아이가 이렇게 묻더군요.
"그래요? 평범하게 보여요? 선생님은 늘 예쁘게 입는다고 생각하는데…."

그러면서 재빠르게 오늘 들어갈 들머리 교육의 주제를 바꾸어 빨강머리 앤의 한 구절을 소개했어요.

린드 아주머니의 '아무것도 기대하지 않으면 실망도 하지 않게 된다'는 말에, 앤은 '아무것도 하지 않는 것이 더 나쁘다'면서, '꿈을 꾼다는 것은 나에게 기대하는 것'이라 대답한다고.

"평범하다는 것은 뛰어나다거나 색다른 점 없이 보통이라는 의미지요. 그런 의미에서 선생님은 지금까지 단 한 번도 평범하게 입었던 적은 없었어요. 선생님은 누구에게 예쁘게 보이고 싶어서가 아니라 선생님 스스로가 입고 싶고 예쁘다고 생각하는 것을 입어요. 평범하다 내지는 예쁘지 않다는 것은 선생님의 기준이 아니라 보는 사람의 기준이라 생각해요. 내가 아무리 예쁘다고 입어도 보는 사람의 기준에 따라 예쁘지 않을 수도, 더 넘어서 '으, 어떻게 저렇게 입을 수가 있어!' 라는 이야기를 들을 수도 있지요. 물론 내가 입은 옷이 다른 사람들에게도 예쁘게 보인다면 더없이 좋겠지만, 입고 싶은 옷이 있어도 다른 사람들이 어떻게 생각할까를 너무 크게 걱정해서 입지 못하는 일은 없었으면 해요. 앤이 꿈은 누구를 위한 것이 아니라 나에게 기대를 하는 것이라 말한 것처럼, 옷을 입는 것도 다른 사람들에게 예쁘다는 말을 듣고 싶은 기대가 아닌 '나 스스로를 위한 것'이었으면 해요. 마찬가지로 공부를 하는 것도 꿈을 꾸는 것도 다른 사람이 아닌 나 자신을 위한 일이었으면 하는 바람입니다."

실망할 수 있는 방법은 쉬워요. 기대를 엄청 높게 잡는 거죠. 그러면 아주 쉽게 실망할 수 있을 겁니다. 또 한 방법은 타인의 평가에 기대를 가지는 거지요. 타인은 나와는 다른 생각과 기준들을 가지고 있기에 내가 원하는 평가를 해주지 않을 때가 많으니까요.

"쌤~~ 정말 멋져요. 너무 예뻐요. 오늘도 역시 최고의 패션이에요" 라는 찬사를 듣고 싶은 기대가 있었다면 오늘은 왜 평범하게 입었냐는 말에 실망하게 되겠지요.

그 대신 나는 이렇게 말했어요.

"오늘 선생님의 패션이 평범해서 실망했다면 이렇게 말해주고 싶어요. 실망은~~ 여러분이 하세요! 선생님은 전혀 실망하지 않았거든요. 여러분들의 취향에, 여러분들의 기대에는 미치지 못했지만 나의 기대에는 완벽 도달한 패션이니까요. 기억해요. 기대는 상대방에게 하는 것이 아니라, 나 자신을 위한 것이고, 나에게 하는 거라고."

새벽 한 시에 전화가 왔어요.

"쌤, 내 제일 친한 친구가 하필이면 얼마 전에 나한테 좋아한다고 고백한 그 여자애를 좋아한대요. 내가 미쳐버리겠어요."

"뭐가 문제인 거야?"

"뭐가 문제라니요. 알잖아요. 동진이. 내 제일 친한 친구라고요."

"그러니까 그게 뭐가 문제냐고?"

"그 자식이 하필이면 왜 그 애를 좋아하느냐고요!"

"그건 그 애 마음이잖아?"

"그 여자애는 나를 좋아한다고 말했고요."

"그건 또 그 여자애 마음이고."

"그러니까 내가 미치겠다는 거죠. 둘 다 나한테는 소중한 사람들이니까. 동진이가 그 애가 나를 좋아하는 거 알아봐요. 그 자식 곧 고백하겠다고 들떠 있는데."
"문제는 문제네."
"맞죠? 정말 미치겠어요. 동진이 어떻게 해요?"
"이 일의 핵심 문제는 동진이가 아냐. 가장 중요한 것은 너야."
"그러니까요. 중간에서 내가… 정말 미치겠어요."
"그런 방향이 아니라… 가장 중요한 문제는 그 여자아이에 대한 너의 마음이지."
"그건…."
"동진이를 빼고 생각해 봐. 너는 그 애를 어떻게 생각해?"
"어떻게 동진이를 빼고 생각해요. 동진이는 내 제일 친한 친군데. 그런 친구가 하필이면 그 애를 좋아한다는데."
"동진이 빼고 너는 그 아이를 어떻게 생각하느냐구."
"동진이 빼면… 아이 어떻게…."
"동진이 빼고, 완전히 빼고!"
"동진이 빼고는… 나도 사실 그 애가 좋아요. 그 애가 먼저 고백해줘서 너무 좋았고, 그래서 동진이한테 그 애 어떠냐고 물어봤던 건데… 그 자식이 자기가 좋아하고 있다고, 곧 고백할 거라고 하는 바람에."
"동진이 빼고는 너는 그 아이가 좋다는 거지?"

"네."

"그럼 간단하네. 그 아이의 마음을 받아줘."

"뭐가 간단해요? 동진이가."

"동진이 빼고."

"어떻게 빼요?"

"그 아이는 너를 좋아하다며?"

"네."

"네가 절친인 동진이를 위해 그 아이 마음을 거절한다면? 그 아이는 동진이와 사귄대?"

"네?"

"그 아이는 동진이가 아니고 널 좋아한다며? 그리고 너도 그 아이가 좋고. 그러면 그냥 둘이 좋아하면 되는 거잖아. 간단하네."

"뭐가 간단해요. 동진이가 끼여 있는데."

"그건 동진이 마음이지. 그것까지 네가 신경 쓸 게 아니라고 생각하는데."

"너무 잔인하잖아요."

"가장 잔인한 것이 뭔지 아니? 네가 동진이 때문에 그 아이 마음을 거절하는 거야. 그 아이는 거절당해 상처 받겠지? 좋아하는 사람을 포기해야 하니 너도 상처 받고, 그 여자애에게 상처를 주어 미안하고 마음 아프고. 그렇다고 동진이는 해피엔딩

일까? 너에게 거절당한 아이는 동진이가 고백한다고 해서 자신은 좋아하지도 않는 동진이와, 그것도 자신이 좋아하지만 거절한 너와 가장 절친인 동진이와 사귀게 될까? 만약 그 아이가 자기는 너를 좋아하고 있다고 이야기를 한다면 동진이는 어떨까? 동진이가 자기 때문에 네가 그 아이를 거절한 걸 알게 된다면? 셋 모두에게 가장 잔인한 선택이 되지 않을까? 그러니 동진이를 빼고 둘이 해피엔딩 해!"

"그래도 동진이가… 너무 마음 아파할 텐데요. 나한테 배신감도 느끼고 실망도 하고."

"그건 오로지 동진이의 몫이야. 배신감을 느끼고 실망을 해도 어쩔 수 없지. 네가 어떻게 해줄 수 있는 게 아니지 않니?"

"그래도…."

"그럼 셋 다 새드엔딩 할까?"

"진짜 잔인한 건 선생님이에요."

"총각, 타인의 감정은 우리가 어떻게 해줄 수 있는 게 아니야. 오로지 자신만의 몫이지. 그 여자애가 너를 좋아하는 것도 그 아이의 몫이고, 동진이가 그 여자아이를 좋아하는 것도 동진이의 몫이야. 네가 어떻게 해줄 수 있는 것은 없어. 오로지 너는 너의 감정을 따르면 되는 거야. 너를 세상 중심에 두고 결정하란 말 기억하지? 너는 빼버리고 상대방이나 상황만 생각하는 거 말고 오로지 너만 생각하면서 결정해야 해."

"죽을 것 같았다니까요. 목숨이 걸린 거라 전화한 거라고요."
"그랴? 지금도 목숨이 걸린 것 같아?"
"아니요. 하지만 솔직히 아직… 잘 모르겠어요."

그대 L, 때로는 자신의 생각과 감정을 우선시해야 할 상황이 오기도 해요. 누군가를 실망시키지 않기 위해 그대 L이 너무 아프거나 상처받지 않았으면 좋겠어요. 그편이 오히려 문제를 단순화시키는 방법이 될 수 있답니다.

줌 강연에서 이런 질문을 받았어요.

> 사람들에게 상처를 많이 받아요. 나는 진심으로 마음을 다하는데… 사람들은 그렇지 않은 거 같아요. 서운해서… 혼자 상처받고 말도 못하고 끙끙거려요. ㅠㅠ

> 샘정님은 서운하고 섭섭할 때 어떻게 하세요?

우리가 서운함을 느끼는 이유는 뭘까요?

기대 때문일 거예요. 이렇게 해주겠지, 이 정도는 하겠지, 라는 기대. 그 기대에 미치지 못하면 서운하고 섭섭하고… 내가 어떻게 해주었는데 이럴 수 있지, 하는 마음에 상처 받고.

교사를 하면서 아이들과 함께한 시간을 통해 배운 것 중 하나가 기대하지 않고, 미안해하지 않기랍니다.

기대하지 않기는 그럴 수 있다지만, 미안해하지 않기는 좀 놀랍죠? 우린 상대의 상황을 잘 알지 못하잖아요? 잘 알지 못하면서 맘대로 해석해버릴 때가 많고, 서운함으로 이어지죠.

아이들을 통해 배웠어요. 섣불리 판단하면 안 된다는 거. 날 향한 마음의 크기가 적어서가 아니라 나름의 이유가 있다는 것을. 더 중요한 것은 나도 많은 사람들을 서운하게 한다는 거죠. 난 절대 아니라 말할 수도 있지만 그건 상대의 몫이니 단정지을 수 없죠.

또, 마음은 해주고 싶지만 내 상황이 여의치 않을 때가 있잖아요. 그걸 일일이 다 설명할 수도 없어 애타던 경험도 있을 테고요. 그래서 서운해하지 않고 미안해하지 않게 되었어요.

내가 일일이 다 말하지 못하듯 상대도 그럴 테니 내 기대로 인해 서운해하지 않기.

비록 상대의 기대에 미치지 못하더라도 나는 나대로 내 상황에 맞추어 최선이니 미안해하지 않기.

상대도 나에게 서운해하는 것이 있을 거라는 걸 기억하고⋯ 그래도 서운한 마음이 쑥쑥 올라오면 혼자 판단하는 대신 물어봅니다. 이유가 무엇인지⋯.

그러면 대부분 이해하게 되더군요.

물론 그렇지 못할 때도 있어요. 그럴 때는 서운함 대신 인연을 생각합니다. 인연이 거기까지인가 보다… 하고.

물어보고, 대화를 해보고, 많이 애써야 하는 사이라 생각되면 서로를 위해서라도 인연을 마무리하는 게 좋다는 생각이에요.

지금 누군가를 실망시키고 싶지 않아
그대 L을 힘들게 하고 있는 일이 있나요?

....
....
....
....
....
....

까칠렐라를 아시나요?

 그대 L은 별명이 있나요? 학창 시절 선생님에게 별명을 붙여준 기억은요?

샘정은 35년이나 학교에 있다 보니 별명이 많아요. 그 중 하나가 '까칠렐라'랍니다. 신데렐라 언니 까칠렐라라고. 까칠렐라라는 별명에서 어떤 느낌이 풍기나요?

대중문화 평론가의 말을 빌리면 드라마에서 까칠남, 나쁜 남자가 인기 있는 이유는 그가 자신을 중심에 두고 있기 때문이라고 해요. 자기가 하고 싶은 대로 말하고 행동하며 당당하게 상대에게 요구하는 모습이 대리 만족을 시켜주기 때문이라지요.

아이들과의 수업은 질문과 대답의 연속일 때가 많아요. 학생들은 정보를 수집하여 답을 찾아가는 과정에서 종종,

"쌤이 그냥 답해주심 안 돼요?" 라고 하다가 곧 이렇게 말합니다.

"네, 안 되는 거 알아요."

그리고 대충 찾았다 싶으면 또 물어요.

"이거 맞죠?"

그리고 또 바로 자신들이 대답하죠.

"네, 아닌 거 알아요."

"과학 선생님이 무엇을 얼마만큼 원하는지는 처음에 정확하게 다 이야기했어요. 그 조건들을 모두 만족시켜야 한다는 거 알죠? 세상 그 어디에도 없어서 오로지 여러분들의 머리에서 생산해내야 하는 지식들이 필요한 과제가 아니잖아요. 정보는 어마무시하게 많아요. 이미 존재하는 지식 정보를 찾고 그 많은 정보들 중에서 우리의 과제를 해결하는 데 필요한 것만 고를 수 있는 힘, 그리고 선택한 정보를 재조합하여 나만의 글쓰기를 통해 재생산하는 능력이 중요하다는 건 입이 아프도록 늘 말하는 거죠? 매 과제마다 조금씩 원하는 정도가 많아지고 있다는 거 알아요. 하지만 늘 제자리에 머물러 있을 수는 없잖아요. 수업에는 무엇이 있어야 한다?"

"배움과 성장요."

"그렇죠! 이 수업을 시작하기 전과 진행하는 동안 그리고 수업이 끝났을 때 작은 변화가 있어야 하는 거죠. 배움이 늘어나고, 그를 통한 여러분들의 성장이 있어야 하는 거죠. 수업 전과 수업 후가 똑같으면⋯ 안 돼요. 그래서 아주 치밀하게 구성한 수업이에요. 그 과정을 제대로 밟아가다 보면 힘들어도 분명 여러분들의 배움도 많아지고 성장하게 될 거예요. 과학쌤 고집 알죠? 장인 정신에 가까운 까다로운 고집."
"너무 까다로워요."
"그래도 예쁘잖아요."
"치이⋯."
"인정할 건 인정하는 것도 중요한 성장이고 배움이에요."
"알겠어요, 알겠어요. 예뻐요 예뻐."
 학년을 시작하면서 이런 대화들이 몇 번 오고가니 아이들은 예쁘지만 까칠한, 그래서 신데렐라 언니 까칠렐라라는 별명을 선물해 주더군요.
 바로 답을 말해주지 않고 대화를 통해 끊임없이 질문을 던지는 것은 자기 주도적인 학습을 위해서이기도 하지만 또 다른 이유가 있어요. 자신의 이야기를 제대로 전달하는 연습이 많이 필요하다고 생각하기 때문이에요.
 그대 L은 하고 싶은 이야기를 잘 표현하는 편인가요?
 정확하게 자신이 원하는 바를 표현하는 것이 익숙하지 않은 사람들이 생각보다 많아요. 하고 싶은 말이 있어도 다른 사람들이 어떻게 생각할까 걱정하기 때문에 마음속에서 접어버리고 표현하지 않는 사람들.

그대 L은 화가 나려고 하면 어떻게 하는지요? 화는 제대로 내지 못하면 상대에게도 상처를 주고 나 자신도 많이 힘들어집니다. 화를 잘 내는 것은 매우 중요해요. 무조건 꾹꾹 참기만 해서도 안 되거든요. 혹시 '화 예고제'라고 들어봤어요?

나를 제대로 표현하는 한 방법으로 샘정이 선택한 방법이 '화 예고제'랍니다. 비가 올 수도 있다는 일기 예보처럼 화를 낼 수도 있다는 이야기를 미리 하는 거예요.

학년말이면 종종 발생하는 상황이에요. 12월에 학교 행사가 갑자기 많이 생기면서 수업 시수가 줄어들곤 해요. 마음은 그러죠.

'내 과학 수업보다 저런 다양한 체험들이 훨씬 더 중요하고 필요한 거야.'

그런데 문제는 미리 계획을 전해받지 못한 터라 나름 준비한 수업들을 못 하게 된 거였어요. 샘정이 제일 까칠렐라가 될 때가 바로 수업을 못 하게 될 때랍니다. 진도가 바쁜 상황이 되면 느긋하고 우아하게 수업을 할 수 없잖아요. 수업은 교사인 내게 가장 중요한 일인데 시간에 쫓겨서 하고 싶지 않기 때문이에요.

그래서 일주일에 다섯 학급에 두 시간씩 보강을 하려고 하니 5일 동안 매일 6시간의 수업을 해야 하는 상황. 가장 큰 문제는 내가 더 이상 젊지 않다는 겁니다. 체력이라는 너무도 현실적인 문제와 마주한 거죠. 아이들의 불만도 크고요. 아이들은 종종 양면성을 보이거든요. 진도를 너무 빨리 나간다거나 왜 진도를 다 나가지 않느냐고 짜증을 내기도 하지만 곧 방학이 다 가오는데 무슨 보강이냐며 불만을 터트리기도 해요. 이런 아이들과 10시간의 보강을 진행해야 하는 나이든 교사라는 현실….
"선생님이 학교에 오는 내내 스스로에게 부탁하고 또 부탁하면서 왔어요. 화내지 마… 화내지 마. 화내면 안 돼. 아이들에게 화내지 마… 진짜진짜 간곡하게 부탁하는 거야. 수업하면서 아이들에게 화내지 마. 이렇게 부탁하면서 왔고 지금도 그 마음 간절합니다. 지금 화가 나 있다는 건 아니에요. 그런데 화가 나려고 하는 건 사실이에요. 아이들 때문이 아니라 선생님이 지치고 힘들어서. 10시간이나 보강하느라 육체적으로도 많이 힘들고, 학년말 업무는 엄청 많거든요. 여러분들은 영화도 보고 싶고 꿈끼 발표 준비도 하고 싶은데 꾸역꾸역 빡세게 탐구과제에다가 1:1 문답식 수업을 하니 하기 싫은 마음도 있고 힘들기도 한 거 알고. 그 마음을 충분히 다 받아주고 안아줄 수 있어야 하는데…. 선생님이 학년말 과다업무로 지치고 힘이 드니까, 선생이기 이전에 사람인지라 작은 일에도 자꾸 화가 나려하는 게 느껴져요. 그래서 두려워요. 선생님 자신이 두려워요. 조율 능력을 잃어버릴까 봐. 그래서 나 스스로에게 부탁하면서 온 거예요. 출근 내내 화내지 말고, 끝까지 화내지 않고 마지막 수업까지 잘하고 싶다고. 아니, 꼭 그렇게 해야 한다고. 그래서 지금 선생님의 상황을 자세히 이야기하는 거예요. 여러분들의 도움이 필요하거든요. 선생님도 이성적으로, 감정 조율을 잘하도록 최선을 다하겠지만 여러분들이 선생님을 도와줘요. 선생님이 여러분들을 위해 준비하고 주고 싶어 하는 것을 모두 할 수 있도록 도와줘요. 여러분을 위해 준비한 수업인데 그 수업을 하며 화를 내버린다면, 여러분들도 상처를 받겠지만 가장 큰 상처를 받는 건 선생님, 바로 내가 될 걸 알거든요. 여러분들 기억 속에 별로 배우고 싶지도 않은 걸 가르치면서 성만 버럭버럭 내는 선생님으로 남으면 너무 아플 거 같아요. 열심이던 모습, 여전히 예쁜 척하며 잘 웃겨주던 모습으로 마무리하고 싶어요. 이런 선생님을 여러분들이 잘 도와주어요. 부탁이에요."

다섯 반의 아이들에게 이렇게 내 마음을 솔직하게 털어놓고 부탁했어요. 그 정도로 힘들었고 그래서 절실했거든요. 열네 살 아이들에게 손 내밀어 도움을 청했고, 진심으로 나를 도와주며 최선을 다해준 아이들 덕분에 준비한 선물들을 다 풀어 보일 수 있어서 너무 고마웠답니다. 나이가 들었다는 거, 체력이 예전만 못하다는 거, 그래서 더 큰 조율의 힘이 필요하다는 것을, 혼자 힘으로는 감당 못할 걸 깨닫고 도움을 청했던 거지요. 오십대 선생님이 내미는 도움의 손을 열네 살 아이들이 따뜻하게 잡아주었어요. 그래서 활짝 웃으며 과학실의 방학식을 할 수 있었고요.

기상청의 전문가들이 비가 올 것을 알 수 있는 것처럼 내 안에서 화가 올라오는 것을 나는 느낄 수 있잖아요. 그래서 예고를 하는 거죠. 화가 날 수도 있는 상황에 대해 미리 이야기하면서 나 스스로도 조율하고 상대에게도 도움을 청하는 거예요. 비가 올 것을 알았기에 우산을 준비해 비를 피할 수 있듯이.

그대 L, 하고 싶은 이야기를, 원하는 것을 제대로 잘 전달하는 까칠렐라가 되어보는 건 어때요?

다시 한 번 시나리오 작가가 되어
화가 머리끝까지 난 배우 L의 행동과 대사를 써주세요.

....
....
....
....

빈자리를 느낄 여유를 주겠어

그대 L의 생활 기록부 행동 특성 및 종합 의견란에는 어떤 이야기들이 적혀 있을까요? 쓸 때마다 교사로서 큰 고민 중 하나거든요. 1년 동안 관찰 기록한 자료만으로는 부족한 것 같아 아이 본인, 가족, 친구들에게 주는 질문지를 만들어 내가 보지 못하고 알지 못하는 정보들을 최대한 수집하여 적어주려 노력하지만 그래도 매우 힘든 작업이랍니다.

대학 졸업 즈음 취업을 위해 고등학교 생기부를 처음 발급받아 보았는데 솔직히 많이 놀랐었어요.

'선생님은 내가 이런 사람이라고 생각했던 걸까? 내가 고등학교 시절 이런 아이였었나? 내가 이렇게 기록이 되어 있었단 말인가?' 등등 생각이 무척 많아졌지요.

그대 L은 책임감에 대해 어떻게 생각하는지요? 책임감이 강한 사람이라 부르면 어떤 느낌이 드나요?

나는 가끔 '과다 책임감'이라는 말을 하곤 해요. 한때 나도 중증 '과다 책임감' 증세를 심하게 앓으면서 살았던 사람이에요.

친구가 목욕탕에서 미끄러져 3일 입원하고 바로 출근했더니 몹시 힘들다고 하더군요. 병가를 내서 제대로 치료해야 하지 않겠냐고 했더니 이러더군요.

"그게 말처럼 쉽지가 않아. 아이들 수업도 그렇고…."

그래서 아주 독한 말을 해주었어요.

"너 그거 아니? 너 대신에 오는 그 선생님이 너보다 훨씬 더 좋은 수업을 할 수도 있다는 거? 너 아니면 안 될 것 같지? 근데 너 아니어도 잘 돌아간다. 아이들은 매일 만나던 네가 아닌 다른 새로운, 신선한 선생님을 만나 신나고 즐거울 걸. 니가 하던 수업과는 다른 색다른 수업을 경험하는 아주 좋은 기회를 니가 뺏는 것일 수도 있어."

"그래도 내가 맡은 반이고 수업인데…."

"혹시 초·중·고등학교 생기부에 빠짐없이 맡은 바 책임을 다하는 성실한 학생이라고 쓰여 있는 거야?"

"책임감은 중요하지."

"책임감 중요하지. 너무 너무 중요하지. 하지만 가장 중요한 것은, 너를 위한 책임감이지 않을까? 담임을 맡은 반 아이들에 대한 책임감도 중요하고 수업 들어가는 다른 반 아이들에 대한 책임감도 중요하지만, 너를 위한 책임감도 그 못지않게 중요해. 아이들이 아픈 허리 끙끙거리며 수업하는 선생님보다는 건강하게 밝게 웃는 선생님을 만나는 것도 중요하고."

"그래도…."

"무책임하라는 이야기가 아니잖아. 책임감도 내가 감당할 수 있는 만큼이어야 한다는 거야. 과다 책임감으로 인해 짓눌리지는 말자는 거지. 업무 대신해줄 동료들에게 미안하다? 간혹 그렇게 마음의 빚을 좀 지며 사는 것도 괜찮지 않을까? 그러면 그 사람도 나중에 누군가에게 부탁할 게 있을 때 나에게 부탁해도 괜찮을 이유가 만들어져 좋잖아.

25년 된 냉장고가 한여름에 고장이 났어. 냉장고가 슈퍼마켓 가서 당장 사올 수 있는 우유 같은 게 아니다 보니 며칠은 냉장고 없이 살아야 하는 상황이 발생한 거지. 냉동실에 있던 것들은 당장 어딘가로 옮겨야 하고. 몽땅 싣고 친정으로 달려갈까 하다가 조금씩 나누어서 윗집, 옆집, 아랫집 이웃들에게 사정을 설명하고 며칠간 맡아달라 부탁했어. 남편은 이웃에게 폐를 끼치면 안 된다고 말렸지만 어느 정도의 폐는 도리어 서로를 연결해주는 끈이 되어줄 수도 있다고 생각했거든.

"이거 며칠만 냉동실 귀퉁이에 보관해주시고, 나중에 혹시 비슷한 상황이나 부탁할 거 있으면 우리도 기꺼이 도울게요."

라면서. 비좁은 냉동실을 며칠 빌려주는 불편함을 감수해야 했겠지만 급할 때 부탁할 곳이 한 군데 생겨서 조금 안심되는 기분이지 않았을까? 절대 폐 끼치지 않는 사이, 너무 슬프지 않니? 도움을 받고 주면서 사는 게 사람 사는 거 아닐까? 모든 것을 혼자 해결하고 감당하려는, 타인에게 피해를 줄 수 없다는 과다 책임감이 어쩌면 우리를 외롭고 힘들게 하는 건 아닐까 하는 생각이 들어. 타인에 대한 지나친 배려가 오히려 그들과의 소통을 방해하기도 한다고 생각해. 또 타인은 넘치는 책임감으로 배려하면서 너 자신을 위한 배려는? '성실하고 책임감이 강하여 맡은 바 일을 잘 한다' 라는 말도 좋지만 '타인과 소통하며 자신과 남을 균형 있게 배려한다' 라는 것도 좋지 않을까?"

그대 L은 여행 좋아해요? 나는 1년에 한 번은 혼자만의 여행을 가요. 얼마 전에도 강연 겸 2박 3일의 혼자 여행을 갔었어요.

주부로서 본분(?)을 다하며 나의 빈자리가 느껴지지 않도록 집도 깨끗하게 치워두고 며칠 먹을 국도 끓여두고 갖가지 밑반찬도 맛깔나게 해두어야 할까요?

그러다 지쳐 출발하기도 전에 진이 다 빠져버릴 텐데요. 보통날과 같이, 아니 평소 같으면 정리했을 소파의 쿠션도 정리하지 않은 채, 아무것도 안 해놓고 집을 나왔어요.

"나의 빈자리를 꽉꽉 느껴보아요. 자유를 주겠쓰으~~~. 내가 해놓은 반찬을 먹어야만 하는 구속과 의무에서 벗어나 맘껏 골라 먹는 자유를 주겠쓰으~~~. 이 기회에 불량식품 마음껏 먹을 수 있는 자유를 듬뿍 주겠쓰으~~~. 어차피 먼지 쌓인 집이니 수건 아무 데나 걸쳐두고 옷도 마구 벗어 던져둘 수 있는 자유, 집을 마음껏 어지를 수 있는 자유를 주겠쓰으~~~~. 내가 없는 세상을 마음껏 누려~~~~. 나도 짧지만 이 여행을 맘껏 즐기고 누리고 올 테니."

과다 책임감으로 힘들었던 이야기를 해주세요.
지금 같은 상황이 된다면 어떻게 하고 싶은지도요.

마법의 몸짓, 끄덕끄덕

 네이버 블로그씨가 질문을 했어요. SNS에서 보기 싫은 타입에 대해 말해달라고.

그대 L은 어떤 대답을 할 것 같아요?

호불호가 참 선명했던 시절이 있었어요. 그런데 지금은 좋고 싫음의 경계가 모호해졌다고 할까요, 아님 무심하다고 해야 할까요.

SNS에서 보기 싫은 타입이라… 어쩌면 조금 더 젊었던 날에 이 질문을 받았다면 번호 붙여가며 적지 않게 나열했을지도 모르지만 지금은 그저 그러려니 합니다.

보이는 것만 볼 수 있는 게 SNS상의 모습일 텐데 그 모습이 그 사람의 전부는 아닐 것이고, 내 기준에서의 잣대가 절대적

일 수도 없으니까요. 다 나름의 이유가 있겠지, 하곤 해요.

한 친구는 이런 나를 보고 회색주의자 같다고 하더군요. 어쩌면 직업병(?)의 한 증세일지도 모르겠어요. 30년 넘게 아이들을 만나면서 생긴 자기 확신 내지는 확실성에 대한 두려움에 기초한 모호함. 내가 보고 내가 듣는 이것들이 전부가 아닐지 모른다는.

사람마다 다양한 모습이 공존하잖아요. 그 누구도 타인을 다 안다고는 할 수 없어요. 나조차도 나를 모를 때가 얼마나 많은데요. 내가 즐겁게 하고 있는 블로그를 통해 보이는 내가 누군가에게는 'SNS에서 보기 싫은 타입'일지도 모를 일이지요.

살면서 찾게 되는 마법 같은 말들이 있어요.

"어떻게 그럴 수가 있어? 이게 말이 된다고 생각해?" 대신 찾은 마법의 말. "그래, 그럴 수도 있지."

그리고 찾은 또 하나, 마법의 몸짓.

"진짜 별꼴이야. 정말 저러고 싶은가? 이해할 수가 없네. 난 저런 타입 정말 싫던데… 저런 타입 딱 질색이야" 대신, 말없이 고개를 끄덕끄덕합니다. 그냥 그러려니 하는 거지요.

그대 L만의 마법의 주문을 만들어보아요.

....

....

> 고마움을 모르는 사람들 때문에 서운한가요?

오늘 이런 문자를 받고 많은 생각을 해보았어요.

저는 스피치 강사입니다. 고마움을 모르는 사람들 때문에 서운하고 배신감을 느낍니다. 힘들어하는 사람들을 내 시간, 노력을 들여 그것도 무료로 많이 도와주었어요. 그중에는 놀랍게 성장한 사람들도 적지 않은데 마치 원래 그런 것처럼, 자기 혼자 힘으로 성장한 듯한 모습을 보이는 걸 보면 너무 서운해요. 오히려 사이를 더 두는 느낌까지 들고요.
추석이라고 그 흔한 카톡 이미지 한 장 없는 사람들을 보며 정말 서운해요. 공짜로 받은 거라 내 수고를 너무 가볍게 여기나 싶고.
내가 한 일에 보람을 느끼기는커녕 자괴감이 들어 힘듭니다.

나의 대답은 이랬어요.

"많이 서운하고 속상하겠어요. (토닥토닥) 나도 그렇게 생각했던 적이 있기에 그 마음 잘 알아요.

내가 어떻게 해줬는데 지가 나한테 이럴 수 있어? 완전 쌩까는 거네… 싶은 것이… 난 성격이 강해서 그런가 분하고 괘씸하기까지 하던 걸요. 그런데 내가 그린 그림 때문에 나 스스로 상처를 만들고 있다는 걸 알게 되었고 생각이 바뀌기 시작했어요. 내가 이렇게 해주었으니 상대는 '적어도' 이렇게는 해주겠지… 라는 내가 그린 그림. 그러나 그렇지 않은 결과. 그 간극으로 인해 느끼는 실망과 배신감. 힘들더군요. 내 수고와 노력이 무시당하는 것 같고, 결국은 나란 존재가 무시당하는 것 같은 모멸감까지. 어때요? 난 강도가 좀 셌던 거 같죠?

관점을 바꾸니 나는 이미 충분히 보상을 받은 거더군요. 그 사람을 돕겠다는 마음을 내면서 느꼈던 기쁨, 그 사람을 제대로 돕고 싶다는 생각에 고민하고 더 나은 방법을 찾는 과정을 통해 노력하고 성장한 나, 고마워하던 모습에서 느꼈던 보람과 뿌듯함. 그런데 왜 괴로웠던 걸까???

내 기대와 욕심 때문이라는 걸 깨달았죠. 그 사람의 성장이 내 덕분이라는 '착각'이 낳은 결과라는 것을요. 한 사람의 성장에는 다양한 외적 요소가 작용하지만 결국 그 중심과 원동력은 그 사람 자신이라는 걸 알게 되었지요. 수많은 외적 요소들 중에서 필요한 것으로 재구성하는 힘은 본인에게 있다는 거. 내 덕이 아니라 그 사람 본인 덕분이라는 걸. 나는 수많은 외적 요소 중 하나에 불과하다는 것을 깨달았지요. 그리고 또 하나. 그 사람의 성공을 통해 내 수고와 능력이 알려지기를 바라는 어리석고 욕심이 담긴 기대가 있었다는 것도 알게 되었어요.

세상아, 봐봐봐~~~ 내 덕에 저렇게 성장한 거 보이지? 내 능력 대단하지? 이러고 싶어 하는 내 모습을 깨달으면서 얼굴이 화끈했던 기억도 있네요. 나에게 질문을 하며, 내 안에서 답을 찾으려는 시간을 통해 알게 된 내 모습에 놀랐었답니다.

내 기대와 욕심으로 인해 내가 나를 힘들게 한다는 것을 알게 된 거죠. 나 또한 내게 도움을 준 고마운 많은 사람들에게 일일이 때마다 고마움을 표현하며 살고 있지도 않다는 것을 깨달았고요. 물론 이건 지극히 나 개인적인 것이라 일반화시킬 수 없을지도 몰라요. 내가 해줄 수 있는 이야기는 나처럼 스스로와의 대화를 해보기 바란다는 거예요. 상대를 보기 전에 나를 먼저 보는 시간을 가져보면 거의 답이 보이는 내 경험을 전하고 싶어요. 정을 내며 마음을 전하는 것도 중요하지만 너무 애쓰지 않는 것도 중요해요. '마음이 있으면 카드 한 장 정도는…' 하는 생각이 들어 힘들다면 인정해버리세요. 마음이 없나 보다고.

'타인은 지옥'이라는 말이 있어요. 타인으로 인해 소중한 자신의 삶을 놓치지 않았으면 합니다."

서운함에 관한 말이 나온 김에 선물과 SNS로 인해 잃은 인연들에 대해서도 이야기 해볼게요. 그대 L은 선물을 받으면 어떻게 하는지요? 고맙다는 인사는 당연히 하겠지만 블로그나 인스타그램 등을 통해 받은 선물에 대해 일일이 소개를 하는 편인가요? 나는 그것으로 인해 SNS 활동을 하는 사람들과 사이가 멀어진 경우가 있어요. 솔직히 적지 않은, 다양한 선물을 받습니다. 선물을 받으면 당연히 고마움을 전하고요.

하지만 SNS를 통해 자신이 해준 선물에 대해 세상을 향해 자랑해주었으면 하는 바람을 가지고 있는 사람들이 생각보다 많은 것 같아요. 그런데 내가 그것에 대해 블로그 포스팅이나 인스타 피드에 소개를 하지 않는 것이 자신에 대한 마음이 적어서라 생각하고 서운함을 느낀다고 해요. 그로 인해 결국 소중한 인연이 끊어지기도 하고요.

정성이 가득한 선물, 당연히 고맙지요. 하지만 SNS를 통해 자랑하고 고마움을 표시해야만 하는 것은 아니라고 생각해요.

선물은 상대에게 전해지는 순간 더 이상 자신의 것이 아니라 선물 받은 사람의 것이고, 그것을 어떻게 하는지는 오롯이 선물 받은 사람의 몫이라 생각했으면 해요.

내 선물에 대해 이 정도는 해주겠지, 또는 나는 이렇게 해주었는데 당신도 그래야지 않겠냐는 기대가 있는데 그렇지 않은 경우에는 서운함과 실망감까지 느끼게 되고, 결국 좋은 마음을

담아 전한 선물로 인해 사이가 멀어지기도 하고요.

샘정이 선물에 대해 대외적으로 잘 이야기를 하지 않는 이유는 말랑말랑학교 담임이기 때문이에요. 누군가는 크고 좋은 선물을 해줄 수 있지만 다른 누군가는 그렇지 못한 경우도 많거든요.

《손잡아줄게요》출간 후 이런 문자를 받은 적이 있어요.

"출판 기념회를 열어준다, 테이블 강연회나 줌 강연회를 기획하고 진행하는 것을 보며 성공한 자식들이 경쟁하듯이 서로 멋지고 폼나는 것을 해드리는 것 같아요. 그 누구보다 큰 도움을 받았는데 아무 것도 해드릴 것이 없는 나는 이게 뭔가 싶어 너무 죄송하고 자괴감이 들었어요. 하지만 마음만은 그 누구

못지않게 크다는 거 아시죠? 사랑합니다."

긴 시간 동안 학교 아이들과 함께하면서 그 마음 잘 알기에 선물에 대해 많이 조심스러울 수밖에 없는 것이 담임의 입장이 랍니다.

그런 경험을 통해 선물은 주는 순간 내 것이 아니라는 생각을 하게 되었어요. 일단 받은 것은 내 것이니 그것을 자랑하고 안 하고는 내가 결정하는 것이라 생각하고요.

카톡 문자도 비슷한 맥락이라고 생각해요. 문자를 보내놓고 상대가 그것을 확인하는지를 전전긍긍하며 들여다보고, 안 보면 왜 아직 안 보는지, 보고도 답장이 없으면 또 왜 그런지를 생각하고 곱씹느라 시간과 감정을 소모하지는 않나요?

시급하게 답을 요하는 것이라면 전화로 하면 되고, 그렇지 않은 것은 보낸 다음에는 상대의 몫이라 생각하면 느긋하고 편해진답니다. 선물도 문자도 내가 상대에게 거는 기대가 있다면 나 역시 그 기대에 부응해야 한다는 중압감을 가지지 않을까요? 너무 애쓰지 않는 사이가 좋은 사이라는 거 알죠?

선물은 주겠다 말할 때는 주고픈 마음 있으니 그런 걸 테니 사양하거나 거절하는 대신 좋은 마음으로 덥석 받고 내가 줄 수 있는 건 흔쾌히 나누며 살고파요.

말이 통하지 않는다?
상대의 언어로 이야기하기

학교가 증축 공사로 수업 중에 소음이 적지 않게 들려왔어요. 공사는 예상보다 길어졌고 소음은 간혹 수업을 중단해야 할 만큼 클 때도 있었지만 아이들은 더 이상 불평하지 않았어요.

3층 창가로 지나가는 인부들의 모습에서 자신들의 아버지를 떠올리기 때문이 아닐까 합니다. 집에 돌아가면 만나게 될 아버지, 주말에만 또는 한 달에 한 번 정도나 만날 수 있는 아버지, 그리고 이제는 더 이상 만날 수 없는 아버지까지. 모든 사람에게 아버지가 지금 볼 수 있는 존재는 아니지만 그들은 분명 우리 안에 존재하고 있음을 아이들도 알기 때문일 겁니다.

물론 처음 요란한 공사 소음으로 수업을 잠시 멈추어야 했을 때 아이들의 입에서는 불만의 소리가 터져 나왔었어요.
"아, 이건 뭔데?"
"여기가 공사장이지, 무슨 학교야."
"이런 데서 무슨 공부를 한단 말이야."
"왜 하필 지금 하는데? 우리가 집에 돌아가고 난 뒤에 하거나 학교에 안 오는 일요일에 하면 되잖아."
그러자 다른 아이들도 고개를 끄덕이며 말하더군요.
"맞아, 맞아. 그러면 될 것을."
그러고는 나에게 말하는 겁니다.
"선생님, 공사는 우리 없을 때 하라고 하면 안 돼요? 시끄러워서 도무지 공부를 할 수가 없어요."
아이들은 서로 자신이 나서서 말하겠다며 다투기까지 하더군요. 그런 아이들에게 이렇게 말했습니다.
"저 아저씨들도 누군가의 아버지일 텐데…. 저 아저씨들에게도 저녁이면 퇴근해서 돌아오기를 기다리는 딸과 아들이 있지 않을까요? 일요일 하루는 아버지와 같이 놀고 싶은 아이들이 말이에요. 공사에 따른 소음이 우리가 공부하는 데 방해가 되는 것은 사실이에요. 하지만 우리가 불편하다고 공사를 저녁부터 밤까지 하거나 주말에 한다면 저분들의 아이들은 어떡하죠? 여러분처럼 낮에는 학교에 가 있고 밤과 주말에만 아버지를 볼 수 있는 저분들의 아이들은 어떡하죠? 저분들이 우리 아버지라고 한번 생각해봐요. 우리 아버지라면 '우리가 집으로 돌아간 후에, 밤에, 우리가 쉬는 일요일에 공사하세요' 라고 말할 수 있을까요?"

아이들은 조용해졌습니다. 그리고 3층 창가를 걸어가는 아저씨 쪽으로 고개를 돌리더군요. 공사 장비를 들고 아슬아슬하게 걸어다니는 그분들의 모습을 한참 동안 물끄러미 바라보던 아이들.

한 아이가 손을 들고 말하더군요.
"선생님은 어떻게 이렇게 잘 말을 하세요? 내가 알아들을 수 있도록. 신기해요."
과학 선생님 샘정의 대답은 무엇이었을까요?
"늙어서 그렇습니다."
중1 소녀들이 까르르~~~ 웃더군요.

"아이들이 말을 알아듣지를 못해."
초임 교사 샘정이 정말 자주 했던 말이랍니다.
나는 제대로, 잘 설명하는데 아이들이 문제라고 생각했고, 아이들을 향해 비난의 눈빛과 말들을 쏟아내고 했었지요. 나는 상대의 언어로 이야기하지 못하는 사람이었던 거죠.
날씨가 더워지면 수업 시간에 스르르 감기는 눈을 힘겹게 뜨는 아이들이 있어요. 잠을 이겨보겠다고 눈에 힘을 주거나 고개를 절레절레 흔드는 아이들을 보고 있으면 참 귀엽다는 생각이 든답니다.

우리 딸에게 수업 시간에 가장 어려운 게 무엇이냐고 물었더니 "눈꺼풀요. 특히 점심시간 지나 자꾸 내려오는 5교시의 눈꺼풀은 진짜 어려워요"라고 하더라는 이야기를 들려줬더니 아이들은 완전 공감이라고.

밥 먹은 뒤에 눈꺼풀이 내려오는 것은 밥을 먹음으로써 배가 나오게 되고 배가 앞으로 나오려니 피부가 당기게 되고 그로 인해 온몸의 피부가 배를 향해 당김 현상이 일어나다 보니 눈꺼풀도 배를 향해 내려갈 수밖에 없다고, 그래서 배가 꺼지고 피부 당김 현상이 사라지기 전까지는 아무리 노력해도 눈꺼풀을 위로 뜨는 건 역부족이라 주장하는 과학자도 있다는데 웃기기 위해서 하는 얘기만은 아닌 것 같기도 해요. 아이들이 조는 모습이 귀여우면서도 많이 미안해 이렇게 말했어요.

"오늘 따라 눈이 감기기 직전의 학생이 유난히 많은 것 같네요. 미안해요, 여러분을 졸리게 해서. 그런데 선생님도 노력을 안 한 건 아니에요. 파워포인트 만든 거 일일이 화면에 띄워보면서 조금이라도 더 재미있게, 신기하게 만들어보려 애를 썼거든요. 적절한 자료를 찾느라 수백 개의 동영상을 검색해보기도 하고. 그런데도 부족했던 모양이에요. 여러분들을 수업에 끌어들이기엔 말이죠. 선생님이 조금 더 노력할게요. 그러니 여러분도 조금만 애써줘요. 아, 그리고 솔직히 말하면 진짜 졸음이 쏟아지는 건 선생님이에요. 새벽까지 수업 준비하느라 잠을 제대로 못 잤거든요. 만약 선생님이 수업을 하다 말고 잠이 와서 교탁에 엎드려 잠시 잔다면 여러분들은 어떨까요?"

그러자 아이들 표정이 묘해지더군요. 이왕 나온 김에 조금 더 이야기하자 싶어 계속했어요.

"생각해봐요. 내가 여기 교탁에 엎드려 잠이 들었다고. 그럼 여러분은 선생님이 정말 피곤하신가 보다, 우리가 이해하고 잠시 주무시게 조용히 자습하자, 할까요? 아마 그렇지 않을걸요. 뭔데, 수업하다 말고 잠이나 자고, 하며 화를 내지 않을까요? 수업하다가 엎드려 자고 있는 여러분 모습을 보면 참 미안해요. 가장 큰 책임은 선생님에게 있으니까요. 그런데 그거 다 알고 참 많이 미안하면서도 마음 한구석은 속상하고 엎드려 자는 아이가 미워지려고 해요. 그게 솔직한 마음이에요. 미안하면서도 속이 상하는. 내 탓인 줄 알면서 그 아이가 조금은 원망스러운. 내가 이렇게 애써 준비해온 것을 봐주고 들어주지 않다니 하는. 뭐랄까, 거절당한 기분이랄까요. 미안함과 서운함이 가득 차오르는 것을 느끼죠. 여러분이 선생님에게 상처받을 수 있다는 거 알아요. 하지만 선생님도 여러분들로 인해 상처받을 수 있다는 걸 알아줬으면 해요.

선생님에게 수업은 참 중요해요. 수업은 선생님의 중요한 인생이니까요. 그래서 많은 시간과 노력을 투자해서 준비하고 늘 최선을 다하려고 해요. 그런데 그것이 학생들에게 별 의미가 없는 것 같거나 학생들과 교감하지 못한 채 수업이 진행된다고 생각하면 상처를 받아요. 교사 혼자 열심히 말하고 판서한다고 해서 그게 수업은 아니거든요. 수업은 여러분들과 같이할 때 의미가 있는 것이니까요. 여러분을 괴롭히거나 힘들게 하기 위해 수업이 있는 것은 결코 아닌데 문득 나 혼자 하고 있는 건가 하는 생각이 들 때면 참 힘들어요.

누군가의 입장이 되어본다는 것, 결코 쉬운 일은 아니지요. 학생들에게 선생님의 입장이 되어 선생님을 이해해달라고 하면 그건 억지일 수도 있어요. 하지만 여러분도 가끔 앞에 나와서 이야기할 때가 있잖아요. 많이 준비해서 떨리고 긴장된 마음으로 앞에 섰는데, 앉아 있는 사람들이 여러분의 이야기에 귀를 기울이지 않고 딴짓을 하거나 엎드려 잔다면 어떨까요? 아니, 마주 앉아 이야기를 하고 있는데 친구가 딴곳만 쳐다본다든지, 휴대폰 문자를 하느라 정신이 없다든지, 아예 턱을 괴고 꾸벅꾸벅 존다면요?"

한 아이가 말하더군요.

"무척 속상하고 화가 날 것 같아요."

또 한 아이가 말하더군요.

"나를 무시한다는 생각이 들 거 같아요."

"그래요? 선생님도 그런 기분을 느끼겠죠."

아이들은 복잡한 표정으로 아주 조심스럽게 고개를 끄덕이더군요.

예전에는 이랬던 샘정입니다.

"야, 수업 시간에 꾸벅꾸벅 졸기나 하고. 정신 차려. 저기 엎드려 자는 사람, 얼른 일어나."

동일 인물이지만 변화를 통해 달라진 샘정이지요.

혼자 48시간을 사는 건 아니죠?

그대 L, 오늘 하루 계획은 어떤가요? 어떤 일들로 그대의 하루를 채우게 될까요? 시간 관리를 잘하는 편인가요? 늘 시간이 부족하다며 시간에 쫓기고 있지는 않나요?

"샘섬은 혼자 48시간을 사는 것 같아요"라는 말을 종종 들어요. "어떻게 그 많은 일들을 하세요?"라는 말도.

나의 대답은 이렇습니다.

"미니멀 라이프라서 그래요."

미니멀 라이프로 검색을 하면 버려도 버려도 아직 많은 물건에 관한 것이나 미니멀 라이프 인테리어 등에 관한 것들이 먼저 뜹니다. 단순한 삶, 미니멀 라이프는 집안 물건들을 정리하는 것도 중요하지만 나 자신의 삶을 정리 정돈하는 게 진짜라고 생각해요. 시간 관리를 어떻게 하느냐는 질문을 받으면 나의 블로그를 소개합니다. PC 블로그 화면을 보면 세 가지의 카테고리가 있어요.

 - 샘정의 전 국민의 담임되기
 - 강연하는 착한재벌샘정
 - 재벌가의 소박한 식탁

국민담임이라는 꿈을 가지고 제일 잘하고 좋아하는 강연과 요리에 집중하는 삶.

가장 먼저 하고 싶은 일과 잘하는 일에 집중합니다. 나의 삶은 아주 단순합니다. 보통 아침 6시에 일어나고 밤 10시 이전에 잡니다. 요리하는 거 좋아하고, 수업하는 거 좋아하고, 강연하는 거 좋아하고, 글쓰기와 사진 찍기 좋아해서 블로그와 인스타도 하고 있어요. 방송인으로 공중파 복귀는 번번이 무산되었지만 유튜브로 그 꿈을 이어가니 그것도 좋고. 이렇게 좋아하는 것을 열심히 하다 보니 점점 잘하게 됨을 느낍니다.

"샘정은 도대체 못하는 게 뭐예요?"

라는 질문에는 이렇게 답합니다.

"못하는 것은 무지 많지만 굳이 말하지 않습니다. 그리고 굳이 잘하지 못하는 것을 잘하게, 최소한 평균은 되도록 해야겠어, 라는 노력은 하지 않습니다." 라고.

아, 한 가지는 합니다. 착하지 않은 샘정이라 '착한재벌샘정'이라는 닉네임을 짓고 조금 더 착해져야 함을 늘 기억하며 노력하고 있으니까요.

잘하고 좋아하는 일도 늘 좋은 것은 아니기에 종종 이런 공고를 붙입니다.

〈주방문 닫습니다.〉

또 묻습니다.

"좋아하는 일도, 잘하는 일도 시간이 있어야 할 수 있잖아요. 정말 10시에 자고도 그게 가능해요?"

그것이 가능하게 삶의 시간들이 서로 유기적으로 연결되도록 합니다.

먹는 거 좋아하고, 사진 찍는 거 좋아하니 맛있는 거 만들어 먹고, 그 과정을 사진으로 찍으면 SNS 소스가 생기지요.

패션에 관심이 많아 매일 엘리베이터 샷 찍고, 셀카 찍고, 수업 분석하기 위해 촬영하는 영상과 수업하면서 일어나는 이야기들이 블로그나 브런치 글도 되고 책도 됩니다. 그것이 강연으로 이어지고, 가끔 유튜브나 인스타 라이브로 확장됩니다.

그리고 이 모든 것은 과학 교사 샘정의 수업을 다양하고 독특하게 만들어줍니다. 그건 다시 SNS로, 책으로, 강연으로 이어지고.

"도대체 그 많은 에너지가 어디서 나오는 거예요?" 라는 질문도 많이 받는데 삶의 요소들이 유기적으로 맞물려 돌아가니 그리 큰 힘을 들이지 않고도 받는 에너지가 많습니다.

패션도, 요리도, 수업도, SNS도, 책도, 강연도 모두 나의 에너지원이지요.

SNS의 글도 아주 단순합니다.

밥 해먹고 출근해 일하고 밥 해먹고. 주말에는 새벽 줌 강연과 텃밭 농사 짓기.

이 모든 것이 서로 유기적으로 연결되고 샘정만의 색깔을 가진 콘텐츠가 되어주고 있지요.

'걱정하지 않기'도 큰 몫을 해줍니다. 독립해서 서울 사는 윤 자매에게도 밥 잘 챙겨 먹고 다니라는 말 대신 "엄마는 걱정 안 해. 알아서 잘 살아" 라고 할 정도로 걱정은 내 몫이 아닐 때가 대부분이에요.

어떤 일이든 과정을 즐기고자 한답니다. 나는 모든 것을 놀이로, 재미로 만드는 재주가 있는 거 같아요. 재미를 무지 중요하게 생각하거든요. 신나고 즐거우면 좋잖아요.

타인의 시선이 아니라 나의 욕구에 충실합니다. 나의 SNS를 보고 대리 만족을 느낀다는 분들도 많은데 아마도 타인의 시선이 아니라 나의 욕구에 충실하기 때문이라고 생각해요. 울산 대나무숲에서 스우파라며 춤을 춘 사진을 보고 깜짝 놀랐다고, 어떻게 그 연세에 그럴 수 있느냐고. 비 오는 날 맨발로 출근하는 것을 보며 고개를 절레절레 흔들면서도 부럽더라고.

또 하나는 늘 강조하듯 나의 속도로 걷습니다. 기대라는 것에 눌리지 않는 삶이었으면 하거든요.

"샘정은 늘 기대 이상이라는 거 아시죠?"

라는 말을 종종 합니다. 그 말에는 '상대의 기대를 뛰어넘어, 더 멋지게'라는 의미만 있는 건 아니에요. 앞에서 말했죠?

〈실망은 니가 하세요.〉

일부러 실망을 시키려는 사람은 없잖아요. 최선을 다해 준비했으나 상대는 만족하지 않고, 실망할 수도 있겠지요. 그건 내 몫이 아니라는 거죠. 각자 자신의 기준으로 기대치를 만드는 것이니.

물건을 줄이는 것도 필요하고 인테리어도 중요하지만 진짜 미니멀 라이프는 이런 것이라 생각해요.

내 안의 너무 많은 생각과 걱정을 덜어내고, 밖으로 향해 있는 시선을 자신에게로 향하게 하며, 좋아하고 잘하는 것에 집중하며 즐겁고 느긋하게 사는 것.

급식시간

치킨은 살 안 찐다고 했었죠?
치킨을 선택한 내가 살찐다고.
오늘은 살찌는 걱정 하지 말고 맛있게 먹기로.
그대 L은 어떤 것을 더 좋아하나요? '후라이드? 양념?'
샘정이 열심히 외치는 말이 있어요.
"인생은 반반 치킨이다."
일단 치킨은 맛있잖아요. 그러니 인생은 살아볼 만하다는 거.
그런데 모든 치킨이 내 입에 맞는 것은 아니지요.
반반 치킨인 이유는 좋은 것도 있고 그렇지 않은 것도 있다는 거.
어느 쪽을 선택할 것인가는 오롯이 내 몫이라는 거.
접시에서 크리스마스 분위기가 느껴진다고요? 맞아요.
하지만 크리스마스 파티에만 이 접시를 쓸 이유는 없으니까요.
크리스마스 파티를 위해 1년에 한 번만 쓸 것인지
매일 쓰면서 매일을 파티처럼 살 것인가는 내가 선택하면 되니까요.

가을

Enjoying
변화를 즐겨봐

말랑말랑학교 인생수업

오리엔테이션 1

　그대 L은 유행을 따르는 편인가요? 패션에 관심이 많은 샘정은 유행에 민감한 편이에요. 무조건 유행하는 스타일을 따라하지는 않지만 늘 유행을 향한 안테나가 작동하는 이유는 나만의 스타일을 즐기면서도 유행에는 뒤지지 않고 싶기 때문이지요.
　진바지를 즐겨 입는데 바지 길이라는 것이 생각보다 예민하답니다. 길게 발등을 덮을 때도 있고 복숭아뼈가 드러나도록 짧아지기도 하죠. 올해의 유행이 짧은 길이의 바지라면, 유행을 즐기는 방법에는 두 가지가 있겠죠. 짧은 길이의 바지를 사는 것과 가지고 있는 바지의 길이를 자르는 거. 젊은 날의 샘정은 바지를 새로 사는 것을 선택했었어요. 하지만 지금은 싹둑 자르는 선택을 한답니다.

'줄면 더 줄지 키가 커질 리는 없고 발등을 전부 덮는 이 길이는 싫고 굳이 접어서 입을 수도 있지만 지퍼가 있어 접은 모양이 이쁘지 않고, 언젠가는 유행이 돌고 돌아 다시 바지 길이가 길어지기는 하겠지만 그때를 위해 보관한다? 그럴 필요는 없지!'

미래보다는 지금을 살기 위해 싹둑 잘라버렸지요. 다시 길게 입는 유행이 찾아온다면 밑단을 덧대어 길이를 늘여도 되고. 어쨌든 지금 입고 싶은 진바지를 새로 사지 않고 즐길 수 있는 방법은 가지고 있는 바지를 싹둑 자르는 것.

언젠가는 다시 유행이 돌아올지 모르니 옷장에 잘 모셔두어야지, 하며 다른 옷을 샀던 지난날을 돌아보니 막상 길이가 긴 바지를 입는 유행이 돌아와도 그 바지를 다시 입게 되는 일은 잘 없더군요. 길이가 긴 바지와 새로 산 짧은 바지, 그리고 다시 사게 된 길이가 긴 바지. 이렇게 세 벌의 바지가 옷장에 쌓이게 되는 거예요. 그런데 길이가 긴 바지를 잘라서 입고, 나중에 다시 리폼을 하면 나만의 개성을 더한 스타일을 즐길 수 있어 좋아요.

그대 L, 변화를 위한 연습의 시간들을 거쳐 왔는데 어떤가요? 필요 없다, 도움이 안 된다, 싫다 이런 것들은 과감히 잘라내고, 있으면 좋겠다, 하고 싶다, 필요하다는 말들은 이어 붙이는 연습이 된 것 같죠? 연습을 했으니 실전에 돌입해볼까요?

오리엔테이션 2

그대 L은 일기 예보를 챙겨 보는 편인가요? 나는 젊은 날에는 일기 예보를 보지 않았어요. 내일 한낮 기온이 36도까지 올라간다는 예보를 듣는 순간 아직 오지도 않은 내일의 더위가 내 온몸을 감싸는 것 같아 미리 덥고 짜증이 나서 차라리 모르고 있다가 더위에 허덕이는 게 낫겠다 싶은 마음이었거든요.

그러다 어느 순간부터 일기 예보를 챙겨 보게 되었어요. 말랑말랑해진 덕분이에요. 내일 한낮 기온이 36도까지 올라간다는 예보를 들어도 그냥 내일은 특별히 시원하고 편한 옷을 준비해야겠다는 생각을 하게 된 거죠. 그런데 일기 예보는 종종 틀리기도 하잖아요. 비가 온다고 해서 우산을 챙겨 왔는데 쨍

쨍한 날씨, 우산은 펴보지도 못한 채 거추장스럽게 들고 다니다가 어딘가에 두고 와버린 그런 날도 있고, 비 온다는 이야기가 전혀 없었는데 갑자기 쏟아진 비 때문에 온몸이 흠뻑 젖어버린 날도 있고요.

인생이라는 게 내가 원하는 대로 잘 흘러가면 참 좋겠는데, 그렇지 않은 경우가 종종 생기지요. 살다보면 예기치 못한 상황과 마주하게 될 때가 적지 않아요.

제주 여행을 준비할 때였어요. 아쉽게도 여행 이틀째부터 비가 많이 올 거라는 예보가 떴어요. 그 순간 갑자기 이런 생각이 들더군요.

'만약 비가 온다는 예보가 없었는데, 그래서 치마만 가져갔는데 갑자기 비가 왔다면?'

예보에 의해 충분히 비에 대한 대처를 할 수 있는 상황과 예보에 없던 갑작스런 비와 맞닥뜨렸을 때는 많이 다르겠지요.

일기 예보에서 비가 온다고 했으니 비에 대한 적절한 준비를 하는 것이 맞겠죠? 비에 젖은 옷이 온몸에 닿는 눅눅함을 피하기 위해서는 반바지가 좋을 것 같고, 민트색의 예쁜 레인코트로 멋도 좀 내고, 가방을 하나 더 가져가더라도 장화도 넣어서 가는 것도 좋을 것 같고요.

그런데 그 여행에서는 치렁치렁하다는 말이 가장 잘 어울리는 길고 폭넓은 치마를 입고 흰 운동화를 신었었답니다. 가끔

엉뚱한 생각을 하고 그걸 거침없이 행동으로 하는 샘정이거든요. 여행 준비를 하면서 생각한 거죠.

'예보에는 전혀 없던 갑작스런 비를 만난다면…?' 하는 생각을 한 거예요. 다른 선택이 없을 때, 그 상황을 받아들이고 나아가 개의치 않고 즐길 수 있는 내가 되어보고 싶었기 때문입니다.

나는 비 맞는 것을 몹시 싫어해요. 옷에 스며든 눅눅함이 피부에 전해지는 것이 싫고 특히 빗물이 직접 피부에 닿는 건 더 싫고 그중에서 제일 싫은 건 비에 젖은 운동화입니다. 이렇게 말하니 싫은 것도 참 많다 싶네요.

학창 시절 비 오는 날에는 책가방의 책을 모두 빼고 집에 돌아올 때 신을 새 운동화를 넣어 갔을 정도로 비에 젖어 눅눅한 운동화는 진짜 싫어하거든요.

여행 동안 이틀에 걸쳐 비가 올 거라는, 그것도 많은 양의 비에 바람까지 분다는 예보를 본 순간 평소 같으면 이랬을 겁니다.

'비가 오면 비를 즐기자는 주의기는 하지만 대신 싫어하는 비에 대해 나름 철저히 준비도 해야겠지.'

그런데 이번에는 생각을 좀 달리 해보자 싶었어요. 비 온다는 예보를 못 봤다 치고, 예보가 잘못되어 줄곧 화창할 거라 했었는데 전혀 예기치 않게 비가 쏟아지는 상황을 맞게 된다면?

화를 내거나 짜증을 내며 그 상황을 피해버리고자 아예 호텔

밖을 나오지 않게 될까?

 인생살이에 준비 없이 마주하는 이런 상황들이 적지 않음을 경험해 왔음에도 이렇게 고집 센 점이 있다는 건 아직 무너져야 할 부분이 남아 있다는 소리가 아닐까.

 좋아, 내 이번 여행에서 흔쾌히 그 비를 맞아주리라.

 젖은 운동화쯤은 감당해주리라.

 무방비 상태에서도 기꺼이 즐겨주리라!

 비에 전혀 개의치 않는 남편과 그의 순수 혈통인 두 아이는 비 온다는 일기예보에 나를 걱정하며 이러더군요.

 "우산 챙겼나? 그걸로 되겠나? 큰 우산으로 챙기지."

 "비옷은?"

 "장화도 넣었나?"

 "비 오면 엄마는 호텔에만 있어도 돼요. 책 많이 가져가서."

 하지만 그 여행 동안 비에 대한 나의 대처는 달랑 3단 접이 우산 두 개뿐이었어요.

 준비 없이 맞닥뜨린 비, 치렁치렁 비에 젖어 휘감기는 치마를 입고 흰색 운동화를 신고도 충분히 즐겨주리라, 다짐하면서.

 그 결과, 여행 동안 샘정의 모습이 담긴 사진들을 보니 화창했던 날도, 비가 쏟아지던 날도, 모두, 몹시도, 좋았더라… 입니다.

 큰 우산 없이도, 비옷 없이도, 기능성 아웃도어 없이도, 반바지 없이도, 장화 없이도, 즐겼던 비 오는 제주였어요.

그리고 여행에서 돌아오니 아파트 평수는 여전히 그대로인데 마음 한 부분이 조금 넓어진 느낌이 들더군요.

<u>간식시간</u>

박쑤우~~~~~
지금까지 잘해온 그대를 위해 박쑤우~~~~
치면서 우리 수박 먹어요.

기준~~~~

 롱 카디건에 벨트를 했어요. 출근길에 들은 말.

"니트 카디건 위에 벨트를? 나도 저렇게 입어볼까 생각해봤는데 뚱뚱해 보여서 못 하겠던데…."

"괜찮아요. 기준은 내가 정하면 되니까요."

"그래도 남들 눈에…."

"괜찮아요. 그건 남들 생각이고 내가 그렇게 생각하지 않으면 되니까요."

기습 질문.

"내가 뚱뚱해 보여서 세상에 폐가 되는 게 있나요?"

동공 지진을 일으키며,

"그런 건 아니지만 날씬해 보이면 좋잖아요."

"뚱뚱해 '보이고' 날씬해 '보이는' 것과 뚱뚱하거나 날씬한 것은 좀 다르다고 생각해요. 똑같은 나인데도 옷을 어떻게 입느냐에 따라 뚱뚱해 보이기도 하고 날씬해 보이기도 하잖아요. 내가 입고 싶은 걸 입으면 된다고 생각해요. 지금처럼 세상에 폐를 끼치지 않는다면요."

물론 몇몇 사람은 폐가 된다고 생각할지도 모를 일이지만요. '허리도 없는 사람이 무슨 벨트, 보는 사람 눈도 생각해야지' 라고. 그럼 이렇게 대답해주지요 뭐. "그래서 벨트로 허리 표시한 거예요" 라고.

체육 시간에 선생님이 한 아이를 지명해서 말하죠. 기준~~~. 그러면 아이들은 기준이 된 그 아이를 중심으로 각자의 위치를 찾아가요. 체육 시간 기준은 선생님이 정해주지만 내 삶의 기준은 내가 정하기로 해요. 기준은 움직이지 않고 두 발 단단히 땅에 붙이고 당당히 서 있지요. 기준을 중심으로 다른 아이들이 움직이는 거잖아요. 기준이 움직이면 전체가 다시 움직여야 하니 기준의 역할이 중요하겠죠?

내 삶의 기준은 내가 정하기로 해요. 다른 기준으로 보는 사람은 그 사람대로 두면 되고요.

오랜 시간 운전을 하다가 대중교통을 이용하는 선택을 한 샘정에게 많은 사람들이 이야기합니다.

"차 없으면 엄청 불편할 텐데. 진짜 괜찮아요?"

"기사 딸린, 예전과는 비교가 안 되는 큰 차가 생겼는걸요."

그 역시 기준을 어디에 두느냐에 따라 다른 거 같아요.

우리 집에 처음 오는 사람들은 마네킹을 보고 놀랍니다. 샘정이 엄청 즐거이 재미있어 하는 일이 마네킹에 옷, 신발, 가방 등을 코디해보는 것이거든요.

패션 블로그를 하겠다고 생각하면서 가장 먼저 한 것이 내 사이즈인 66사이즈 마네킹을 구하는 것이었어요. 그런데 그게 쉽지가 않더군요. 보통 시중에 나와 있는 마네킹은 44반 내지 55사이즈라 특별히 주문을 해야 했어요. 인터넷으로 주문을 했더니 마네킹 가게 사장님으로부터 전화가 왔어요.

"아줌마, 66사이즈에 옷 입혀두면 장사 망해요. 아무도 안 살걸요" 하며 극구 말리는 겁니다. 보통의 작은 사이즈 마네킹을 사라고.

"저는 옷 장사를 하려는 게 아니에요. 저와 같은 사이즈의 마네킹이 필요한 거랍니다."

내가 포기하지 않자 사장님은 급기야 이러더군요.

"받아보면 놀라실 겁니다. 진짜 뚱뚱합니다요. 이렇게까지 말했는데 반품하면 안 됩니다. 진짜 놀랄 건데. 생각하고는 다르다니까요."

이런 만류에도 불구하고 굳이 66사이즈의 마네킹을 산 것은 실제 나와 최대한 비슷한 핏을 보여주고 싶었기 때문이에요.

큰아이가 패션 디자인을 전공하고 있던 터라 집에 보통의 마네킹이 있었는데, 같이 두니 차이가 확실하더군요. 마네킹 가게 사장님 말처럼 깜짝 놀랄 만큼. 그동안은 옷가게의 깡마른 마네킹이 기준이었는데 그 기준을 내 사이즈의 마네킹으로 바꾸니 무지 기분이 좋았어요.

선글라스 마니아인 샘정은 동네 슈퍼에 갈 때도 선글라스를 끼고 가요. 선글라스를 끼는 것은 샘정이 스스로를 사랑하는 방법 중 하나거든요. 좋아하는 것을 하니 나를 기분 좋게 만들어주고, 눈 건강에도 큰 도움이 되고요. 흐린 날에도 낄 때가 있어요. 그냥 내 맘이지요.

"해도 안 났구만."

"햇빛하고 상관없어요. 내가 끼고 싶거든요."

"남들이 뭐라고 하겠나?"

"남들이 나에게 그렇게까지 관심도 없겠지만, 살짝 관심 있어 뭐라고 하면 이렇게 말해주지요. 저 여배우예요. 그것도 뼛속까지 여배우."

좋아하다 보니 렌즈 색깔이 다양한 선글라스들을 가지고 있는데 선글라스를 껴보면 세상은 그대로인데 렌즈 색깔에 따라 세상이 다르게 보인답니다. 오늘 내가 어떤 렌즈를 통해 세상을 볼 것인가는 내가 선택하는 거죠.

그대 L에게는 삶의 경쟁자가 있나요? 비교와 경쟁을 좋아하지 않지만 샘정에게는 딱 한 사람, 생의 경쟁자가 있어요. 삼성가의 장녀 이부진 씨를 유일한 경쟁자로 생각하고 있답니다. 그녀는 아마 내가 이 세상에 존재하는지조차도 모르겠지만 나는 그녀가 참 고맙답니다. 내 삶의 기준을 잘 지탱할 수 있게 해주는 힘을 주거든요. 그래서 언젠가 기회가 닿는다면 밥 한 끼 사고 싶다는 생각이에요. 샘정네의 소박한 밥상이면 더 좋을 테지만요.

그녀와 나는 삶의 궤도 자체가 달라요. 그녀는 태어나보니 아버지가 삼성의 이건희 씨였죠. 삶의 시작 순간부터 상상을 초월하는 격차가 존재하지만, 부모는 내가 선택할 수 있는 게 아니니까, 그것을 잊지 않고 기억하기 위해 그녀를 유일한 경쟁자로 삼고 살아가요. 부모처럼 내가 선택할 수 없는 것, 내가 바꿀 수 없는 것에 대해 욕심 부리며 시간과 감정을 소모하지 않도록 나를 조율하게 해주는 힘으로 삼은 거지요. 대신 내가 할 수 있는 것에서는 최선을 다하고요. 또 내가 부모를 선택할 수 없었듯이 내 아이들도 나를 선택해서 이 세상에 온 것이 아니라는 것을 잊지 않고, 그러니 부모로서 사랑을 듬뿍 주어 내 아이를 키워야겠다는 마음을 잊지 않기 위해서. 아이를 키우면서 자꾸만 생기는 욕심을 조율하기 위해 만든 나의 기준이었어요. 이렇게 기준은 내가 나름대로 만들면서 살아가는 거라 생각해요.

기준~~~~! 그대 L이 기준이에요.

기준을 단단히 유지해서,
지금 생각해도 다행이다,
잘했다 싶은 이야기를 들려주어요.

찬물? 더운물?

 수업 시작할 때 아이들에게 선택을 하라고 합니다. 과학실을 뛰쳐나가는 것까지 허용하진 못하지만 수업에서 무엇을 얼마만큼 성취할지는 스스로 선택해보라고. 수업의 주인공이 될지, 주변인으로 머물러 있을지는 선택할 수 있는 거라고.

만족스러운 삶을 살기 위해서는 매 순간 선택이 필요해요. 많은 일들 중에서 어떻게 우선순위를 정하느냐, 자신의 삶에서 가장 중요한 것은 무엇인가를 아는 것, 다른 사람에게 눈을 돌리기 전에 나를 먼저 보는 것이 중요해요.

그대 L에게 가장 중요한 것은 무엇인가요?

이미 지나간 과거를 돌아보며 후회하지 말자고, 그때는 그것이 최선이었다고 생각하자고 했었죠. 하지만 생의 마지막 시간, 더 이상 미래가 없는 순간에 도달하면 조금은 후회하게 되겠지요. 그 순간마저도 후회가 전혀 없기는 불가능하지 않을까요? 하지만 조금 덜 후회할 수는 있을 겁니다. 그렇게 되기 위해서 L의 선택들이 매우 중요한 거구요.

암석에 관한 수업을 할 때 이런 과제를 냅니다. 암석 단원 수업에서 가장 기억에 남는 '돌머리는 NO! 돌사장님은 YES!' 라는 프로젝트 수업이 있는데 궁금하죠? 기회가 생기면 직접 만나 이야기해줄게요. 그 수업을 하기 위한 들머리 교육은 이렇습니다.

"여기 비커와 자갈, 모래, 물이 있어요. 비커에 어떤 순서대로 넣으면 좋을까요? 세 가지를 모두 다 넣으면서 가장 많은 양을 넣을 수 있는 방법을 찾으세요. 조건은 어떤 물질이든 한 번에 비커가 가득 차도록 넣어야 하는 겁니다."

학생들은 각자의 방식대로 세 가지를 비커에 넣으려고 하지요. 물을 맨 먼저 넣은 학생은 그 어떤 것도 더 이상 넣을 수가 없어요. 어떻게 넣으면 세 가지를 모두 넣으면서 가장 많이 넣을 수 있을까요?

비커에 자갈을 가득 넣습니다. 자갈들 사이에는 공간이 있어 모래를 넣으면 자갈 사이로 들어갈 수가 있겠지요. 그리고 맨 마지막으로 물을 넣으면 자갈과 모래 사이의 공간으로 물이 들어갈 수 있고요.

빈 비커를 그대 L의 삶이라고 생각해보세요. 누구든 풍족한 삶, 충만한 삶을 살고 싶어 하죠. 그렇다면 삶이라는 비커를 무엇으로 어떻게 채워야 할지 생각해 보아야겠지요. 똑같은 것이 앞에 있어도 내가 선택하는 순서에 따라 결과는 많이 달라질 수 있으니까요.

비커는 생각보다 깨지기 쉬워요. 우리의 삶도 비커처럼 조심스럽게 다루어야 하지요. 그리고 자갈은 인생에서의 가장 큰 그림, 삶의 목표, 꿈이라고 할 수 있겠지요.

퀼트로 가방을 아주 멋지게 잘 만드는 친구가 있어요. 그녀의 가방을 보면 감탄사가 저절로 나온답니다.

"내가 직접 가방을 만들게 된 이유는 대학 시절 친구의 비싼 가방을 보면서 상처 받고 난 뒤였어. 친구 아버지께서 외국 출장 다녀오면서 선물로 사주셨다는 그 가방은 잡지책에서나 보던, 가격은 상상도 할 수 없이 비싼 거였지. 제일 친한 친구였기에 늘 같이 붙어 다녔는데 그 친구의 가방을 볼 때마다 부러운 거야. 부러운 마음은 평생 외국이라곤 가본 적도 없고 어쩌면 친구 아버지가 출장 다녀왔다는 그런 나라가 세상에 있는지 조차도 모를 무능력한 아버지에 대한 원망으로 이어졌고, 결국 나는 그런 보잘것없는 집에 태어났다며 비참한 기분이 들게 되었지. 그래서 직장 가지고 월급 타면 제일 먼저 그런 가방을 사겠다고 결심했고 결국 그 가방을 샀어. 그렇게 기분이 좋을 수가 없더라고. 다들 나만 쳐다보는 것 같았어. 내가 친구의 가방을 부러워했듯이, 저 사람들도 내 가방을, 그리고 나를 부러워하겠구나 싶어서. 여고동창을 만나러 가면서도 그 가방을 들고 나가 찻집 테이블에 자랑스럽게 얹어두었어. 남들이 내 가방을 봐야 하니까. 그러면서 나를 부러워해야 하니까. 그런데 지나가던 찻집 종업원이 비틀하면서 들고 있던 물이 내 가방에 쏟아진 거야. 나는 벌떡 일어나 이게 얼마짜리 가방인 줄 아느냐며 불같이 화를 냈어. 그 사람은 연신 죄송하다고 고개 숙여 사과했지만 나는 화가 풀리지 않아 비난의 말을 계속 퍼부었지. 그걸 지켜보던 한 노신사가 그러더라. 그게 얼마짜리인진 모르지만 진짜 비싸고 좋은 가방을 들고 다니려면 사람도 인품이 넉넉하고 고급이어야 되지 않겠냐고. 지금 아가씨가 하는 말과 행동은 가방 값하고는 거리가 먼 것 같다고. 사실 그 순간에는 너무 화가 나서 그 말이 제대로 마음에 들어오지도 않았어. 그런데 친구가 그러는 거야. 그 가방이 그렇게 비싸고 좋은 거냐고. 자기는 가방에 별로 관심이 없어서 잘 모른다고. 그렇게까지 화를 낼 만큼 엄청나게 비싼 거냐고."

내 친구는 자랑하고 싶어 일부러 잘 보이게 테이블 위에 얹어둔 가방을 전혀 인식하지 않고 있었던 동창을 통해 심한 허탈감과 인식의 무서움을 느꼈다고 해요.

"노신사가 혀를 끌끌 차며 하던 말도 제대로 마음을 때렸지. 많이 고민했어. 그러면서 알게 된 게 나는 비교의 선수더라는 거야. 늘 남과 비교하는 나를 발견하게 되었지. 문제는 비교가 날 비참하고 불행하게 만들었을 뿐만 아니라 그 비교치를 해결하기 위해 많은 선택을 해왔다는 거야. 늘 다른 사람들이 가진 거, 다른 사람이 하는 것을 따라하는 게 목표였다는 걸 알게 된 건 진짜 충격이었어. 그냥 그 사람들처럼만, 그만큼만 되면 성공이라 생각하고 그렇게 되려고 애쓰고, 됐다 싶으면 또다시 비교의 대상을 찾고. 이런 반복을 멈출 수 있는 방법으로 선택한 것이 퀼트 가방이었어. 세상 어디에도 없는 비교치가 없는 나만의 것으로 나의 고질병인 비교하는 병을 고치고 싶었거든."

인생 전체를 보며 큰 그림을 그리고 가장 중요한 우선순위를 찾는 것도 필요하지만 하루하루 우리 삶을 만드는 일상 속의 작은 선택들 역시 중요하겠죠. 하루를 느긋하고 여유 있게, 원하는 것들로 채우는 방법도 순위 선택을 잘하는 것이라 생각해요.

그냥 살아지는 대로, 그때그때 눈앞에 닥치는 일들을 해결하는 데 급급하지 않고 내가 원하는 하루를 살고 싶다면, 우선 하루 동안 해야 할 일을 생각하고 순서를 정해보세요. 어떤 일을 먼저 하느냐에 따라 시간과 일의 효율성은 엄청나게 차이가 있거든요. 그 많은 일을 어떻게 하느냐는 질문에는 대충 하면 되어요, 라고 말한다고 했었죠? 대충 하기 전에, 시작하기 전에 하는 것이 있어요. '무엇을 해야 하고 어떤 순서로 할 것인가를 미리 정해두는' 거죠. 나는 마네킹과 마주하며 오늘의 코디를 완성해가면서 그 일들을 하곤 해요. 하루 동안 어떤 일들을 하면서 살 것인지, 어떤 순서로 하면 가장 편안하고 쉬우면서도 효과는 좋을지. 그런 하루를 살기 위해 어떤 옷차림을 하면 좋을지 등등…. 출근하면 제일 먼저, 생각한 일들을 순서대로 적고, 해낸 일들은 하나씩 체크해 가면, 시간과 노력 대비 효과가 좋아진답니다.

그대 L은 어떤 일을 먼저 하는 것이 좋던가요? 작고 쉽고 가벼운 일을 먼저 하는 게 좋은가요, 아님 가장 부담스럽고 힘든 일을 먼저 해버리는 것이 좋은가요? 작은 일을 먼저 하다 보면 해낸 일들이 많고 성취감이 커져서 좋은 장점이 있고, 제일 부담 가는 큰일을 먼저 해버리면 할 일의 거의 전부를 처리한 것 같아 빨리 마음이 가벼워지는 장점이 있더군요. 어느 쪽이 좋다기보다 자신에게, 혹은 그날의 상태에 따라 결정하세요. 샘정은 비중이 큰 일부터 하려는 편이지만 조금씩 달라요. 수도꼭지 앞에서 찬물 쪽을 선택할 것인지 따뜻한 물을 선택할 것인지는 그날의 상황에 따라 다르잖아요. 물의 서늘한 느낌을 그리 좋아하지 않는 샘정이라 주로 따뜻한 물을 선택하지만 가끔은 시원한 찬물이 필요할 때도 있어요. 무엇이든 내게 가장 좋은 방법이 최선이라고 생각해요.

그대 L의 삶에서
자갈, 모래, 물에 해당하는 것은 무엇인가요?

....
....
....
....
....
....
....
....
....

구름 위를 나는 방법

그대 L, 지금까지 살면서 혹시 결코 넘어설 수 없는 산이라 생각되는 두려운 무언가가 있나요? 나에게 그것은 멀미였어요. 그중에서도 비행기 멀미. 너무도 심한 멀미는 내 인생의 방향을 엄청나게 틀어놓았고요. 멀미는 내가 결코 넘어서지 못했던 산이고, 어쩌면 평생 넘지 못할 산이라 생각하면서 살아왔었답니다.

2016년 9월 9일은 샘정이 인생에서 절대 극복할 수 없을 거라 생각했던, 샘정을 가장 크게 얽매어 놓고 있었던, 50년 넘게 사는 동안 많은 결정들을 바꾸게 만들었던 바로 그 '상상초월 극심한 비행기 멀미'에 도전한 날입니다.

멀미… 내 인생의 가장 큰 아킬레스건이었죠. 이것으로 인해 내 삶의 방향은 너무도 많이, 때로는 엉뚱하게 바뀌었답니다.

해외여행 이야기가 나오면 늘 시간이 없다고, 빡빡한 강연 일정 때문에 안 된다고, 경제적인 문제도 있다고, 아이들 돕기도 부족한데 여행 갈 여유는 없다면서 핑계를 댔어요. 때론 강한 책임감에 일주일 이상 휴가를 내지 못하는 남편을 두고 혼자 갈 수는 없다고도 했지요. 모두 사실이지만 저 깊숙한 곳에는 도저히 감당이 안 되는 극심한 멀미에 대한 두려움이 큰 자리를 차지하고 있었다는 건 혼자만의 진실이자 비밀이었답니다. 딸 플로라양이 4년 동안 런던에 있었지만 단 한 번도 가 볼 수가 없었던 이유도 바로 멀미였구요. 세계적인 패션 잡지에 플로라양의 작품이 실리고 신문 기사가 났지만 그 감동의 순간에도 같이해 줄 수 없었고, 최고의 성적으로 졸업하는 영광의 순간에도 함께해 주지 못했어요. 딸의 마음에 평생의 서운함을 안겨주었지요. 이처럼 멀미는 나 혼자의 삶뿐만 아니라 가족의 삶에도 큰 영향을 미쳐왔어요. 하지만 이번엔 정말 꼭 런던으로 플로라양을 만나러 가야겠다는 생각이 들었고, 내가 가겠다고 마음먹으니 온 가족이 갈 수 있게 되었지요.

멀미는 그렇게 내 인생을 옥죄고 있었는데 드디어 그것에 대해 정면 도전을 해보기로 한 거죠. 10시간 넘는 비행은 그날이 내 인생에서 처음이었어요. 나의 멀미를 아는 내 친구들은 걱정이 하늘을 찌를 정도였어요.

"그냥 안 가고도 살 수 있는 건데 뭐하러 그 고생을 자처해?"

"으~~~ 안 봐도… 상상만 해도… 으~~~."

"너 정말 어쩔 건데…."

"멀쩡한 나도 10시간 비행에 몸서리가 처지던데… 너 진짜 가려고?"

하지만 용기를 냈고 나는 결국 해냈답니다. 가장 큰, 절대 극복할 수 없을 것 같던 '멀미'에 도전했던 9월 9일.

비행기를 타고 오가면서 엄청나게 힘들기도 했지만 실제 멀미보다 내 발목을 잡고 있던 것은 멀미 때문에 고통스러웠던 기억으로 인한 마음속 두려움이었다는 것을 알게 되었어요. 구름 속을 뚫고 올라야 구름 위를 볼 수 있다는 것을 새삼 깨달으면서, 내 인생에 할 수 없는 일이 또 있을까? 멀미도 극복했는데? 이런 과다 용기, 과다 의욕 증세까지 생겼답니다. 내 인생의 가장 높은 산이라고 생각했던 것을 넘고 나니 겁이 없어졌다고나 할까요?

그 자신감으로 인해 2017년 7월, 겁 없는 말이 불쑥 나왔답니다. 35년 지기 친구들에게 자유여행을 해보자 말한 거죠. 모두 안전하고 편하게 패키지여행을 하자고 했지만 50대 중반 다섯 명이서 생애 첫 자유여행이라는 새로운 경험을 해보자며 부추긴 건 바로 샘정이었어요. 친구들은 해마다 여행갈 때 멀미로 인한 두려움으로 벌벌 떨며 고개를 젓기만 하던 샘정이 앞장서서 자유여행을 가자고 하니 다들 깜짝 놀라더군요. 사실 다섯 명 모두 자유여행의 경험이 없었기에 괜찮겠냐며 걱정했지만 비행기와 호텔 예약에서부터 여행 계획까지 전부 샘정이 혼자 준비하겠다며 큰소리를 쳤답니다. 6개월에 걸친 준비 기간은 태어나 처음 해보는 경험들로 가득했어요. 드디어 2018년 1월. 인천 공항에서 여행할 장소와 정보가 담긴 영어로 쓴 계획서를 나누어주니 친구들이 의아해하더군요. 현지에서 혹시 길을 잃거나 했을 때 그 사람들이 우리 계획서를 보고 도움을 줄 수 있도록 영어로 작성했다고 하니 어떻게 이렇게 기특한 생각을 했느냐며 폭풍 칭찬을 하더군요. 자유여행을 계획해보지 않았으면 시도해보지도 않았을, 결코 경험할 수 없는 일들이었어요. 그런데 여행 이틀째 되던 날 밤, 돌아오는 비행기 예약 확인서에 물을 쏟는 바람에 눈앞이 캄캄해지는 일이 발생했어요. 하지만 혼자만 알고 친구들 걱정시키지 않게 빠르게 해결을 해야겠다고 생각하고는 예약 사이트에 연락해 e티켓을 메일로 다시 받고 한밤중에 프런트에 가서 안 되는 영어를 통해 메일로 전송되어 온 것들을 어디서 어떻게 출력하는지에 대한 도움을 청하던 순간은 지금 생각해도 가슴이 벌렁벌렁합니다. 그리고 해결했을 때의 그 성취감은 이루 말할 수가 없었고요. 돌아오는 비행기 안에서 친구들이 그러더군요.

"우리 또 가자. 이렇게 재밌을 줄 몰랐어. 정말 완벽한 여행이었어. 우리 건강하게 이렇게 같이 여행 다니자. 특히 너는 아프면 안 된다. 네가 있어야 우리의 자유여행이 가능하니, 우린 니 덕에 울렁증 있는 영어 한마디 안 하고 편하게, 패키지라면 가보지 못했을 장소들도 가보면서 이렇게 여행 잘했으니, 우린 모두 다 너만 믿고 따라갈 거다. 너는 특별히 더 건강 잘 챙겨서 우리 데리고 앞으로 쭈욱 여행 가야 한다."

세상에나! 이런 날이 올 줄 상상이나 했겠어요? 그리고 자유여행을 통해 또 하나 얻은 게 있답니다. 맞춤식 여행 계획을 짜고 안내하는 일을 하면 잘할 것 같다는 새로운 재능과 적성을 발견하게 된 거죠. 그래서 또 하나의 새로운 꿈을 가지게 되었답니다. 여행 설계사라는 새로운 꿈. 알죠? 일단 함 해보고. 아님 말고.

그대 L도 그동안 넘지 못하고 있던 가장 높은 산을 오르기 위한 한 걸음을 걸어보아요.

샘정의 멀미처럼
L을 가장 두렵게 하지만 꼭 극복해보고 싶은 것이 있나요?

....

....

....

백마 탄 왕자를 만나는 꿈을 이루게 하소서

"선생님, 엄마 아빠가 매일 싸워요. 그래서 너무 속상하고 불행해요. 살고 싶지가 않아요." 라고 시작하는 메일이 왔어요. 이렇게 답장을 보냈습니다.

"엄마 아빠의 싸움은 그들의 삶이란다. 그건 네가 어쩔 수 없는 일이야. 그들의 삶이 아닌 너의 삶에 집중해보렴. 그들을 바꿀 수는 없지만 너는 바꿀 수 있단다. 엄마 아빠가 매일 싸워서 불행하고, 그래서 살고 싶지 않은 네가 아닌, 싸우지 않고 사랑하며 사는 행복한 네가 되겠다는 목표를 가지고 그런 어른이 되는 거, 그건 너만이 할 수 있는 거란다. 부모의 불행을 보면서 너마저도 불행하게 만들지는 않았으면 좋겠어. 그들의 불행을 보면서 저렇게 불행하고 싶지는 않아, 그러려면 나는 어떻게

지금을 살아야 하고, 어떤 어른으로 자라야 할까를 고민해보렴. 네 삶을 잘 사는 것에 집중해. 타인에 의한 행복이 아닌 나로 인한 행복이 중요하단다."

우리는 꿈을 꾸죠. 아주 거창한 꿈에서부터 아주 작고 소소한 것들까지. 우리는 늘 무엇인가를 원하고 바라면서 살지요.

"정혜는 두 문제를 설명해주세요."

"왜요? 왜 나만 두 문제예요? 아이, 싫어요. 나 이런 문제 풀지도 못한단 말이에요. 나 안 풀래요."

"그래서 너는 두 문제예요."

"그런 게 어딨어요? 선생님이 차별하면 안 되지요."

"그런 거 여기 있어요. 그리고 선생님도 차별 엄청 싫어해요, 지금 이 상황은 지극히 공평해요."

"말도 안 돼요. 나만 두 문제 하라면서요?"

"선생님 마음이에요."

"왜 선생님 마음이에요? 공평하게 해야지."

"무지 공평해요. 정혜는 하고 싶은 거 마음대로 하잖아요. 친구가 싫다고 해도 자꾸 장난 걸어 방해하고, 조금 전에 친구 활동지 찢어 놓고도 미안하다 사과도 안 하고. 개수대에 가서 물을 틀어 친구들에게 뿌리고. 그러니 공평하지요."

"뭐가요?"

"정혜도 마음대로 하고 선생님도 마음대로 하고. 우리 완전 공평하다, 그렇죠?"

"그래도….''

"정혜가 마음대로 하는 건 괜찮고 선생님이 마음대로 하는 건 안 되는 걸까요? 정혜가 하는 만큼 선생님도 너에게 해주려고 하는 건데, 어때요? 우리 앞으로도 계속 공평하게 지내봐요."

나는 하기 싫지만 다른 사람들은, 세상은 나를 알아주고 대우해주어야 한다, 그렇지 않으면 그건 차별이고 억울한 걸까요?

"선생님은 네가 하는 만큼 너에게 해주고 싶은데 어때요?"

"난 잘하는 게 없는데."

"나는 잘하는 게 없으니 못하게 두고 그냥 배려만 하라? 그건 곤란하지요."

"그럼 어쩌라고요?"

"잘하는 것을 찾으면 되지 않을까요?"

"할 줄 아는 게 없다니까요?"

"정혜는 학교 올 때 걸어오나요?"

"버스 타고 오는데요."

"버스 운전사를 믿나요?"

"버스 운전사요? 왜요? 왜 믿어야 되는데요?"

"그럼 다르게 질문. 버스 운전사를 의심하나요?"

"무슨 의심요?"

"이 버스가 사고 나지 않고 안전하게 학교까지 갈 수 있을까? 운전사가 운전을 제대로 할 줄 알기나 하는 걸까? 하는 의심."

"그런 의심을 왜 해요?"

"그 버스 기사가 아는 사람인가요?"

"그 사람을 내가 어떻게 알아요? 그리고 맨날 바뀌던데."

"이상하네. 어떻게 생판 알지 못하는 사람을 의심하지 않고 철석같이 믿을까?"

"그건 운전사니까 당연히 믿어야죠."

"그럼 너는 왜 믿지 못하는 걸까요?"

"내가 뭘 못 믿어요?"

"너는 잘하는 것이 없다면서?"

"진짜 잘하는 게 없다니까요."

"버스 운전사는 한 번도 연습 없이 버스를 운전할 수 있게 됐을까요?"

"많이 연습했겠죠. 시험도 치고."

"그랬겠죠? 배워서 잘해보겠다는 마음으로 연습을 많이 했겠지요. 그래서 버스 운전을 아주 잘하게 되었고, 자격증도 따고, 사람들은 그런 버스 운전사를 믿고 버스를 타고."

"그게 무슨 상관이에요?"

"정혜와 버스 운전사의 차이점이 무엇일까?"

"저는 버스 운전을 못하는 거?"

"버스 운전사는 버스 운전을 배워야겠다고 생각했고, 배웠고, 잘하게 되었고. 정혜는?"

"…."

"배우고 싶은 것이 없고, 아직 배우고 싶은 것이 없으니 그다음 이야기는 의미가 없고."

"…."

"버스 운전사가 운전대에 앉을 수 있는 이유가 뭘까?"

"운전을 할 줄 아니까."

"그렇지. 운전할 줄 아는 자기 자신에 대한 믿음이겠지요. 그 버스를 타는 모든 사람들도 버스 운전사가 운전을 잘할 거라 믿으면서 타고. 버스 운전사가 처음부터 나는 운전을 할 줄 모르는데 어쩌라고, 하며 포기를 했었다면?"

"운전을 못하게 되었겠지요."

"지금 정혜처럼?"

"그건…."

"누구나 처음부터 잘하는 것이 있을까? 해보고 싶은 것을 찾고 잘하기 위해 연습하는 과정이 있어야 잘하게 되는 거죠. 그리고 가장 큰 것은 자신에 대한 믿음일 거야. 이 일을 잘하고 싶고, 잘할 수 있다는 믿음. 오늘 아침, 생판 모르는 버스 운전사를 1%의 의심도 없이 믿고 버스에 올라탔는데, 정작 정혜 자신을 못 믿는다면?"

"아, 그냥 이렇게 살게 냅둬요. 나중에 잘생기고 능력 있는 멋진 남자 만나면 되지요. 선생님보다 더 잘살 거니까 걱정 마요."

"그래? 그 잘생기고 멋진 남자도 너를 만나는 꿈을 꾸고 있어야 할 텐데, 그치? 너만 그런 사람 만나기를 꿈꿀까? 그 능력 있고 멋진 남자도 똑같이 예쁘고 능력 있고 멋진 여자를 만나고 싶지 않을까? 하고 싶은 것은 잠자는 것이 전부인 미인, 규칙을 어기는 강한 개성, 친구들 물건을 뺏는 능력. 네가 꿈꾸는 남자가 너에게 바라는 것이 이런 멋짐과 이런 능력일까?"

"그래도…."

"멋진 남자 만나는 꿈을 이루는 방법이 있어요."

"진짜요?"

"네가 멋진 사람이 되는 거지. 유유상종이라는 말 알죠? 끼리끼리. 네가 멋진 사람이면 네 주변의 사람들은 모두 너와 비슷한 멋진 사람들이겠지. 그 많은 멋진 남자들 중에서 네가 선택할 수 있는 그런 삶이었으면 해. 자신은 멋지지 못하면서 멋진 남자를 만나 모든 것이 바뀌기를 기다리는 너는 아니었으면 해요. 꿈의 순서를 조금 바꾸면 될 것 같은데? 멋진 사람 되기, 그 다음에 멋진 남자 만나기, 어때요?"

그대 L은 CEO라는 거 아나요? 그대 삶의 최고 경영자는 바로 그대예요.

그대 L은 스스로에게 어떤 것을 선물하고 싶은가요?

오십대가 되면서 나에게 선물을 주기 시작했어요. 그 전에는 주로 물건을 선물했었는데 조금 다른 선물을 주고 싶다고 생각했어요. 예전에 하고 싶었지만 여러 가지 사정으로 접어 두었거나 포기했던 것들을 다시 배워보는, '배움 선물'을 하고 있어요. 그래서 시 낭송 배우기, 성악 배우기를 선물했고, 세 번째 선물이 발레였어요. 발레복을 입고 춤을 추면 정말 행복해요. 그리고 80대의 나를 상상해보곤 해요. 그때는 온몸에 주름이 가득하겠죠. 그런 내가 발레복을 입고 분홍색 타이즈와 발레슈즈를 신고 음악에 맞추어 느릿느릿하지만 우아하게 발레를 하는 상상.

꿈은 내가 나에게 주는 선물이니까요.

나에게 해주고 싶은 선물 리스트를 작성해볼까요?

....

....

....

....

....

삐딱하게 ♪♪♪♪

"삐뚤어질 테다."

샘정이 가끔 하는 말이에요. 이 말을 할 때 이상하게 쾌감이 온몸을 감싸는 것 같은 건 왜일까요?

그대 L도 가끔 삐딱하고 싶고 삐뚤어져보고 싶죠, 그쵸?

3월 14일, 화이트 데이에는 올블랙으로 출근했어요. 신학기 시작하고 고작 열흘밖에 지나지 않았지만 벌써 학교가 재미없어서 정말 삐딱해지고 싶은 아이들의 마음을 조금은 알아주고 싶기 때문이에요. 그리고 고작 열흘인데 아이들로 인해 속상하고 상처받고 있다는 후배 선생님들에게 격려의 마음을 전하고 싶은 마음도 있고요.

학교는 늘 반듯한, 누구에게나 수용되고 상식의 범주 안에서

예측 가능한 행동만 하는 착하고 순한 아이들만 있는 곳이 절대 아니거든요. 교사와는 너무도 다른 생각과 시각을 가진, 나와 많이 다른 아이들이 모여 있는 곳이지요.

그들을 나의 시각으로 보면 삐딱하게 보이겠지만 내가 조금 삐딱해지면 그 아이들이 똑바로 보일 수도 있지 않을까요?

나이가 들수록 삐딱해질 수 있었으면 합니다. 삐뚤어지는 것은 세상을 벗어나거나 등지고 사는 것이 아니라 세상과 타협하는 한 방법이기도 해요. 다양한 각도로 삐딱해질 수 있는 유연함을 가지게 된다면, 세상을 사는 게 조금 더 쉬워질 테니까요.

내 나이가 얼만데, 또는 이 나이에 뭘 하겠어, 이런 생각에서 벗어나보고자 화이트 데이의 드레스코드를 '삐딱하게'로 정해 본 거죠.

내게는 올블랙은 너무 조신하고 얌전한 차림이라는 고정관념이 있었는데 나에게는 숨기려 해도 숨겨지지 않는 '삐딱 근성'이 있나 봐요. 블랙 차림의 나를 보며 아이들이 '쫌 놀아본 언니' 포스가 느껴진다고 하니 말이에요.

세상을 삐딱하게 한번 봐보세요. 이해하지 못했던 것들이 이해가 되고 눈에 차지 않던 사람이 마음에 들어오기도 하고 생각지 못한 즐거움이 곳곳에 있답니다.

삐딱하게~~~~ ♬ ♪ ♬ 삐딱하게~~~~ ♪ ♬ ♪

남들과 같은 길을 가야 할 필요는 없어요. 남들 가는 길이 무조건 정도는 결코 아니에요. 내가 가고 싶은 길이 세상이 말하는 곧고 넓은 탄탄대로가 아니어도 괜찮아요. 삐딱하게 난 샛길이어도 내가 즐거이 갈 수 있는 길이라면 삐딱하게 살아보기로 해요.

"비뚤어질 테다" 라고 외치며,
이것만은 꼭 해보고 싶은 일탈이 있다면 지금 외쳐보아요.

....
....
....
....
....
....
....

포기도 선택이고 용기다

 직장인이 되어 살아보니 그동안 아버지, 어머니가 얼마나 많은 사표를 가슴에 품고 사셨을까… 먹먹해지더라는 딸의 말. 엄마의 "남의 주머니에서 돈 가져오는 거 결코 쉽지 않지" 하던 말을 이해하겠더라고 하더군요.

그 말을 듣는 순간 엄마 샘정의 가슴도 먹먹해졌어요.

'딸의 가슴에도 사표가 한 장 쓰여졌나 보다' 하는 마음에 이렇게 말해주었습니다.

"딸아, 너의 가슴에도 사표가 쓰여 있겠지…. 가슴에 단 한 장의 사표도 품지 않고 사는 직장인이 어디 있겠냐만 너무 많은 사표가 네 가슴에 쌓이지 않기를 바란다.

그 사표, 가슴에 쌓아두기만 하지 말고 세상을 향해 던져도 된단다. 네 삶의 주인은 너라는 거 알지? 힘들다면서도 일이 즐겁다고 하니 더없이 고맙단다. 아버지 말씀 기억하렴.

우린 널 행복하라고 키운 거라는 말씀. 삶에서 진짜 성공은 네가 행복하게 사는 거라는 말씀. 엄마 말도 기억하렴. 우린 언제나 언제나 네 편이라는 거.

겨우 하룻밤 함께하고 또다시 일터로 돌아갈 딸아, 아버지, 엄마가 함께 차린 따뜻한 집밥이 너에게 큰 응원이 되길…. 많이 사랑한단다."

그대 L의 가슴에도 사표가 쌓여가고 있는 건 아닌지요? 강연에서 만나는 사람들에게 말하곤 합니다.

이 소망이, 이 직업이 정말 내 것일까? 혹시 나도 모르는 압력에 등 떠밀리고 있는 것은 아닐까? 이 길이 아니라는 생각이 들면 포기하는 것도 선택이고 용기일 거다, 라고.

딸과 사표에 관한 이야기를 하면서도 나온 말이지만, 자신이 선택한 일이라고 늘 좋기만, 즐겁기만 한 것은 아니잖아요. 힘들지만 그래도 계속하고 싶은가 물었을 때 그렇다고 대답할 수 있다면 그 일이 진짜 나의 일인 것이죠. 하지만 직장이 늘 꿈의 실현 장소냐 하면 그것도 아닙니다. 직장과 꿈이 별개의 것일 수도 있지요. 35년 넘게 직장인으로 살면서 삶을 즐기며 살 수 있는 방법으로 내가 찾은 답은 내가 좋아하는 일을 하거나, 지금 내가 하는 일을 좋아할 수 있도록 하는 것입니다.

"엄마는 교사를 꿈꾸지 않았기에 꿈을 이룬 사람은 아니지. 하지만 꿈을 이루지 못했다고 엄마의 삶이 불행하다고 생각지는 않아. 엄마도 직장 2,3년 차에 정말 고민을 많이 했었어. 이 길이 내 길이 아닌 것 같다는 생각에. 결국 엄마는 후자를 선택했지. 지금 내가 하고 있는 일을 좋아할 수 있는 방법을 찾아보자고. 물론 그 일이 쉽지는 않았고, 그 이후에도 적지 않게 갈등했지만 엄마는 그동안의 시간들이 충분히 행복하고 감사하다고 생각해. 힘들 때도 많았지만 그래도 하고 싶냐는 물음에 그렇다고 대답할 수 있었으니까. 그리고 어느 순간 다른 길을 가 보고 싶다는 생각이 들면 그때는 또 그 길을 선택하면 되는 거야. 진로는 생의 마지막까지 이어지는 선택의 연속이니까."

그대 L, 나이 60을 바라보는 샘정도 진로 고민이 많답니다. 문득 잘 입고 다니던 원피스 길이가 너무 짧다는 생각이 들었고 원피스 치마 길이를 조금 길게 늘여야겠다는 생각을 하다가 리폼과 진로에 대해 생각해보았어요.

리폼은 물건을 조금 더 쓸모 있도록 만드는 것, 진로는 우리 삶을 조금 더 즐겁고, 가치 있으며, 쓸모 있도록 만들어가는 것이 아닐까 하는 생각.

아무렇지 않게 잘 입던 원피스가 갑자기 길이는 짧고, 놓인 수는 너무 싸구려 같아 마음에 들지 않게 되어버린 순간. 버릴 것인지 마음에 들게 바꿀 것인지를 선택해야 하지요. 레이스를 덧대어 길이를 늘이기 위해 찾은 레이스 가게에서 사장님은 원피스 색과 비슷한 진한 색을 권했지만 나는 내가 원하는 연한 색으로 샀어요. 진로 선택도 비슷하다는 생각이에요. 타인의 권유보다는 자신의 선택으로 이루어져야 하고, 큰 그림을 보고 열심히 주의 깊게 진행해야 하죠. 결정했으면 실패나 실수하지 않도록 정성 들여 바느질을 해야 하고요. 바느질에 실패해 다시 뜯어야 하는 일이 생긴다면, 아닌 척 잘하고 있는 척하는 대신 인정하고 조금 늦어지더라도 다시 하는 게 맞지요. 한 우물을 파는 것도 중요하고 가치 있겠지만 포기할 줄 아는 것도 선택이고 용기라고 생각해요.

하나 더, 부분이 아닌 전체를 보려고 노력할 것. 전체를 보고 부분을 보면 답이 찾아질 때가 많지요. 원피스의 수가 놓인 부분이 지금보다 조금 더 고급스러워 보였으면 한다는 생각이 들어 진주를 더하니 아주 마음에 드는 리폼이 완성되었어요.

그대 L, 지금 몰입할 수 있는 일을 하고 있나요?

    지금 당장 포기하고
    훌훌 털어버리고 싶은 일이 있다면 무엇인가요?

    ....

    ....

    ....

젊어 보여요 말고 멋져 보여요

샘정의 트레이드 마크 중 하나가 '이쁜 척'이랍니다. 젊을 때는 이쁜 척하지 않았죠. 그때는 진짜 예뻐서 굳이 예쁜 척을 할 필요가 없었으니까요. 자뻑 샘정인 거 알죠? 그러다 정확하지 않지만 언제부터인가 학교 아이들과의 관계 형성을 위해, 또 아이들에게 예쁘게 보이고 싶어서 수업 시간에 아이들에게 예쁜 쌤이라 우기기 시작했어요. 아이들은 예쁘다며 박박 우기는 샘정에게 점점 세뇌되기 시작하더군요. 그러다 교무실로 이쁜 척을 확장해야겠다고 생각한 것은 오십대를 맞으면서였어요. 교무실에서 '나이든 평교사'의 역할에 관해 고민하게 되더군요. 젊은 시절 보았던 선배님들의 모습도 주마등처럼 지나가고, 적지 않는 고민 끝에 찾은 나만의 답은,

'한 번쯤 모두를 까르르 웃게 해줄 수 있는 사람'이었습니다.
그리고,
'그 웃음을 통해 아래 위 두루두루 아우를 수 있는 중간자'였어요.

오지랖 열 바가지 샘정인지라 직장에서 까르르, 하하, 호호 웃을 수 있는 순간들이 종종 있으면 좋겠다, 그렇게 같이 웃다 보면 힘들고 지친 마음, 상처 받은 마음도 조금은 누그러질 수 있지 않을까 하는 바람으로 도도함과 시크함의 대명사(?)였던 샘정은 헛소리 주절주절 해대고 이쁘다 벅벅 우기는 푼수 아줌마가 되기로 합니다. 샘정의 이쁜 척으로 인해 종종 웃음바다가 되고, 바쁘더라도 교무실 좀 다녀가면서 자기들 좀 재미있게 웃게 해달라고 하니 이쁜 척 완전 성공! 다행이고 고마운 일이지요.

그대 L은 젊어 보인다와 멋져 보인다는 말 중 어느 말을 더 듣고 싶은가요? 물론 둘 다면 좋겠지만 욕심이 과하면 안 되잖아요. 나이가 들면서 자칫 '젊어 보이는 것'에 대한 욕심이 생길 수 있을지 몰라 가끔 딸들에게 부탁하곤 해요. 엄마가 젊어 보이고 싶어 하는 욕심이 과하다 싶으면 너희들이 엄마를 말려야 한다고. 결코 젊지 않은 나이에 젊어 보이기보다는 나이에 따른 우아한 멋을 풍기며 살고 싶거든요. 내 몫은 하면서 당당하게 멋지고 싶은 마음이죠.

"젊어 보여요"라는 말에 내가 하는 대답이 있어요.

"그건 결코 내가 젊지 않다는 것을 이야기해 주는 것이기도 하답니다. 젊은 사람에게는 '젊어 보인다'는 말을 할 필요가 없으니까요. 젊어 보이세요, 라는 말은 당신은 나이든 사람이에요, 라는 말과 같은 의미이기도 하답니다."

그대 L은 학창 시절 청소 시간 어땠어요? 열심히 청소를 하는 학생이었나요? 과학실에서 주로 수업을 하는 나는 수시로 과학실 청소를 해요. 특히 신학기 첫 수업을 하기 전에는 깨끗하게 청소된 쾌적한 과학실과 만나게 해주고 싶다는 생각에서 직접 대청소를 하지요. 첫 인상은 중요하잖아요.

과학실은 아이들만 사용하는 곳이 아니고 교사인 나도 함께 사용하는 장소이기에 학기 중에도 종종 혼자 청소를 한답니다. 이런 것들이 나를 나이에 어울리는 우아함을 가지고 살아갈 수 있게 만들어준다고 생각해요.

내 역할을 제대로 찾아서 하면서 당당하게 나이 들어가고 싶은 마음이에요. 당당하다는 거, 폼 나잖아요, 그쵸?

주변 사람들이 그대를 어떻게 표현해주기를 바라나요?

....

....

....

니트가 어울리는 여자

담임 소개할 때도 말했지만 샘정은 천성이 부드럽고 순한 사람은 아니에요. 따뜻하고 푸근한 성격의 사람도 아니고요.

스스로를 조금씩 더 알게 되면서, 나이가 들면서 내면의 여러 부분을 조율할 수 있는 방법과 힘이 생기게 되면서 살짝 표가 덜 나기는 하겠지만요.

티가 꽉꽉 난다고요? 진짜요? 그대 L은 샘정을 너무 많이 파악해버린 거 아니에요?

부족한 부분을 채우며 살아가려 노력하지만 불쑥불쑥 그런 부분이 드러날 때가 있지요. 자칫 조율에 실패할 것 같은 예감이 드는 날이 있어요.

지난 한 주 내내 일이 많기도 했지만, 목요일 빗속의 출장, 금요일 자유학기제 책 만들기 수업, 토요일 들깨밭 화보 촬영, 일요일 기차타고 버스 타고 연수하러 구미 다녀오느라 주말에도 쉬지 못하고 강행군을 하고 나니 몸 상태가 좋지 않은 상태에서 출근하게 된 월요일.

월요일은 5시간 수업에, 8교시에 학력 향상반 수업까지 있어서 평소에도 긴장하게 되는 날이라 조율을 잘해야 하는데 컨디션이 좋지 않으니 어른으로서의 우아함을 잘 유지해야 하는 상황이죠.

샘정의 꿈 중에 '니트가 어울리는 여자'가 있어요. 니트는 살짝(?) 마른 몸매라야 잘 어울린다고 생각해 노년으로 갈수록 그런 몸매가 되고자 가진 생각이지만 또 다른 이유도 있어요.

그대 L은 '니트' 하면 어떤 단어, 어떤 이미지가 떠오르나요?

따뜻함

포근함

부드러움

보들보들

여유로움

그리고 쭉쭉 늘어나는 신축성 등등

샘정이 되고픈, 가지고 싶은 품성들이거든요. 삶에 탄성이 있는 따뜻하고 부드러운 사람.

조율이 많이 필요한 날은 조금 더 그와 같은 사람이 되기 위해 니트를 입어요. 니트처럼 조금 더 여유롭게, 니트처럼 조금 더 신축성 있게, 어른으로서의 우아함을 잘 유지하기 위해서. 아이들에게도 도움을 청해야 해요. 선생님도 노력하겠지만 평소와 달리 조율이 안 될 수도 있다고, 여러분들이 도와주기를 바란다고.

니트와 비슷한 물건으로 고무줄도 있는 거 알죠? 긴 명절 연휴 하면 그대 L은 무엇이 가장 먼저 생각나는지요? 연휴 = '정말 열심히 먹은 날들'이 아닌가요?

연휴 끝에는 어떤 옷을 입어야 할까요? 당근 고무줄 치마를 입어야겠지요. 쭉~~쭉 늘어나서 굵어진 허리둘레도 모두 수용할 수 있도록.

"어쩌지? 연휴에 너무 먹었더니 허리에 살이 얼마나 붙었는지 몰라, 어떡해잉~~."

친구가 이렇게 말한다면 어떻게 이야기해 줄까요?

"그 정도는 괜찮아. 명절에 맛있는 거 잔뜩 있는데 당연히 먹어야지. 다시 빼면 되지 뭐. 그리고 말을 하니 늘었나 싶지, 나는 하나도 모르겠는걸. 너보다 내 허리가 더 걱정이다 야."

이렇게 말해주면 좋겠지요.

남에게는 이렇게 관대해질 수 있는데 정작 스스로에게 가혹할 필요는 없겠죠? 다른 사람은 몰라도, 나는 나에게 관대하고 너그러웠으면 해요.

학부모 교육 때 얼룩이 묻은 원피스를 입고 강의를 시작한 적이 있었어요. 나는 그게 너무 크게 보이고 신경 쓰였는데 남들은 그 정도 가지고 뭘 그러느냐며 잘 보이지도 않는다고 말해주더라는 말을 하고 싶었기 때문이에요.

친구의 어깨를 툭, 치며 말하듯, 그렇게 내 어깨를 토닥여주며 "이쯤이야 괜찮아"라며 넘어가 주기로 해요.

"이게 뭐야. 먹는 거 하나 조절을 못해서… 정말 나는 어쩔 수 없어. 한심하다 한심해."

이러면서 스스로에게 상처 주는 일은 하지 말기로 해요. 맛있게 즐거이 먹었으니 그것으로 된 거고 그 결과는 담담히 받아들이고 넘어가면 됩니다. 늘어난 허리가 속상하다면 지금부터 조금 덜 먹고 조금 더 많이 움직이면서 줄이면 되지 않을까요?

퇴근길에 세 정거장은 걸어보는 건 어떨까요? 욕심내지 않고, 조급해하지 않고 할 수 있는 것부터 해보자는 생각으로 말이에요.

니트가 어울리는 여자, 가끔 고무줄 치마를 입는 여자가 되어 나와 타인에게 조금 더 너그러운 삶을 살고 싶어요.

그대 삶의 코르셋 같은 거,
그대를 가장 옥죄고 있는 것은 무엇인가요?

....

....

....

....

....

왕관을 쓰려는 자, 그 무게를 견뎌라

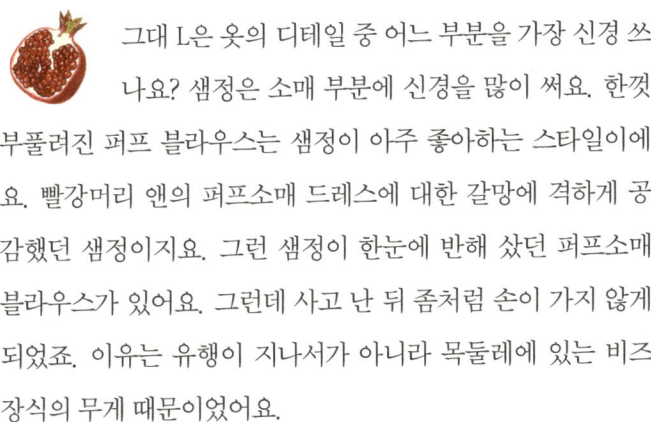 그대 L은 옷의 디테일 중 어느 부분을 가장 신경 쓰나요? 샘정은 소매 부분에 신경을 많이 써요. 한껏 부풀려진 퍼프 블라우스는 샘정이 아주 좋아하는 스타일이에요. 빨강머리 앤의 퍼프소매 드레스에 대한 갈망에 격하게 공감했던 샘정이지요. 그런 샘정이 한눈에 반해 샀던 퍼프소매 블라우스가 있어요. 그런데 사고 난 뒤 좀처럼 손이 가지 않게 되었죠. 이유는 유행이 지나서가 아니라 목둘레에 있는 비즈 장식의 무게 때문이었어요.

매장에서 입어볼 때는 비즈 무게를 크게 느끼지 못했어요. 색깔, 소재, 그리고 엄청나게 부풀려진 소매가 너무 마음에 들어 비즈 무게 정도는 크게 느끼지 못했었나 봐요. 그런데 막상

입기 시작하면서 가볍고 부드러운 실크가 지탱하기에는 장식된 비즈의 무게가 너무 무거워 옷이 자꾸만 앞으로 처지는 거예요. 손으로 잡거나 받치고 있어야 옷의 모양이 제대로 잡히고, 조금만 움직여도 비즈 무게 때문에 옷이 앞으로 쏠려 처지게 되니 자꾸 옷을 뒤로 젖히게 되고. 이 옷을 입는 날은 비즈의 무게를 감당해야만 하는 셈이죠. 그런데 그 수고가 만만치 않아 너무너무 마음에 들면서도 선뜻, 자주 입지 않게 되더군요.

선택에 대한 책임.

사람 마음은 간사하여 좋은 것만 취하고 불편하고 수고스러운 것은 피하고 싶어지지요. '왕관을 쓰려는 자, 그 무게를 견뎌라.' 셰익스피어가 헨리 4세를 통해 전하고자 하는 메시지도 그러하지 않았을까 합니다. 일단 선택을 했으면 그 결과가 마음에 드는 것이 아니어도 책임질 수 있어야 한다는 것을요.

자신이 하는 일에 대한 가치를 부여하는 것 역시 매우 중요하다고 생각해요. 유명한 세 사람의 석공 이야기를 해볼게요.

14세기에 대성당을 짓는 석공을 만나서 그들에게 질문을 했다지요. 첫 번째 석공에게 지금 무슨 일을 하고 있느냐고 물었더니 그는 보면 모르겠냐는 듯이 짜증 섞인 목소리로 대답했다고 해요.

"가로 50cm 세로 30cm의 돌을 자르고 있소."

삶에 너무도 지친 표정으로 덧붙였고요.

"나는 이 일을 몇 년간 계속했소. 앞으로도 죽을 때까지 할 것이오."

두 번째 석공에게 같은 질문을 했지만 대답이 조금 달랐어요. 그는 미소를 지으며 말했어요.

"돌을 직사각형으로 자르고 있습니다. 나는 사랑하는 가족들을 위해 이 일을 하고 있어요. 힘들게 일하지만 덕분에 내 가족은 먹고 살기에 부족함이 없지요. 그래서 나는 아내와 자식들과 함께 행복하게 살고 있지요."

세 번째 석공에게도 같은 질문을 했고, 그 역시 앞의 두 사람과는 다른 대답을 했습니다. 그는 아주 기쁜 표정으로 이렇게 말했답니다.

"저는 천 년 동안 거룩한 빛을 발하게 될 대성당을 짓는 데 동참하는 영광을 받았지요."

세 사람의 석공은 똑같이 힘들게 돌을 자르는 일을 하고 있지만 자신들이 하는 일에 대한 의미를 전혀 다르게 부여하고 있었던 거죠.

그대 L은 지금 하고 있는 일에 대해 어떤 의미와 가치를 부여하고 있는지요? 일 자체도 중요하지만 그 일을 어떻게 생각하고 있는지, '어떤 의미를 부여하고 있느냐'에 따라 삶이 많이 달라질 수 있다는 것을 기억하세요. 그 의미를 발견한다면 단순한 성취감 이상의 가치와 보람, 자존감을 얻을 수 있을 거예요.

세 석공 모두 같은 무게의 왕관이 머리 위에 얹혀 있지만 그 무게를 느끼는 정도와 감당하는 자세는 너무도 다르죠?
그대 L은 그대의 왕관을 어떻게 느끼고 있나요?

지금 하고 있는 일에서 찾을 수 있는 의미는 무엇일까요?

....
....
....
....
....
....
....
....
....

> ### 인생 뜻대로 안 되네.
> ### 그렇지만 괜찮아

 그대 L은 스스로에게 선물을 하나요? 2020년 생일에 내가 나에게 준 선물은 코바늘뜨기로 한 라일락 꽃 색깔의 조끼였어요.

조끼를 완성하고도 실이 많이 남았어요. 실을 너무 많이 샀다? 원래 계획과 달라졌기 때문이에요.

뜨개질의 여신인 샘정. 도안도 없이 혼자 머릿속에 그리는 옷을 만들어낼 수 있어요. 계획은 창대하였습니다. 모티브를 연결하여 샘정이 옷에서 가장 신경을 쓰는 소매가 아주 넓은 니트 티셔츠를 뜨는 것이었어요.

오랜만에 뜨개질을 하겠다 생각한 것은 내가 원하는 딱~~~~ 그거. 마음에 그리는 색깔과 디자인의 옷이 세상에 존재하지 않기 때문이지요.

한눈에 반한 라일락꽃 색깔의 실. 모티브들을 떠서 연결하며 설레었어요.

그런데 코로나19로 인해 4월 16일부터 온라인 개학을 하게 되었고, 쌍방향 실시간 수업을 선택. 처음 해보는 온라인 수업은 생각보다 많은 시간과 노력이 필요했고 결국 샘정의 입에서 나온 말.

'아… 하아… 인생 참말로 뜻대로 안 되네….'

원하는 옷을 위해서 필요한 모티브가 몸판만 해도 150개 이상은 있어야 할 것 같은데 그때까지 완성한 모티브는 70개.

도저히 생일에 맞추어 완성할 것 같지가 않더군요. 그래서 방법을 고민하게 되었어요. 이럴 때 우리는 '선택'이라는 단어와 마주하게 되지요.

1. 밤을 꼬박 새워서라도 처음에 생각한 옷을 완성하여 생일에 입는다.
2. 생일에는 입지 못하더라도 처음에 생각한 옷을 완성하여 입는다.
3. 처음에 생각한 옷은 아니지만 생일에 입는다.

선택을 위해서는 현실을 파악하는 것이 중요하지요.

모티브 하나 뜨는데 10분. 흐미~~~ 눈도, 팔이 움직이는 속도도, 체력도 예전 같지 않은 상황이었어요.

어디에 더 가치를 둘 것인가?

처음 계획한 옷?

생일 선물?

처음 시작이 생일 선물이었으니 나를 챙기면서 선물도 할 수 있으면 좋겠다는 결론을 내렸어요. 소매는 과감히 포기하고 조끼로, 길이를 최소화하고, 시간이 걸리는 모티브도 최소화하는 걸로 결정했어요. 내가 힘들지 않은 것이 제일 중요하니까요.

세상에 단 하나뿐인 아주 독특한 조끼가 완성되었어요. 처음 계획대로는 아니지만 '생일에 내가 직접 뜬 조끼를 입는 것'을 이룬 샘정입니다. 신나고 행복했어요.

처음 뜨개질을 시작한 것은 국민학교(초등학교) 5학년 때였어요. 내가 상상하는 것을 만들 수 있다는 점에서 뜨개질은 샘정이 매우 좋아하는 일이었는데 시간과 수고가 너무 필요한 일이라 더 이상 하지 않겠다며 손을 놓고 있었는데 문득 나를 위한 선물을 해주고 싶다는 마음에서 다시 시작했던 뜨개질.

50대 패션 블로거 자칭 1호답게 그해 봄 트렌드 중 빼놓을 수 없는 것이 크로셰(코바늘뜨기, 코바늘뜨기로 한 옷)라는 걸 알기에.

처음 계획한 대로 되지 않았다???

물론 거기에 포인트를 두면 실패로 보일 수 있지만 생일에 내가 직접 뜬 옷으로 나에게 특별한 선물을 주었다,를 중심에 둔다면 대성공인 거죠.

인생, 뜻대로 되지 않았지만 또 다른 선택으로 인해 충분히 괜찮았답니다.

처음 계획한 대로 되지 않았지만,
또 다른 선택으로 충분히 좋았던 일을 떠올려볼까요?

....

....

....

....

....

샘정을 싫어하는 사람은 엄청 싫어하겠어요

 그대 L은 뒷담화를 하는 편인가요?

유난히 샘정의 뒷담화를 많이 하는 선배님이 있어요. 워낙 많이 하다 보니 돌아돌아 내게도 적지 않은 이야기들이 들려오기도 하고요.

그래서인지 한번은 다른 선배님이 나에게 그 선배에 관한 이야기를 하더군요.

"정말 왜 그러는지 모르겠어."

로 시작한 이야기가 길어질 듯 하자 내가 말했어요.

"그래도 이쁘게 봐줍시다."

나의 그 말에 당황해하며 자리를 뜬 선배님. 며칠 후 그러시더군요.

"솔직히 많이 놀랐어요. 다른 사람도 아니고 좀 보태서 입만 열면 자기 뒷담화를 하는 사람인데, 그런 사람이라는 거 다 알고 있으면서, 선배도 아니고 후배 입에서 그래도 이쁘게 봐주자는 말을 듣게 될 줄은 상상도 못했어요. 그리고 나를 들여다보면서 많이 반성했고요. 후배도, 그것도 자기를 좋게 말하지도 않는 선배를 저렇게 품는데 나는 선배가 되어서, 싶은 것이."

"언제부터인가 나도 좋은 모습만 있는 것이 아니라는 거, 부족하고 흠이 많은 사람이라는 것을 알게 되면서 변한 거 같아요. 세상에 완벽한 사람은 없잖아요. 모두가 반반의 모습이 있다면 좋지 않은 모습보다는 좋은 모습을 보자고요. 그분도 좋은 점이 많은 분이잖아요. 그리고 나도 부족한 것이 많은 사람이니 다른 사람에 대해 그런 말을 할 자격이 없다는 생각도 들고. 제가 착해서는 아니고 그저 제 마음의 평온을 위해서예요. 좋은 걸 보려니 자꾸 좋은 게 보이니까 맘 편하고 좋아서… 저를 싫어하는 사람들은 많은데 저는 다아~ 좋아합니다."

가끔 듣는 말입니다.

"호불호가 선명하게 갈릴 것 같아요. 싫어하는 사람은 엄청 싫어하겠어요."

맞습니다 맞아요.

"학교 아이들이 참 좋아하겠어요" 라는 말에도 샘정의 대답은 이러합니다.

"나 싫어하는 애들도 많아요."

일부러 남이 싫어하는 사람이 되려고 하는 사람은 없잖아요. 남이 싫다는데 기분 좋은 사람도 없고요. 하지만 모두의 마음에 든다는 건 불가능하다 생각해요.

나름의 기준으로 살아가는데 그것이 타인의 시선에 어떻게 보여지는가는 타인의 몫이라 생각해요.

샘정의 책을 읽고, 블로그를 찾아오고, 인스타 피드를 보고, 유튜브 영상을 보면서 그런 생각이 들었다고.

'이 사람은 싫어한다는 소리를 들어도 정말 괜찮은 걸까?'

생각해 보았어요. '나는 정말 괜찮은 거 맞나…'

그리고 얻은 대답은

'괜찮은 거 맞습니다.'

대신 누군가를 바라보는 시선을 조금 더 부드럽게, 조금 더 여유있게, 조금 더 넉넉하게, 하고 싶다는 생각입니다.

샘정은 젊은 시절 타인에 대해 호불호가 엄청 심하고 선명했었어요. 그래서 마음의 지옥을 살았지요.

'저 사람 진짜 마음에 안 들어. 정말 이해할 수가 없어.'

이러면서요. 잘 알지도 못하면서 내 기준으로 내 마음대로 판단하고 그랬던 적이 많음을 알게 되면서 변하기 시작한 거 같아요. 지금은 친구들이 회색주의자라 부를 정도로 호불호의 경계가 거의 없답니다.

"우째 넌 그냥 다 좋으냐."

"이래도 좋다, 저래도 좋다."

"사람이 이렇게 변해도 되냐?"

편안하고, 느긋한, 말랑말랑한 삶이라 고맙답니다.

선생님은 미움받아도 괜찮아요?

 **소녀** : 선생님은 미움받아도 괜찮아요?

샘정 : 흐음~~~ 그 질문은 선생님이 미움받는 것이 걱정이 되어서 하는 질문일까? 아님 자신이 미움을 받는 것 같아 힘들다는 이야기를 하고 싶은 걸까요?

소녀 : … 친구들이 저를 싫어해서 힘들어요.

샘정 : 이 이야기를 담임선생님이나 상담 선생님에게 하지 않고 나에게 하는 건… 소녀가 보기에 내가 미움을 받고 있다는 생각이 들어서… 동병상련의 마음으로 소녀의 마음을 조금 더 알 거라는 생각에서 일 것 같은데 어때요?

소녀 : 그건… 꼭 그런 건….

샘정 : 나는 내가 미움받고 있는 거 알고 있는걸요. 3학년들 중에

서도 나 억수로 싫어하는 소녀들이 적지 않다는 것도 알고 있는데?ㅎㅎㅎ 선생님 블로그에 오는 사람들의 반응도 다양하고 그중에는 선생님의 잘난 척을 못 봐주겠다고 대놓고 이야기하는 사람도 있어요. 그렇게까지 표현하지 않아도 기분 상하거나 마음 불편해하는 사람들도 있을 거라 생각해요.

소녀: 그런데도 괜찮아요?

샘정: 괜찮아요.

소녀: 어떻게 괜찮을 수 있어요? 너무 힘들지 않아요?

샘정: 그 질문에 대답하기 전에 소녀는 왜 친구들이 소녀를 미워한다고 생각해요?

소녀: 이유를 모르겠어요. 그래서 더 힘들어요.

샘정: 그럼 다른 질문. 소녀를 미워한다는 사람들이 소녀의 친구들인가요?

소녀: 솔직히 친구라고는 할 수 없고… 아니, 같은 반이고 같은 학교니까 친구라고 할 수도 있긴 한데….

샘정: 그럼 '그들'이라고 말할게요. 그들이 소녀를 미워해서 가장 힘든 게 뭐죠?

소녀: 미움을 받고 있다는 사실 그 자체가 너무 힘들어요.

샘정: 구체적으로 이야기할 수 있어요?

소녀: 그냥… 느낌으로… 그 애들이 나를 좋아하지 않는다는, 싫

어하고 미워한다는 느낌요.

샘정 : 무시할 수는 없을까요?

소녀 : 그게 다 느껴지는데 어떻게 무시를 해요? 정말 힘들다니까요.

샘정 : 소녀를 좋아하고 친하게 지내는 친구들은 있나요? 선생님이 보기에는 같이 다니는 친구들이 있던데.

소녀 : 늘 같이 다니는 몇 명이 있어요. 아주 친해요.

샘정 : 그 애들은 소녀를 미워하지 않나요?

소녀 : 아니요. 그 애들과는 정말 친해요. 가끔 싸우기도 하지만 그 애들하고는 정말 친해요.

샘정 : 그 친구들은 소녀를 왜 좋아한다고 생각해요?

소녀 : … 잘 모르겠어요. 그냥 친하니까.

샘정 : 그럼 곰곰 생각해봐 주어요. 그 친구들이 소녀를 왜 좋아하는지를…. 구체적으로. 친구들에게 물어도 보고, 스스로 생각도 해보고요. 그걸 찾은 후에 우리 다시 이야기할까요? 그리고 나를 잘 관찰해줄래요? 소녀의 반에서 과학쌤을 아주 싫어하는 아이가 나를 싫어하는 이유가 무엇인지, 그리고 내가 그 아이를 어떻게 대하는지를.

10월에 털 코트를 입고 출근했어요.
몸살 기운이 있어 전날 8시도 안 되어서 잠자리에 들었고

으슬으슬 한기가 들어 무스탕 코트를 입고 출근했어요.

소녀 1: 선생님~~~ 털옷 입었네요? 벌써 털옷은 좀….
소녀 2: 추우면 입는 거지. 너도 롱패딩 입고 있잖아.
소녀 1: 그래도….
소녀 2: 그래도는 무슨 그래도야. 입는 사람 맘대로지.
소녀 3: 니 패딩은 되고 다른 사람 털옷은 안 되고. 네 거도 결국은 털이잖아. 오리털.
소녀 1: 내가 무슨 말만 하면… 말을 못 하겠어. 왜 나한테만 그러는데? 왜 나만 미워하는데?
소녀 2: 그게 아니지.
소녀 3: 이건 미워하는 거 하곤 다르지. 그리고 우린 너 미워한 적 없어. 진짜 왜 이러는데?
소녀 1: 아니긴 뭐가 아냐. 너희들은 항상 그렇잖아. 내가 무슨 말만 하면 말꼬리 잡고 늘어져서… 그냥 내가 싫으면 싫다고 해. 나는 너희들이 나 별로 안 좋아하는 거 다 알고 있으니까.
소녀 2: 진짜 웃긴다. 너야말로 우리가 무슨 말만 하면 꼭 너를 미워한다로 끌고 가는 이유가 뭔데?
소녀 1: 니들이랑은 말을 안 하는 방법 밖에 없겠다.
소녀 3: 내가 하고 싶은 말이네.

샘정의 털옷이 소녀들로 하여금 이런 대화를 오가게 했고, 수업 후에 또 한 소녀가 찾아와서 앞의 대화를 하게 된 하루였습니다.

오늘 이 대화를 하게 될 줄 알았을까요?

두 상황의 공통점은 '미움받고 있다.'

여러분들은 이 두 상황에 대해 어떻게 생각하세요?

창밖의 가을이 참 예쁩니다.

창문이 닫힌 채로 보는 풍경과

한쪽 창문을 열고 보는 풍경과

창문을 활짝 열고 보는 풍경은 참 많이 다릅니다.

혹시 '미움받는 것'에 관해 고민하는 분이라면 이렇게 한 번 해보길 권해요.

누군가가 여러분에게 이야기합니다.

"미움받고 있어 힘들어요. 어떻게 하면 좋을까요?"

어떤 대답을 할 것 같으세요?

내가 문제를 안고 타인에게 질문을 할 때와

타인의 고민에, 질문에 대답을 해야 할 때의 차이를 경험한 적이 있을 겁니다.

가끔은 상담을 해주는 입장에서 문제를 바라보면 답이 보일 때도 있답니다.

털옷을 입고 온 덕분에 하루 종일 떨지 않고, 포근하게 보낼 수 있어 좋았어요. 과학실은 크기도 크고 수업이 없을 때는 나 혼자 있어서 유난히 썰렁하거든요. 털옷에 스카프까지….

나는 나를 최대한 아끼고 위해 주어야 한다는 생각이에요. 누가 뭐라 한들 어때요? 내가 뭘 입은들 누가 신경 쓴다고. 내 하고픈 대로 하면 되지요.

앗, 이래서 미움을 받는 걸까요?

샘정의 마지막 이야기, 친구들이 소녀를 좋아하는 이유와 미움받는 과학쌤을 잘 관찰해보라는 것에 대해 소녀가 어떤 이야기를 가지고 다시 올까 궁금합니다.

플라스틱 프리 챌린지, 좋은 일인데 거절?

 SNS를 통해 많은 캠페인 참여를 접하게 됩니다. 그대 L은 챌린지 참여의 경험이 있나요?

플라스틱 프리 챌린지 참여를 거절했다고? 쓰레기 문제는 우리의 문제인데, 그 중요한 것에 행동을 중요하게 생각한다면서 거절했다니 의아한가요? 좋은 일이니 당연히 동참해야 한다고 생각하나요?

환경은 우리의 삶과 직결된 문제이니 다 함께 노력해야 하는 것은 당연하다고 생각해요. 플라스틱 프리 챌린지 캠페인이 있었어요. 텀블러 이용 사진을 SNS에 올린 다음 챌린저 두 명을 지목하는 릴레이 캠페인.

보온병은 샘정의 일상 속에 함께하고 있어요. 상황에 따라 크기를 달리할 필요가 있어 몇 개를 가지고 있습니다.

플라스틱과 일회용에 관한 고민이 있었고, 생활 속에서 할 수 있는 작은 일로 선택한 것이 보온병과 손수건 사용입니다.

캠페인으로 많은 사람들이 함께 참여하자는 취지이니 더없이 반갑고 고마운 일입니다. 그런데 샘정의 생각이 조금 엉뚱한 방향으로 흘러갔습니다.

'플라스틱 프리 챌린지 캠페인' 이라는 말 대신,
- 플라스틱 줄이기 참여 캠페인
- 플라스틱 덜 쓰기 동행 캠페인

이런 말로도 괜찮지 않을까, 하는 생각.

나도 보온병이라 썼다가 텀블러로 썼다가 혼용하여 써 왔지만 정확한 의미를 알고는 사용하지 않게 되었어요.

텀블러: 〈국어사전〉 - 굽과 손잡이가 없고 바닥이 납작한 잔 〈지식백과〉 - 음료수를 마시는데 쓰는 밑이 편평한 잔. (중략) 재료로는 유리가 가장 많고 도자기, 금속, 플라스틱도 있으며, 간편하게는 종이로 만든 것도 있다.

챌린지는 텀블러 사진을 SNS에 올리는 과제를 수행한 후 두 명을 지목하고, 지목을 받은 사람은 48시간 안에 과제를 수행하고 다음 사람으로 또 다음 사람으로 이어진다고 하더군요.

《겐샤이》에 나오는 이 글을 참 좋아합니다.

인간에게서 모든 것을 빼앗아가도 단 한 가지는 빼앗을 수 없다. 마지막 자유, 즉 어떤 상황에서든 자신의 태도를 선택할 수 있는 자유, 자신의 방식을 선택할 자유가 그것이다.

어제 강연에서도 이 이야기를 했습니다. 강연의 가장 중요한 메시지는 '교육은 학습자의 내적 욕구가 있을 때 가능하다'였어요. 변화도 마찬가지라고 생각해요. 그러기 위해서는 스스로 생각하고 판단하고 그에 따른 선택이어야겠지요. 거기에는 시간이 필요하다고 생각합니다.

보온병을 사용하는 것은 장점도 있지만 불편한 점도 많습니다. 모든 것을 감수하고 사용하고 싶지만 허락되지 않는 상황도 분명히 있을 겁니다. 불편하지만 좋은 일이니 아니, 해야 하는 일이라 생각하여 당장은 보온병을 준비할지 모르지만 어느 순간 그것이 또 하나의 쓰레기가 될 수도 있지 않을까요? 제대로, 지속적으로 사용하지 않아 방치되어서. 보온병 사용 인증 사진을 위해 예쁘고 독특한 보온병을 새로 사는 일까지 있다고 하니 정작 무엇을 위한 것인지 취지가 흐려지기도 합니다.

수많은 캠페인들이 우리 삶을 지나갔습니다. 그중 우리 삶 속으로 들어와 내 것이 된 것이 얼마나 되는지 한 번 짚어볼 필요도 있다고 생각합니다. 분명 필요했는데, 분명 의미 있는 것이었는데, 그래서 한때는 흔쾌히 참여도 했었는데 그런데 지금은??? 하는 것들이 적지 않은 것은 왜일까요?

인식 변화에 의한 자발적 참여, 이것이 필요하지 않을까요? 이렇게 말할 수도 있겠지요.

"그래, 바로 그 인식 변화를 위해 캠페인을 하는 거잖아. 좋은 일 하자는데 왜 그렇게 부정적이고 삐딱해?"

캠페인은 자율성과 선택권이 함께 주어질 때, 진짜 제대로 변화가 일어날 수 있다고 생각합니다. 그래서 나는 지금까지 그래왔던 것처럼 보온병과 손수건 사용으로 플라스틱과 일회용 줄이기에 동참할 것입니다. 이 캠페인이 그동안 생각만 하고 있던 사람들에게 행동하게 하는 좋은 계기가 될 거라 생각했지만 두 명을 지목하는 릴레이에는 참여하지 않았답니다. 단호하게 거절해서 당황했나요? 이렇게 삐딱한 사람 하나 정도는 있어도 되지 않을까요. 48시간 내에 인생의 책 한 부분을 필사해 포스팅을 하고 다음 두 명을 지목해 이어나가는 활동인 릴레이 필사 챌린지도 거절했어요. 샘정은 거절의 아이콘?

하고 싶은 일과 해야 할 일 중에서 선택하고 우선순위를 정하는 건 중요하니까요. 할 수 있는 만큼 하며, 거절하는 것 역시 선택 기준은 나입니다. 내가 해야 한다고 생각하는 것들로, 내가 할 수 있는 것들로 함께하면 된다는 생각이에요.

내가 나를 잘 돌보는 방법

 그대 L은 코로나19 검사를 받아보았나요? 검사를 받아야 하는 상황과 마주한다면 어떨 것 같은가요? 그날 하루의 목표는 '느긋함'이었습니다. 그런데 이런 문자가 왔어요.

> 코로나검사요청
> [Web발신]
> 7월 14일 13~14시
> ㈜부자 군위휴게소(춘천방향) 내 식당을 이용하신 분은 가까운 선별검사소에서 코로나19 검사를 받으세요
> -군위군보건소-

헉, 내가 핫도그를 산 시간이 1시 30분쯤??

지난 7월 14일, 안동 길안초등학교로 '작가와의 만남'을 위해 가던 도중 군위휴게소에 들렀었거든요. 차가 없는 샘정이라 윤스퐁의 차를 빌렸고, 기름도 넣어야 해서 휴게소에 들렀는데….

방학을 했지만 화요일까지 출근을 했기에 그날의 목표는 '느긋함'이었어요. 아침부터 뜨거워진 햇살이 남향의 집으로 쏟아져 들어와 버티컬을 치고 선풍기 틀고 블루투스 스피커로 음악을 들으며 느긋함을 즐기는 것.

어떤 일이든 그 일을 대하는 나의 태도가 가장 중요하지요.

가까운 검사소를 찾아가면서 이렇게 생각했습니다.

'느긋함의 목표는 그대로! 코로나19 검사가 추가되었을 뿐이다. 검사할 곳을 찾고, 가면 된다.'

양성이면 어쩌지? 하는 걱정은 미리 하지 않기로 했어요. 마스크 잘하고 있었고, 결과가 나오기 전까지는 확률은 반반이니까요.

'핫도그만 먹지 않았더라면' 이라는 생각도 하지 않기로 했어요. 일어난 일은 되돌릴 수 없으므로.

검사를 마치고 바로 집으로 돌아왔고, 다음날 아침 음성이라는 결과를 받았습니다.

> [Web발신]
> [대구남구보건소]
> 이영미님 7월 21일 시행한 코로나19 PCR검사 결과 음성입니다.

역시나 미리 걱정할 필요가 없는 게 맞았죠?

이 시국에 강연은 왜 간다고 해서… 주유소에서 기름만 넣지 휴게소는, 핫도그는 왜 먹어가지고… .

이런 후회 하지 않기.

자책하지 않기.

미리 걱정하지 않기.

내가 나를 잘 돌보는 방법입니다.

빈티지 달팽이가 되어보아요

오늘은 그림으로 시작해볼까요?
출발선일까요? 도착점일까요?

내게 일어나고 있는 일들을 천천히 음미하는 것이 아닐까요? 최고급 와인, 빈티지만 음미할 수 있는 건 아니죠. 지금 이 순간을 음미해볼까요? 라면 하나를 끓여 먹어도 냄비에 물이 끓어오르는 것을 보며, 물이 오로지 올라오기만 하는 것이 아니라 내려가기도 한다는 것도 깨달으며, 라면을 휘젓는 젓가락질에 우아함을 더해 세상 최고의 셰프가 된 기분을 즐기고, 예쁜 그릇에 담아 나에게 정성으로 대접하고, 아이의 농담에 집중해주고, 퇴근길에 석양을 한참 동안 바라보고, 하굣길에 우리 동네 새로 생긴 빵집에서 솔솔 풍기는 빵 냄새에도 취해보고.

"선생님, 저는 다른 사람보다 3년이나 늦었잖아요. 재수에 삼수까지 했으니. 너무 뒤처지는 거 아닐까요? 불안해요."

"3년 더 살면 되지 뭐. 네가 늦었다고 생각하는 3년, 허비한 시간들이니?"

"아니요. 꼭 가고 싶은 대학을 위해 죽을 만큼 노력한 시간이었어요."

"그러니까 너는 수명도 다른 사람들보다 3년 늘어났을 거야. 하고 싶은 일을 위해 노력한 시간이었고, 결국은 이루었으니 엔돌핀 생성도 많을 거니까 건강해졌겠지? 그러니 3년 늦었다 생각 말고 3년 더 살면 된다 생각하렴."

통계를 배우는 수학 시간에 필요하다며 만든 설문 조사지에 '1년 전으로 돌아간다면 무엇을 하고 싶은가' 라는 질문이 있기에 집중할 때 음미하며 즐기는 것이 될 수 있을 거예요.

나도 버스를 타고 다니기 시작하면서 보이게 된 것들이 많아요. 운전을 할 때는 모르고 지나쳤는데 동네에 프랑스 자수를 배울 수 있는 곳이 있다는 것을 알게 되었고, 1일 체험을 하기도 했어요. 너무 바빠 놓치고 있던 것들을 보면서 천천히 걸어가는 삶을 살고 싶어요. 현장학습을 가면 아이들은 화를 냅니다.

"여기서 뭐 봐요?"

"볼 것도 하나도 없구만. 이렇게 재미없는 곳에 왜 왔어요?"

아이들에게 눈을 감으라고 합니다. 그리고 걸어가보라고 하지요. 눈을 감고 더듬더듬거리며 걸어본 아이들은 눈을 뜨고 앞을 보면서 걸어갈 수 있다는 것이 얼마나 고마운지, 그리고 눈을 떴을 때 보이는 게, 볼 게 얼마나 많은지를 알게 되죠.

"하늘이 보여요."

"나무가 보여요."

"풀도 있어요."

"징그러운 벌레도 있어요."

"이 꽃은 처음 봐요."

그대 L은 인생 별거 있냐는 말, 어떻게 생각해요?

나는 인생 별거 있다고 생각해요. 인생 별거 많은데 우리가 보지 못하고 있는 것은 아닐까요? 행복은 파랑새나 다가가면 사라져버리는 손에 잡히지 않는 신기루 같은 것이 아니라 지금

어 하는 활동이에요.

더 빨리, 더 잘해야 한다고 등을 떠미는 학교이고 세상인 것 같아 반대로 느리게 경쟁을 시켜보고 싶어 만든 수업입니다. 가장 느린 달팽이가 되기 위해 달팽이가 된 아이도 최선을 다하지만 옆에서 시간을 측정하고 기록하고 관찰하는 아이들 모두 입을 모아 더 느리게 걸을 것을 응원하지요.

느리게 걷기를 통해 아이들이 자신들의 삶의 속도에 대해 생각해보기를 바라는 마음을 담은 수업인데 아이들은 느리게 걷기가 이렇게 힘들 줄은 몰랐다며 신기해하지요. 보통 때처럼 적당한 보폭으로 걷는 것이 얼마나 편안한 것인지를 알겠다고.

그대 L의 삶의 속도는 어떤가요? 편안하고 느긋한 마음으로 적당한 보폭으로 걷고 있나요?

빈티지는 풍년이 든 해에 품질 좋은 포도로 담근 명품 연호가 붙은 최고급 와인을 말하죠. 어느 정도 시간이 지나도 광채를 잃지 않는, '오래되어도 가치가 있는' 것을 말할 때 빈티지라는 말을 빌려 옵니다. 잘 숙성된 최고의 와인 같은 삶, 빈티지한 삶은 어떤 삶일까요?

'달팽이가 되어요' 수업은 느리게 느리게 더 느리게 경쟁을 하라고 하지만 아이들은 자신들의 속도에 집중하느라 다른 모둠을 볼 겨를이 없어요. 다른 사람들과의 경쟁은 의미가 없어져버린 거죠. 인생은 다른 사람과 비교하지 않고 자신의 속도

반칠환 시인의 〈새해 첫 기적〉이라는 시의 여운이 너무 커서 그려본 그림이에요. 황새와 말, 거북이, 달팽이, 굼벵이가 각자의 방법으로 출발했는데 한날한시에 새해 첫날에 도착했다는, 바위는 앉은 채로 도착해 있었다는.

새해 첫날이 시작점이 아니라 도착점이라니. 새로운 관점에 놀라고 감탄사가 절로 나왔어요. 누구처럼이 아닌, 자기 자신답게 살면 된다는 것을, 자신의 속도로 가면 된다는 것을 이렇듯 멋지게 표현할 수 있다니. 역시 시인입니다.

"달팽이가 되어야 해요. 가장 느리게 걸어주세요. 대신 절대 멈추면 안 되어요. 계속해서 걷지만 가장 느리게. 세상에서 가장 느린 달팽이가 되어보세요."

거리와 시간의 그래프를 그리는 수업을 시작하면서 하는 활동이에요. 네 사람이 한 모둠이 되어 한 사람은 달팽이가 되고, 한 사람은 초시계를 들고 달팽이가 된 사람이 걷는 동안 2m 간격으로 걸린 시간을 측정하고, 또 한 사람은 거리에 따라 걸린 시간을 기록하고, 마지막 한 사람은 달팽이가 된 사람이 정지하는 순간이 있는지를 관찰하는 활동이지요. 이렇게 하여 달팽이가 10m를 가는 동안 걸린 시간을 그래프로 그려본답니다. 교과서에만 있는 거리-시간 그래프가 아니라 자신들이 직접 이동해보고 걸린 시간을 측정해보면서, 몸으로 얻은 결과로 그래프를 그리고 그것을 해석하는 수업인데 아이들이 매우 재미있에, 돌아갈 수 없는 상황에 대해 이야기하는 시간 낭비는 하지 않았으면 좋겠다고, 내게 1년의 삶이 남았다면 무엇을 하고 싶은가로 바꾸면 어떻겠냐고 했어요. 그러자 한 아이가 오늘 내가 죽는다면 다른 사람들은 나를 어떻게 기억해주기를 바라느냐는 질문은 어떠냐고 하더군요. 질문을 새로 만드느라 분주해진 아이들을 보면서 생각해보았어요. 1년씩만 살아보는 것도 괜찮을 것 같다고.

그대 L에게 남은 시간이 1년이라면 무엇을 하면서 살 것 같은가요?

그렇게 1년, 또 그렇게 1년, 그 1년들이 모여 우리 삶을 채워가겠지요. 그러면 오늘 죽는다면 나를 어떻게 기억해주면 좋겠느냐는 질문에도 답을 조금 쉽게 얻을 수 있지 않을까요?

누군가에게 "나처럼 살아라"라고 이야기를 할 수 있다면 멋지지 않을까 합니다.

세면대 물이 잘 안 내려가서 사람을 불렀더니 오래되어 공사가 어렵고, 다 뜯어서 하려면 타일까지 깨야 한다며 관을 밖으로 쑥 빼놓곤 불편해도 그냥 쓰라며 출장비 2만원을 받고 가버리더군요. 불편하고 보기도 흉해 도저히 그냥 둘 수가 없어 혹시나 해서 아파트 관리실에 도움을 청했더니, 영선반에서 나온 분이 8,000원 주고 새 관을 사 오셔서는 깔끔하게 고쳐주셨어요. 칠십은 넘어 보이는 분이신데도 에너지가 넘치는 모습으로 일을 하며 이렇게 해놓고 돈 받아가기 부끄럽지 않냐며, 어떤 일을 하더라도 내 일같이 하는 마음 하나면 될 것을, 지 집 같음 이래 놓고 쓰겠냐며 혀를 끌끌 차시더군요. 그러면서 하시는 말씀이,

"내 비록 배운 거 없어 이런 일을 하지만은 난 내가 참 자랑스럽소. 내 이제까지 어떤 일을 해도 이게 내 일이다, 내 집 식구 위한 일이다 생각하며 하고 있는데 그래서 그런가 이 나이에도 이렇게 일을 하며 사니 얼마나 다행인지. 내 자식들이, 자랑 같지만 하나는 의사고 하나는 학교 선생이오. 내 이 일로 돈 벌어 키웠는데 요새도 늘 말하지요. 내처럼 살라고. 일 즐겁게 하고 그 일 다 내 일이다 하는 맴으로 하면 된다고."

아파트 영선반 일을 하는 그분에게서 삶과 일에 대한 깊은 통찰을 배운 시간이었어요. 자식에게 나처럼 살라고, 자신의 삶을 자랑스럽게 이야기할 수 있는 삶. 이게 바로 빈티지한 삶이 아닐까요?

인생은 긴 여행이라고 합니다. 맞는 거 같아요. 여행 짐을 꾸리듯이 삶을 살아야겠다는 생각을 해요. 너무 많은 것을 챙기려 애쓰기보다는 많은 것을 경험하면서 사는 삶.

그대 L, 지금까지의 나를 정리해보는 시간을 가져보기로 해요. 지금까지 나는 어떤 사람이었고 어떻게 기억될까를 생각해 보면 어떻게 살고 싶은지에 대한 목표가 세워질 거예요. 그대 L

은 어떻게 기억되고 싶은가요?

발레 수업에 바를 잡고 하는 바 워크와 바 없이 하는 센터워크가 있어요. 아직 초보이니 바를 잡고 하는 바 워크 시간이 길어요. 그러다 센터워크를 하게 되었는데 문득 그런 생각이 들더군요.

바를 잡고 할 때는 든든함과 바에게 의지하는 마음이 있었는데 바 없이 해야 할 때는 두려움과 어떻게든 혼자 해내야 하는 비장함(?)을 가지게 된다고.

우리네 삶도 바가 있을 때와 없을 때가 있죠. 결국 바 없이 홀로 꿋꿋하게 서도록 나아가야 한다는 것도.

날 사랑하는 마음, 나를 믿는 마음, '내 삶의 주인은 나' 라는 단단한 기준이 나를 꿋꿋하게 서게 만들어주리라 생각해요.

자신을 사랑하는 그대, 러블리 그대, 그래서 L인 그대라는 것을 기억해주어요. 빈티지 달팽이가 되어 삶을 음미하는 러블리 그대이기를.

삶의 시간이 1년 남았다면
하고 싶은 일들의 목록을 적어볼까요?

급식시간

함박꽃이 너무 예쁘죠?
함박스테이크 먹고 함박 웃음을 지어 보기로 해요.

소풍

―

Visioning

선택하는 멋진 삶

말랑말랑학교 인생수업

한 달 치 급식표를 받아든 아이들은 어디에 제일 먼저 눈이 갈까요? 아이들은 급식이 없는 날을 가장 좋아해요. 그날은 학교에 오지 않거나, 일찍 마치는 날이거든요.

마지막 장을 오리엔테이션 없이 바로 시작하는 것은, 빨리 마치는 날, 급식마저도 없는 날을 만들어주기 위해서랍니다. 대신 꽃차 한잔 하면서 시작해요.

메리골드의 꽃말은 '우정'과 '예언'이래요.

그대 L의 삶이 꽃길이기를 예언하는 마음으로 준비했어요.

바짝 말라 있던 꽃이 뜨거운 물을 부으면 마법처럼 찻잔 속에서 피어오르는 것에 감탄이 절로 나오지요.

메리골드의 효능에는 루테인과 지아잔틴 성분이 있어 시력 개선이나 눈 건강에 도움을 준다니 '비전'을 이야기하며 마시기에는 이보다 좋을 순 없죠.

좌우명이 뭐예요?

사람들은 나를 보고 '행동력'이 강하다고 합니다. '입 열어 말한 것은 다 한다'고 하지요. 누구나 생각은 있지만 생각만으로 끝날 때가 많은데 그것을 행동으로 실천하는 게 놀랍다고 칭찬해주는 사람들도 있고 내 아이는 이런 엄마가 가끔은 숨이 막힌다고도 하고요.

나의 좌우명은 '누군가 해야 한다면 내가 하자'입니다.

나도 한때 '누군가는 하긴 해야 하는데… 나는 말고 나 아닌 누군가가 나서서 해 주었으면…' 하는 생각을 했고 솔직히 지금도 가끔은 그렇습니다. 그럴 때 필요한 게 바로 좌우명이지요. 늘 곁에 두면서 삶의 방향을 찾도록 해주는 좌우명. 사람들이 너 하나 그런다고 세상이 바뀌겠냐고 물으면 나는 이렇게 대답하지요.

"네, 작지만 변할 거라 믿습니다"라고.

둘째아이가 태어나고 병원 생활을 하면서 병원 출입문이 자동문이 아니라서 환자나 환자와 함께 그 문을 사용하는 가족들이 많이 불편하다는 것을 알게 되었어요. 그래서 병원에 반쪽이라도 자동문으로 바꾸어줄 것을 부탁했지만 쉽지가 않더군요. 건의함도 이용해보고 병원 홈페이지에도 적어보고 신문사에 투고도 해보고 1인 시위도 해보고…. 1년 동안 내가 할 수 있는 일들은 다 했고 결국 병원으로부터 자동문으로 바꾸었으니 확인하러 오라는 연락을 받았어요. 한 친구는 편찮으신 아버님의 휠체어를 밀고 그 병원 문을 지나면서 나를 생각했다고 하더군요. 그동안의 시간을 지켜보며 '혼자 저런다고 될까…' 했던 것에서 '될 수도 있구나'를 보았다고.

2003년 보호관찰 청소년의 멘토 활동을 시작할 때도 그런다고 그 아이가 변하겠냐고, 변한다 해도 무슨 큰 의미가 있겠냐는 말을 들었어요. 하지만 그들과의 동행은 너무도 감사한 시간이 되어 주었답니다.

지금 30대, 40대가 되어 멋진 젊은이들로 성장해준 그 아이들은 희망의 증거이자 또 다른 누군가의 멘토가 되어 상상하기 힘든 멋진 결과들을 보여주고 있답니다.

'누군가 해야 한다면, 그 누군가를 기다리지 말고 내가 하자.'

교사인 나는 아이들에게 부탁합니다. 행동하는 사람으로 자라주기를 바란다고. 내가 가장 듣고 싶은 말은, '샘정을 닮고 싶어요'입니다. 내가 닮고 싶은 사람은 배우 오드리 햅번이에요. 샘정은 '오드리 될뻔'이라는 별명까지 있는 엄청난 따라쟁이랍니다. 아름다운 외모야 닮고 싶다고 되는 것은 아니지만 그분의 나눔의 삶을 닮고 싶어요. 주름진 그녀의 얼굴이 더 아름다운 이유는 모두가 알고 있을 거예요. 두 아이의 엄마로서, 많은 학생들의 선생님으로서, 그리고 작가로서, 어디서든 마주칠 수 있는 이웃으로서, 내가 가장 듣고 싶은 말은 이것입니다.

엄마를 닮고 싶습니다.
선생님을 닮고 싶습니다.
작가님을 닮고 싶습니다.
샘정을 닮고 싶습니다.

가장 듣고 싶은 말, 당신을 닮고 싶습니다.

그대 L의 좌우명은 무엇인가요?
....
....

파티를 즐기는 삶이기를

그대 L, 이제 말랑말랑학교의 '날사랑학기'가 끝이 났습니다. 날사랑학기의 시간들이 그대 L에게 자기탐색과 변화와 성장의 시간이기를 바랍니다. 자신을 조금 더 잘 알고 사랑하며 자기 삶의 주인공이 되어 살아가기를 바라는 국민담임 샘정의 바람이 그대 L을 통해 이루어지기를 간절히 바랍니다. 러블리한 그대가 되었기를. 그 누구에게보다 그대 스스로에게만큼은 세상에서 가장 러블리한, 가장 사랑스러운 사람이 되었기를 바랍니다.

그동안 함께한 이 책은 세상 어디에도 없는 오직 하나, 그대 L만의 말랑말랑학교로 완성이 되었으리라 생각해요. 그대 L의 또 하나의 모교가 된 것이죠. 언제든 펼치기만 하면 마주하게 될 참 편리하고 쉬운 모교다, 그쵸?

그대 L만의 말랑말랑학교는 어떤 느낌인지 많이 궁금해요. 그리고 많이 고마워요. 그대 L을 통해 나의 꿈이 이루어지고 있으니 너무 고맙고요. 그대 L은 나의 꿈을 이루어주는 멋진 사람이에요.

말랑말랑학교의 날사랑학기를 수료한 그대 L에게 마지막으로 꼭 부탁하고 싶은 것이 있어요. 파티를 즐기는 사람이 되기를 부탁해요. 파티가 많은 인생이라면 신나고 즐거울 거잖아요. 다양한 파티를 즐기는 삶이기를 바라지만 그중에서도 '책 파티'만큼은 한 달에 한 번은 신나게 즐겨주기를 바라요.

책 파티를 즐기는 방법, 이러면 어떨까요?

1. 한 달에 한 권의 책은 꼭 읽는다

혼자 읽는 것도 좋고 연인이나 부부가 같은 책을 읽는다면 서로의 대화는 훨씬 더 풍부해질 거예요. 대화가 많아지면 서로를 더 많이 알게 되고, 알게 되면 당연히 이해하는 폭도 넓어지겠지요. 부모와 아이들이, 온 가족이 함께 읽는 책도 멋지겠죠? 알죠? 뭐든 처음부터 욕심내지 말기. 한 권으로도 충분해요. 파티는 즐기는 맛이 최고잖아요.

2. 친구를 만나러 갈 때 읽은 책을 들고 간다

지하철이나 카페에서 책을 들고 있거나 펼쳐 읽고 있는 사람, 폼나잖아요.

3. 책과 함께 친구들에게 인사를 한다

"오랜만이야. 너 요즘 어떤 책 읽고 있니?"

"너 혹시 이 책 읽었어?"

"이 작가의 책 혹시 읽어 봤니?" 등등

4. 책 뒷담화로 스트레스를 푼다

친구나 직장 상사 뒷담화, 남편이나 아내 흉보기, 말 안 듣고 공부 안 하는 자식 땜에 속상한 이야기, 연예인 걱정, 이런 거 대신 읽은 책과 작가에 대해 무궁무진, 흥미진진한 뒷담화를 하며 지적 유희와 함께 스트레스를 푸는 거예요. 품위 있고 우아하고 당당하게 할 수 있는 뒷담화라니 멋지지 않나요?

5. 파티의 마무리로 읽은 책을 서로에게 선물한다

선물은 언제나 사람을 기분 좋게 만들어주잖아요. 같은 책을 읽은 사람끼리는 할 이야기가 많아지니 다음 책 파티의 뒷담화 꺼리는 더 풍부해지겠죠?

친구 모임이든 부부 모임이든 이런 책 파티는 꼭 해보기로 해요. 그리고 연말에 그동안 읽은 책들을 모아 책이 필요한 곳에 기부를 하면 어떨까요? 정말 꼭 간직하고 두고두고 읽을 몇 권의 책을 제외하고는 쌓아두지 말고요. 근처 공공도서관이든, 복지관이든, 공부방이든, 책을 필요로 하는 곳은 무척 많답니다. 한 사람이 한 달에 한 권의 책을 읽으면 12권, 네 명의 친구들을 합하면 48권이나 되는군요.

'내가 책을 사는 이유'라는 제목으로 글을 쓴 적이 있어요.

내가 책을 사는 이유는 첫 번째는 응원 때문이에요. 가장 먼저 책을 쓴 작가의 꿈을 이루어주고 응원해주고, 책을 만들고 판매를 하는 과정에 참여한 사람들도 응원해주는 것이 되지요. 그리고 무엇보다 변화하고 성장하며 더 멋진 삶을 살아가려 하는 나를 위한 응원도 빼놓을 수 없겠죠.

다음은 기부랍니다. 읽은 책은 집에 쌓아두지 않고 책이 필요한 곳을 찾아 기부를 하는 것. 우리나라 도서관의 실정으로는 책에 대한 수요를 충족시킬 수 없는 것이 현실이거든요. 내가 읽고 싶은 책을 사서 읽고 그 책을 더 많은 사람들이 함께 공유하며 읽을 수 있는 곳으로 전달해주는 것도 기부의 좋은 방법이라고 생각해요.

샘정은 책 속의 말랑말랑학교뿐만 아니라 실제 말랑말랑학교도 꿈꾸고 있답니다. 다양한 방법으로 사람들의 삶에 실제적인 도움을 줄 수 있는 인생 학교인 말랑말랑학교를 꿈꾸고 있지요.

국민담임 샘정이 그대 L의 삶을 응원하듯이 그대 L도 샘정과 말랑말랑학교를 위한 응원을 부탁해요. 우리가 함께 만들었고, 함께 만들어갈 인생 학교인 말랑말랑학교를 위하여.

그대만의 파티를 위해 준비했어요. 아이 키우면서 직장 다니며 동동거릴 때는 '세상에 제일 맛있는 밥이 누군가 해주는 밥'이더군요. 지금까지 샘정이 준비한 급식을 먹었지만 마지막은 샘정이 준비한 급식 말고 그대가 선택한 음식으로 파티를 하기로 해요. '선택'하는 주체적인 삶을 사는 그대 L이니까요. 그래서 음식 대신 그대 L이 선택한 음식들을 담을 접시를 선물로 준비했어요.

아, 샘정은 마지막까지 수월한 담임은 아니네요. 그대의 파티에 꼭 초대해야 할 사람이 있어요.

2020년에 샘정이 썼던 〈40년 전의 나에게〉라는 편지를 보여줄게요.

안녕, 1980년의 샘정.

너는 여고 1학년이지?

참 힘든 시간을 보내고 있는 너….

공부를 잘하는, 그래서 어머니의 꿈이자 자랑이었던 너는 전과목

빈 답안지를 냈고 놀란 담임선생님이 집으로 찾아왔었지.
어머니는 분노와 실망을 이기지 못해 등짝을 철썩철썩 때리며 가슴에 비수를 박는 말들을 쏟아냈지. 맏이에 대한 실망은 곧 자식 농사만이 유일한 희망이었던 당신 삶의 실패라 여기며 서럽게 서럽게 통곡을 하셨고 너는 지독하게 참고 있었지만 너 역시 속으로는 울고 있었어.
한 번만 물어봐주지… 내가 왜 백지 답안지를 냈는지….
한 번만 물어봐주지… 하면서….
"왜 그랬어? 왜 그랬어? 니가 제정신이야? 미치지 않고는 이럴 수는 없어. 도대체 왜 그랬어?"
이렇게 말고 네가 대답할 수 있도록 물어주기를 너는 간절히 바랐지만… 너는 끝내 너의 이야기를 할 수가 없었지.
너무 힘들어서 그랬다고, 그렇게라도 해야 숨이 쉬어질 것 같아 그랬다고, 말하고 싶었지만 넌 끝내 아무 말도 하지 못하고 아픈 등짝과 더 아픈 마음을 참고 있었지.
국어 선생님은 네가 쓴 글을 보며 이러셨고,
"글이 왜 이렇게 반항적이야? 공부는 잘하는 놈이 글은 왜 이래?"
미술 선생님은 네가 그린 그림을 보며 이러셨지.
"너의 그림은 너무 어두워. 여고생이 이런 색을 쓴다는 건 문제가 있다는 건데…."
하지만 글쓰기는 너에게 숨이었고, 그림 그리기는 너에게 주는 위로의 시간이었어.

글을 쓰며 살고 싶다는 말에 그걸로 밥 먹고 살지 못한다고, 그림을 그리며 살고 싶다는 말에 굶어 죽기 딱 맞다는 말에 너의 꿈들은 그렇게 꺾였었지.

획일과 순종을 강요하는 것을 숨 막혀 하고, 그 어떤 개성도 표현할 수 없었던 교복이 싫고 체육복은 더더욱 싫어하던 너.

모든 꿈이 꺾이고 절망했던 여고 1년의 샘정아, 잘 견뎌주어 고마워.

참으로 영악(?)했던 너는 술에 대한 유혹, 담배에 대한 유혹, 가출에 대한 유혹을 물리치고 시를 선택했고, 영화와 그림, 음악을 선택했지.

너의 선택이 결국 지금의 나, 40년 후의 지금의 나를 만들어준 거라 생각해. 그때 너의 꿈은 이것이었지.

'좋은 엄마'.

책을 읽지 않았다면 삶의 고단함에 힘들어하는 어머니의 모습만 알고 살았을 텐데 다양한 책 속의 수많은 어머니들의 모습을 보면서 너는 꿈을 꿀 수 있었지.

너는 작가의 꿈을 이루었단다.

내 아이들에게는 내가 원하던 아버지가 있었으면 좋겠다는 꿈도 이룬단다. 너의 두 딸에게는 우주 최강 딸바보 아부지가 계시거든.

너에게 정말 고마워. 너의 선택 덕분이야.

알아. 여고 1년생인 지금의 너는 한 치 앞도 보이지 않는 답답하고 막막한 시간들을 보내고 있다는 거. 매일 절망하고 매일 다시 너를 일으키며 온몸이 상처투성이로 살아가고 있다는 거. 고마워. 잘 버텨준 네 덕분이야.

너는 네가 원하던 화가는 아니지만 그림을 그리는 삶을 사는 꿈도 이룬단다.

말하는 대로, 꿈꾸는 대로 살고 있는 40년 후의 너의 모습, 어때? 40년 전의 너의 치열한 시간들의 결과임을 알기에 너무 고마워. 40년 전 네가 매일 했던 질문.

'꿈을 꾼다면 정말 이루어질까?'

40년 전 네가 매일 했던 의심.

'꿈을 꾼다고 정말 이루어질까?'

40년 후의 내가 대답해줄게. 너는 꿈을 꾸었고, 너는 꿈을 이룬단다. 너는 너의 색깔을 가지고 어디에서도 누구에게도 주눅 들지 않고 당당한, 말랑말랑한 어른이 된단다.

엉뚱하고 하고 싶은 것이 너무도 많은 너. 네가 하고 싶은 것이라면 뭐든 응원하는 스퐁스퐁윤스퐁을 만나 연애도 하고 결혼도 했단다.

40년 전의 꿈 많던 너. 40년 후에도 여전히 꿈이 많단다.

많이 힘든 상황에서도 꿈꾸기를 포기하지 않았던 여고 1학년 샘정, 네 덕분이란다. 너는 꿈을 이루며 살아간단다.
그리고 이 말을 꼭 해주고 싶었어. 여고 1학년의 네가 많이 듣고 싶었던 말⋯⋯을 내가 해줄게.

"사랑해♡"

이 편지를 왜 보여주었을까요? 지난날의 나를 있는 그대로 인정하면서 부모님도 이해하고 용서하게 되었다는 이야기 했었죠? 그때의 어머니는 내가 미워서도, 나를 괴롭히고 힘들게 하기 위해서 일부러 그런 것이 아니라는 것을, 그럴 수밖에 없었을 거라는 것을, 당신도 피눈물을 흘렸을 거라는 것을 알게 되었다고. 하지만 그때는 몰랐기 때문에 아파했고, 원망하며 상처 투성이였던 나. 가장 힘들었던 시절의 나.

여고생 샘정처럼 과거의 가장 아픈 그대 L을 파티에 초대해 주어요. 그리고 토닥토닥 쓰담쓰담 위로해주면서 말해주어요. 그대가 가장 하고 싶은 말을.

과거의 그대와 현재의 그대가 함께 파티를 즐겨주어요. 그리고 잘 이별하기 바라요. 더 이상 상처받은 과거의 모습을 끌어안고, 현재를 살지 못하는 그대가 아니기를. 지금과 내일을 위해 살기로 해요.

그대의 파티를 위해 준비한 접시가 마음에 들었으면 좋겠어요. 파란색 장미는 자연에서 피지 않아 'impossible'과 동의어였는데 유전공학의 힘으로 가능하게 되었어요. ⟨I'm possible⟩의 주인공이 그대 L이기를. 노력을 통해 원하는 것을 이루기를 바라는 마음을 담았어요. 고니 중에 흔히 볼 수 있는 백조와 달리 검은색 고니는 분명히 존재하지만 사람들은 자신들이 보지 못했다는 이유로 그 존재를 믿지 않았었죠. 당장 눈에 보이지 않는다고 없는 것은 아니라는 거죠. 그리고 고니는 물밑에서도 여전히 우아하답니다.

또 하나는 알에서 애벌레, 번데기를 거치는 변화의 상징과도 같은 나비를 그린 접시입니다. 그대 L도 나비가 되어 훨훨 날아오르기를 바라는 마음이에요. 알에서 바로 나비가 되지는 않는다는 것도 기억하고요. 마지막 접시, 붉은색 동백꽃의 꽃말은 '그 누구보다 그대를 사랑해'랍니다. 언제나 첫 번째 그대는 바로 나 자신이라는 거, 알죠?

접시가 4개인 이유는 행운의 수 4. 고대 그리스 피타고라스학파는 숫자 4를 '신의 계시가 담긴 수'라며 신성시했고, 4장의 잎을 가지면 행운을 의미하는 클로버. 그대 노력에 온 우주의 기운이 더해지기를 바라는 마음입니다.

그대만의 접시를 만들어보는 것도 좋고요. 선택을 통해 변화해 가고 있는 멋진 그대 L이잖아요.

쪽지편지

동창생들이 말하는
말랑말랑학교는…

나에게 말랑말랑학교는 보헤미안 랩소디 다.
영화 포스터의 '두려움 없이 함께 전율하라' 라는 문장을 보며 말랑말랑학교가 나에게 해주는 말이라는 생각이 들었고, 그 말을 행동으로 실천하며 살아가고자 노력하는 나이기 때문이다.

나에게 말랑말랑학교는 친정 이다.
편안하고 든든하고 따뜻하며 힘들 때나 앞이 캄캄할 때 찾아갈 수 있는 곳이기 때문이다.

나에게 말랑말랑학교는 치유 다.
상처받은 마음을 어루만져주며 손잡아주는 동창들로 인해 사랑의 에너지로 치유되기 때문이다.

나에게 말랑말랑학교는 주머니 속의 핫팩 이다.
너무 유용하지만 조심조심 꼭 필요할 때 잘 쓰고 싶기 때문이다.

나에게 말랑말랑학교는 자아성찰 이다.
성찰을 통해 변화되어 '나는 내가 정말 좋다' 라고 말하며 긍정적인 다짐을 하게 되기 때문이다.

나에게 말랑말랑학교는 자존감 이다.
지금 이 모습 그대로도 괜찮다고 위로를, 하고 싶은 거 하라고 용기를 내게 해주고, 따뜻하게 동행해주기 때문이다,

나에게 말랑말랑학교는 거울 이다.
진실된 내면의 자아를 보고 진짜 나의 모습을 찾아서 반짝반짝 빛나는 나의 길을 사뿐사뿐 걸어갈 수 있게 도와주기 때문이다.

나에게 말랑말랑학교는 이불 성장 이다.
이불처럼 따뜻하며, 나를 성장하게 만들어주고 어려움도 극복할 힘이 생기는 좋은 공간이기 때문이다.

나에게 말랑말랑학교는 배움과 변화, 성장이 공존하는 곳 이다.
지치고 힘들 때 힘이 되어주고 관점을 바꾸어 또 다른 생각을 하게 해주는 곳이기 때문이다.

나에게 말랑말랑학교는 돋보기 다.
내가 알지 못하던 나를 볼 수 있게 해주기 때문이다. 그것을 통해 변화의 방향을 찾았고, 노력하며 갈 수 있도록 해주었기 때문이다.

나에게 말랑말랑학교는 응원 이다.
망설이는 나의 등을 떠밀며 '니가 하고 싶은 거 다 해. 해도 괜찮아' 라고 말해주기 때문이다.

나에게 말랑말랑학교는 신상 이다.
책을 펼칠 때마다 다른 이야기들을 들려주는 신기한 힘을 가지고 있어 매번 새롭기 때문이다.

나에게 말랑말랑학교는 오작교 다.
나와 담임인 샘정을 연결해주고, 많은 동창생들과 연결해주어 너무 소중한 인연들을 만났기 때문이다.

나에게 말랑말랑학교는 정답지가 아닌 해답지 다.
이것이 정답이다, 라고 말하지 않고 내가 생각하면서 문제들을 풀어갈 수 있도록 해주기 때문이다.

나에게 말랑말랑학교는 내꺼 다.
수없이 밑줄을 긋고, 질문에 답하며 열심히 쓴 글들이 빼곡한, 세상에 하나뿐인 내가 만든 학교이기 때문이다.

나에게 말랑말랑학교는 불량학생양성소 다.
착한 사람이어야 한다는 강박증에 시달리던 나를 '내 인생의 주인공은 나' 라는 말을 외치며 부당하다 느끼는 것에 반기도 들어보고 거절도 하는 불량학생으로 만들었기 때문이다.

나에게 말랑말랑학교는 등대 다.
내가 진짜 원하는 것이 무엇인지 찾도록 해주었고, 목표를 세울 수 있게 해주었다. 나에게는 암흑 속에서 발견한 등대와 같은 존재이다.

나에게 말랑말랑학교는 내 마음의 쉼터, 나에게 주는 비타민 이다.
자존감이 바닥을 칠 때 온 마음으로 따뜻하게 안아주고 수고했다, 지금 살고 있는 모습이 틀린 것이 아니다, 잘살고 있다고 위로해주고 변화하고 성장하게 만들어주기 때문이다.

나에게 말랑말랑학교는 무한긍정 이다.
세상을 살아가는 안목과 힘을 기르는데 큰 영향을 주었기 때문이다.

나에게 말랑말랑학교는 타임머신 이다.

나의 과거, 현재, 미래를 오가게 만들기 때문이다. 과거의 나를 위로해주고, 현재의 나에게 고마워하게 해주고, 미래의 나를 기대하게 해준다.

나에게 말랑말랑학교는 이태리 타올 이다.

내 온몸을 감싸고 있던 상처, 좌절, 불신, 두려움 등등을 팍팍 밀어 없애주었기 때문이다.

나에게 말랑말랑학교는 닭다리 다.

도저히 끊을 수 없는 닭다리의 매력. 한때는 두 마리 치킨을 먹을 수 있었던 위장이 이제 물렁물렁해져 한 마리밖에 못 먹지만, 그래도 나는 닭다리를 끊을 수 없다.

나에게 말랑말랑학교는 행복이고 고마움 이다.

억지로 애원하다시피 입학시킨 30대 아들과 함께 다니면서 서로에 대해 알아가고 있고, 긴 세월 가슴에 쌓였던 앙금들도 조금씩조금씩 녹고 있는 것이 느껴지기 때문이다. 아내는 따뜻한 햇빛이라고 하고, 아들은 자기를 유치하고 오글거리게 만드는 이상한 학교란다.

마치는 글

교사의 왕관은 되고
학생의 헤어롤은 안 된다?

"음악만 배운 것 같아. 음악 중에서도 도돌이표만. 조금 나아졌나 싶으면 다시 제자리. 이제 조금 나아졌나 싶으면 또 제자리. 도돌이표만 아는 것 같아."

한없이 나락으로 떨어지는 듯할 때가 있습니다.

아이보다 엄마가, 부모가 먼저 변해야 하는데….

도대체 마음도 귀도 꼭꼭 닫고 있으니….

아무것도 할 수 없을 것 같은 두려움이 느껴질 때도 있습니다.

학교가 조금만, 정말 조금만 더 말랑말랑해졌으면 좋겠어…. 정말 조금만….

온 사방이 넘지 못할 거대한 벽으로 둘러싸여 있는 듯 숨이 막히고 온몸이 옥죄어오는 듯할 때도 있습니다. 그럴 때마다 기대의 반대 방향에 그 기대보다 더 무거운 돌 하나를 매답니다. 나의 기대로 인해 내 눈과 마음이 흐려지면 안 되기에.

그리고 스스로에게 묻습니다.

얼마나 걸렸다고?

소명을 찾고 그 소명을 이루며 살아갈 수 있게, 그 시작을 위해 얼마나 걸렸다고?

스스로가 대답합니다.

30년. 그리고 지금도 진행형이라고.

샘정이 변화를 믿는 이유는 그 어떤 아이도 포기하지 못하는 이유는 변화가 결코 쉽지 않음을 알기에 온몸으로 경험한 장본인이기에 30년 넘는 시간 동안 아이들의 변화를 지켜보았기 때문입니다.

"선생님, 정말 많이 변하셨어요."

샘정이 너무도 많이 듣는 이야기입니다.

코로나19로 인해 온라인 개학을 하면서 왕관을 쓰고 수업을 하기 시작했어요. 모두들 대단하다고 칭찬을 해주었고 아이들도 담임의, 과학교사의 성의와 열정에 박수를 보내주었답니다. 이렇게 교사의 왕관은 괜찮은데 아이들의 헤어롤은 안 된다? 둘 다 머리에 무엇인가를 더한 공통점이 있는데 말이에요.

수업 시간에 앞머리를 헤어롤로 돌돌 말아 감고 있는 소녀들. 샘정은 아이에게 헤어롤을 달라고 해서 나의 앞머리를 헤어롤로 정성껏 말아줍니다. "수업시간에요?" 라며 놀라나요?

"네, 수업 시간에요."

그런데 몇 년 사이 아이들의 반응이 너무 달라져서 깜짝 놀라면서 나에게 또 하나의 변화가 일어났답니다.

몇 년 전에 수업 시간에 헤어롤을 말고는 이런 이야기를 했었어요.

"어때요? 선생님이 이런 모습으로 수업을 하면 어떻게 선생이 저런 꼴로 수업을 하느냐는 이야기를 하겠죠? 그런데 소녀들은 어떤가요? 적지 않은 소녀들이 이러고 앉아 있거든요. 이것도 오늘 1교시에 이러고 있는 것을 달라고 한 거예요. 앞머리를 위하는 마음이야 다 똑같을 겁니다. 그런데 자신들은 아무 생각 없이 하면서 타인이 하면 비난하는 이중적인 잣대는 아니었으면 한다는 바람과 똑같은 행동도 때와 장소에 따라 해도 되고 하지 않았으면 하는 것이 있다고 생각해요. 헤어롤을 말고 있는 곳은 교실이 아닌 여러분들의 방이어야 하지 않을까요? 우린 어떤 사람? 고급스러운 사람, 우아한 사람, 배운 사람이었으면 해요."

아이들은 최소한 과학실에 올 때는 헤어롤을 말고 오지 않게 되었어요. 그런데 몇 년 사이 완전히 달라졌어요. 수업 시간에 헤어롤을 말고 있는 아이의 것을 달라고 해 나의 앞머리를 마는 순간, 교실은 웃음바다가 되었어요. 아이들은 까르르~~ 웃으며,

"선생님, 예뻐요."

"만화 캐릭터 같아요."

"완전 귀여워요."

교실을 비롯해 다른 사람들과 함께 있는 장소에서는 집에서나 하는 헤어롤을 말고 있는 모습은 안 된다는 훈화를 하려고 시작한 행동인데 아이들의 너무 다른 반응에 잠시 당황스러웠고, 아이들의 "짱, 멋있어요"라는 말에 훈화는 한마디도 하지 못하고 헤어롤도 빼지 못한 채 수업을 계속하는 상황이 되어버렸어요. 그 일은 많은 생각을 하게 해주었지요.

아이들은 내가 자신들을 나무라지 않고 수업 시간에 헤어롤을 마는 행동을 한 것이 자신들과의 소통을 위한 것으로, 같은 행동을 함으로써 정서적 동질성을 느끼도록 해주었다고 생각해 웃고 박수치고 칭찬까지 했다고 하더군요.

"앞머리의 상태는 여러분 인생에 몇 %를 차지하나요?" 라는 나의 질문에 90% 이상이라고 대답해서 깜짝 놀랐고, 인생에 그 정도 큰 비중이라면 하지 말라고 말을 할 게 아니라 내가 수용을 하고 허용을 해야 한다는 생각이 들었어요. 그러면서 관점을 조금 바꾸니 든 생각.

똑같이 머리에 무엇인가를 더하는 것인데 교사인 나의 왕관은 되고 아이들의 헤어롤은 안 된다?

버스에서 지하철에서 카페에서 헤어롤을 하고 있는 아이들을 보면서,

'저게 이쁘다고 생각하나? 도대체 왜 저러고 있지? 자기 집에서나 하지' 라는 생각을 했었는데, 아이들의 "결정적인 순간에, 내가 원하는 그 시점에 앞머리 상태가 마음에 드는 게 중요해요"라는 말에 여전히 고개를 갸우뚱 하면서도 그들의 생각을 인정해주어야 한다는 생각을 하게 되었답니다.

헤어롤에 대한 교사 샘정의 변화 과정입니다.

"누가 수업 시간에 이런 걸 하고 있어. 얼른 빼. 압수야."

"수업 시간에는 하지 말아주었으면 좋겠어요, 부탁해요."

"과학 시간에는 헤어롤 괜찮아요. 우리 반은 아침 자습 시간에도 괜찮고요. 하지만 다른 시간에는 어떨지 모르니 현명하게 잘해주기 바라요."

이렇게 나는 지금도 변화하고 있는 중이랍니다. 그래서 나는 오늘도 나 자신을, 아이들을, 학부모님들을, 학교를, 세상을 포기하지 않습니다. 정말 조금씩이지만 분명 변할 거라는 믿음을 가지고 있기에. 그 변화의 길에 함께하는 것이 나의 소명이라 생각하기에. 나의 소명인 말랑말랑학교. 내가 겁도 없이 스스로 짊어진 무게입니다.

변화,
힘든 자신과의 싸움, 이라는 것을 알기에
그 길에 동행하고 싶습니다.
따뜻한 동행 ♡♥